中国法学会部级法学研究重点课题成果
山东建筑大学特色名校建设工程成果
绿色、工程、文化与法治研究系列成果

农村资源开发与环境保护法制保障研究

刘国涛　张百灵　著

法律出版社
LAW PRESS·CHINA

前　言

一、研究背景

2005 年,《中共中央国务院关于推进社会主义新农村建设的若干意见》做出“建设社会主义新农村”的重大决策,确立了“生产发展,生活富裕,乡风文明,村容整洁,管理民主”的发展要求。2012 年,中国共产党第十八次全国人民代表大会报告指出,我们要努力建设美丽中国,实现中华民族永续发展。我们要给自然留下更多修复空间,给农业留下更多良田,给子孙后代留下天蓝、地绿、水净的美好家园。2016 年,国务院总理李克强《政府工作报告》中指出,“十三五”期间要“促进城乡区域协调发展”,“深入实施大气、水、土壤污染防治行动计划,划定生态空间保护红线,推进山水林田湖生态工程,加强生态保护和修复。”

但是,农村已经不是我们想象中的一方净土。随着工业化和城镇化进程的加速,现代化带来的环境问题和环境风险已经向农村地区转移和渗透。例如,水、土地、气候、矿产资源过度开发利用,转基因农作物大量栽培,外来物种无节制引进,农用化学药品过量使用等,环境问题已经成为农村地区不容忽视的新型问题。

农村地区资源过度开发、环境恶化需要法制予以应对。1999 年,国家环境保护总局发布了针对农村环境保护的专门性文件——《关于加强农村生态环境保护工作的若干意见》，明确了农村生态环境保护的目标与任务，提出了加强农村面源污染防治、改善水体和大气环境质量、开展环境综合整治等具体要求。2000 年，国务院发布《全国生态环境保护纲要》，强调要“加强农村生态环境保护”。2007 年，国务院办公厅转发了环保总局等部门《关于加强农村环境保护工作意见的通知》，阐述了加强农村环境保护的紧迫性和重要性。2011 年，环境保护部《关于进一步加强农村环境保护工作的意见》指出，要“积极防范农村地区污染场地环境风险，开展农村地区污染场地调查与评估，建立农村地区污染场地清单，严格控制污染场地再开发利用的环境风险”，以及“提高农村环境风险防范意识和环境应急能力，保障农村环境安全”。2013 年 1 月，环境保护部办公厅发布了《2013 年全国自然生态和农村环境保护工作要点》，提出了加强生物安全管理、维护生物安全，推动土壤环境保护和综合治理、加强土壤环境保护法规制度建设等要求。

但是，长期以来，由于受到“大城市中心主义”和“大企业中心主义”立法思想的影响，我国环境法制建设主要集中在城市环境保护，缺乏对农村资源开发和环境保护的应有关注和有效回应，关于农村环境保护的法制建设非常缺乏。在此情况下，开展农村地区资源开发和生态环境保护的法制建设研究显得尤其迫切和必要。

二、主要内容

本著作主要包括上、中、下三个篇章。上篇是农村环境“法制体系协调”的基础理论。本部分对农村资源开发导致的环境问题进行了类型化分析，对农村环境法制建设现状进行考查与评析，结合可持续发展理论、外部性理论、环境正义理论和综合生态系统管理理论分析了农村环境“法制体系协调”的理论依据，并从宏观和微观层面对农村环境“法制体系协调”进行了总体构建。

中篇是农村环境“法制体系协调”的正向构建。所谓农村环境“法制体系协调”的正向构建，是指以促进正外部性行为为主的环境法制建设方式。本部分结合农村资源开发和生态环境保护中存在的大量正外部性行为，探讨环境法制“正向构建”的具体领域，主要包括：农产品质量安全的法制保障、生物质能开发利用的法制促进、生态农业、农业生态补偿法制的完善和农业文化遗产的法律保护。

下篇是农村环境“法制体系协调”的负向构建。我们把以抑制负外部性行为主的法制建设称为环境法的“负向构建”。农村环境“法制体系协调”要求环境法制的“正向构建”和“负向构建”缺一不可，在加强“正向构建”的同时，仍需要增强农村环境法制的“负向构建”。由于农村环境立法的普遍缺乏，很多领域的负外部性行为仍然缺乏法律控制。例如，土壤污染、环境污染向农村转移，重金属污染，畜禽水产养殖污染，农药化肥地膜污染等，本著作结合这些问题，从内源性控制和外源性控制两个方面进行法律探讨。此外，还将结合近年来我国农村地区频繁发生的环境污染事件，分析环境污染受害者的法律救济问题。

三、主要观点

（一）我国环境立法实践中存在重视以抑制负外部性为主的污染防治法、忽视以增加正外部性为主的生态保护和恢复法的倾向，这种立法状况导致农村环境法律体系不协调。

（二）农村环境保护中，区域生态保护、流域生态保护、生态农业发展、生物质能开发利用、农业文化遗产保护等正外部性现象大量存在，需要有不同于负外部性问题解决的环境法律需求。

（三）无论是正外部性现象还是负外部性现象都导致农村资源难以实现最优配置，因此，需要从“正”、“负”两个方面加强环境法制建设，实现农村环境法制体系的协调发展。

（四）农村环境法制的“正向构建”是一个系统工程，涉及环境法基本理念的转变、法律原则的更新和法律制度的创新。从具体领域分析,包括农产品质量安全的法制保障、生物质能开发利用的法制促进、生态农业和农业生态补偿法制的完善和农业文化遗产的法律保护。

四、研究方法

(一)类型化方法。这是本著作最为突出的研究方法,从“农村生态环境问题的类型化”到“农村生态环境法制的类型化”,始终以类型化思维为主要分析工具。

(二)法经济学研究方法。把经济学中的外部性理论运用于环境法领域,从“正”、“负”两个方面探讨环境保护中“利益”和“损害”外溢的内部化问题,从法制体系协调的角度开展资源开发与农村生态环境保护法制保障研究。

(三)综合运用了实证分析、规范分析、历史分析等研究方法。作者对农村生态环境问题进行实证考察,对农村环境法制建设进行历史回顾,对城乡统筹背景下农村环境法制建设进行规范分析。在此基础上,还借用了生态学中的综合生态系统管理理论以及环境社会学、环境管理学的理论和方法,力求在方法交融中进行某些创新性思考。

五、创新之处

(一)从有利于法制体系化建设角度出发,对资源开发引发的农村生态环境问题进行类型化分析。

(二)以经济学中的外部性理论为主要理论工具,在加强“负向构建”的同时,创立与完善“正向构建”。

(三)明确提出了应该更为重视资源开发与农村生态环境保护中的“正外部性”,并针对“正外部性”引发的法律问题提出了农村环境法制的“正向构建”。

六、不足之处

资源开发与农村生态环境保护协调发展的法制保障研究是一个宏大的命题，受到经费、时间、精力等因素的限制，本研究中仍存在许多不足之处。例如，开展的实地调研不够全面，对农村环境"法制体系协调"的理论论证还不够充分，对"正向构建"中生态恢复等法制问题的研究不够具体，在今后的工作中，作者将会继续加以关注和研究。

七、致谢

本著作是中国法学会部级重点课题《资源开发与农村生态环境保护协调发展的法制保障研究——以"法制体系协调"为策略》[编号CLS(2011)B01]资助成果。该成果付梓之际，感谢有关专家、领导对课题组成员的信任、肯定和支持！感谢立项与完成课题中所参考文献的作者们！感谢法律出版社的编辑和领导们！感谢长期以来给予关怀和帮助的学界师友们！感谢给予理解、帮助和支持的山东建筑大学、山东师范大学的领导和老师们！感谢所有应当给予衷心感谢的友人们、亲人们！

作者于泉城

目录

Contents

上篇　农村环境“法制体系协调”的基础理论

中篇 农村环境"法制体系协调"的正向构建

上篇

农村环境“法制体系协调”的基础理论

第一章　资源开发与农村环境保护的基础理论

地球资源是有限的,因此持续的不受限制的增长是不适当的。①

——[英]马尔萨斯

丰富的自然资源不一定能促进一国经济增长,反而会阻碍经济增长。②

——[美]奥蒂(Auty)

第一节　基本概念界定

任何研究和探讨的开展都需要一个基本平台,那就是对基本概念进行界定,从而确定研究的范围,本研究也不例外。

---

① [美]罗伯特·艾尔斯著:《转折点——增长范式的终结》,戴星翼、黄文芳译,上海译文出版社 2001 年版,第 160 页。

② 转引自胡华:"资源诅咒命题在中国各区域成立吗?——基于省际面板数据的实证研究",载《云南财经大学学报》2012 年第 3 期,第 84 页。

一、农村与农村生态环境的内涵与范围

无论在日常生活还是在学科研究中,农村都是一个耳熟能详的概念,但是纵观目前的各种法律、法规和政策文件,基本都缺乏对农村这一概念的定义或法律解释。《农业法》(1993 年 7 月 2 日通过,2002 年 12 月 28 日修订)有关于农业的定义,即农业"是指种植业、林业、畜牧业和渔业等产业,包括与其直接相关的产前、产中、产后服务",但却没有对农村的定义。《村庄和集镇规划建设管理条例》(1993 年 5 月 7 日公布)定义了村庄、集镇和村庄、集镇规划区①,但也没有对农村进行定义。2008 年 1 月 1 日起开始施行的《城乡规划法》第 2 条虽然指出"本法所称城乡规划,包括城镇体系规划、城市规划、镇规划、乡规划和村庄规划",但也没有对城乡、城市、镇、乡和村庄的定义或名词解释,更没有"农村"的定义。

一般而言,对于农村,主要存在以下三种理解:②一是认为除了城市就是农村,其研究范式是"城、乡二分法"即以城市为中心或以城市为标准来确定农村范围;二是认为从事农业生产的区域是农村,其研究范式是"工业、农业二分法";三是认为农民居住或生存发展的区域就是农村,其研究范式是"市民(城市人)、农民(乡下人)二分法"。

但是,上述三种理解也存在一定缺陷。如果按照"城、乡二分法",把整个区域简单、机械地划分为城乡二元结构,很容易将一些荒凉、原始的自然区域视为农村,扩大农村和农村环境保护的范围。此外,目

---

① 该条例第 3 条规定:"本条例所称村庄,是指农村村民居住和从事各种生产的聚居点。本条例所称集镇,是指乡、民族乡人民政府所在地和经县级人民政府确认由集市发展而成的作为农村一定区域经济、文化和生活服务中心的非建制镇。本条例所称村庄、集镇规划区,是指村庄、集镇建成区和因村庄、集镇建设及发展需要实行规划控制的区域。村庄、集镇规划区的具体范围,在村庄、集镇总体规划中划定。"

② 蔡守秋:"论农村环境保护法规制的主要领域",载《中国地质大学学报》(社会科学版)2008 年第 6 期,第 1 ~2 页。

前存在的城乡二元结构已经造成环境保护立法中的“城市中心主义”，导致农村环境保护法律制度的缺失，因此，在农村环境保护立法中不宜继续采用这种划分方式。按照“工业、农业二分法”也会带来一定的问题，对于农业本身有不同的理解，一种我们称为大农业，包括农、林、渔、牧、副业等；另一种我们称为小农业，仅指种植业。因此，在这种分类方式下，农业界定的不同也会影响到农村的范围。此外，随着农村人口向城市流动的加强，按照“市民（城市人）、农民（乡下人）二分法”界定农村范围也面临困境，因为城市不会因为大量农民的涌入而变为农村，农村也不会因为城市人的“光顾”而变为城市。[①]

为了确定农村生态环境保护法的适用范围及其规制的主要领域，笔者将我国农村分为狭义的农村和广义的农村。狭义的农村是指以从事农业生产为主的人聚居的区域，泛指行政村；广义的农村是人们生产、生活聚集程度较低的地区，涵盖乡镇和行政村。[②] 本研究采取广义农村的概念。

在定义农村的基础上，对农村生态环境进行如下界定：农村生态环境是指在农村范围内影响人们生存和发展的各种天然的和经过人工改造的自然因素的总体，包括农村范围内的大气、水域、耕地、林地、草地、矿藏、野生生物、生活区设施和生产区设施等。农村生态环境不是某种单个环境介质（如水、大气、森林等），它是由多种单个环境介质组成的区域环境，在农村环境中既有人工生态系统也有天然生态系统。[③] 农村生态环境包括农业生态环境、农村生活环境等各个方面。

---

① 参见蔡守秋：“论农村环境保护法规制的主要领域”，载《中国地质大学学报》（社会科学版）2008 年第 6 期，第 1 ~ 2 页。

② 侯广斌、王晓成、周琉：“新农村体育建设背景下农民、农村概念的界定及农民群体划分的探讨”，载《湘南学院学报》2008 年第 5 期，第 110 页。

③ 蔡守秋：“论农村环境保护法规制的主要领域”，载《中国地质大学学报》（社会科学版）2008 年第 6 期，第 3 页。

二、自然资源的含义、性质与分类

(一)自然资源的含义

资源这一概念源于经济学,一般是指“由人发现的有用途和有价值的物质”①。资源有广义和狭义之分:广义的资源既存在于自然界中,也存在于人类社会中,按其属性可以分为自然资源和社会资源两种;狭义的资源仅指自然资源。在环境法学研究领域,一般是在狭义的意义上使用资源这一概念即仅指自然资源。

地理学家金梅曼(Zimmermann,1933 年)较早给自然资源下了较为完整的定义,至今仍得到广泛认同。他在《世界资源与产业》一书中指出,环境或其某些部分,只有它们能(或被认为能)满足人类的需要时,才是自然资源;自然禀赋或称之为环境禀赋,在能够被人类感知到其存在、认识到能用来满足人类的某些需求并发展出利用方法之前,它们仅仅是“中性材料”。② 联合国环境规划署对自然资源的定义是:“所谓自然资源,是指在一定时间、地点条件下能够产生经济价值的,以提高人类当前和将来福利的自然环境因素和条件的总称。”③因此,自然资源是客观存在于自然界并可供人类利用的一切物质和能量的总称。

(二)自然资源的属性

事物属性具有多样性,自然资源也不例外。自然资源之所以称为“资源”,就在于其具有有用性和稀缺性,但自然资源又不同于一般的资源,因为其还具有公共性。

1. 有用性

资源能够满足人类某种需要的属性,因此具有有用性。从广义上

---

① [美]阿兰·兰德尔著:《资源经济学——从经济角度对自然资源和环境政策的探讨》,施以正译,商务印书馆 1989 年版,第 12 页。转引自:金海统:《资源权论》,法律出版社 2009 年版,第 95 页。

② 蔡运龙编著:《自然资源学原理》(第二版),科学出版社 2007 年版,第 23 页。

③ 刘成武、杨志荣、方中权等编:《自然资源概论》,科学出版社 2002 年版,第 24 页。

看，自然资源包括水体、土地、森林、空气、阳光、地形地貌等各种物质载体，又包括环境容量、环境调节能力、景观舒适性等无形价值。因此，体现资源有用性的价值形态也具有多样性，概括起来主要包括经济价值、生态价值和精神价值。一般而言，某种资源往往集上述几种价值于一身，以森林资源为例，其直接价值是提供木材及林副产品作为生产生活原料供人们使用；此外，森林还具有调节气候、净化环境、涵养水源、保持水土、防风固沙、生物遗传、历史教育、美学欣赏等方面的生态功能和精神价值。

2. 稀缺性

一般而言，稀缺性是相对于人的需求欲望而言的。随着社会的发展，人类对资源的需求日益增长，资源的稀缺性日益明显。首先，是不可再生性资源的稀缺性。不可再生性资源需要经过漫长的地质年代才能形成，由于初始禀赋数量的既定以及自我繁殖能力的缺乏，如果人类所消耗的速率大于人类发明或寻找替代物的速率，那么这类资源的耗竭性便非常明显。其次，是可再生资源的耗竭性。尽管这类资源具有再生能力，但如果人类从自然界中获取的可再生资源大大超过其再生增殖能力，那么其稀缺程度也会加剧。最后，环境容量的耗竭性。在既定环境容量有限的情况下，人类排放的废弃物超过环境的自净能力，也会导致环境容量的稀缺。

3. 公共性

资源的公共性源于其公共物品属性。公共物品（public goods）①是相对于私人物品（private goods）而言的。目前经济学界主要根据排他性（excludability）和竞争性（rivalrousness）的程度，把公共物品分为四类：纯公共物品、俱乐部物品、共同资源以及私人物品，其中，俱乐部物品和共同资源称为准公共物品。一般而言，准公共物品具有“拥挤

① 公共物品（public goods）又称为公共产品、公益物品、公益品、公共品、共用品、共同善等。

性”(congestion)的特点,当消费者数量达到一定值之后,就会出现边际成本为正的情况,这时消费人数的增加将会减少其他消费者的效用,因此具有消费竞争性。自然资源因其物质上的可分割性一般被认为是兼具私人性和公共性,但由于自然资源承载的生态功能和精神价值具有整体性,因此,自然资源的公共物品属性愈加显现。

4. 地域性

自然资源在自然界并非均匀分布,某种自然资源往往随着地域的改变而在种类、数量和质量上出现明显的差异。例如,我国水资源的分布,具有南方多、北方少的特点。自然资源分布的地域性,对经济发展、人民生活以及交通运输有着重大的影响。与城市地区相比,我国农村地区的自然资源更加丰富。

(三)自然资源的分类

自然资源的外延非常广泛,根据不同的标准可以把自然资源分为多种类型。

根据自然资源的存在形态,可以分为实物资源和环境资源。实物资源主要包括土壤、水、矿产、草原、森林等;环境资源主要包括环境容量、景观、气候等。本课题中的自然资源既包括各种实物资源,也包括各种环境资源。

根据自然资源的再生程度,可以分为可再生资源、不可再生资源和恒定资源。可再生资源主要是指那些基于自身特质,在一定的条件中具有自我更新和恢复能力的自然资源。例如,森林、草原等植物资源以及各种动物资源等。不可再生资源是那些经过天然形成、数量有限、随着人类的开发利用不断减少的资源,如各种金属、非金属矿物和石化燃料等。恒定资源是指在自然界中大量存在,不会随着人类的开发利用逐渐减少的自然资源,如太阳能、风能、海水潮汐等。

根据自然资源的分布空间,可以分为地表资源和地下资源。地表资源包括土地、水、气候、生物资源等;地下资源包括矿产资源、石化燃料资源等。

第二节　自然资源与经济发展关系辨析："资源诅咒"及其启示

自然资源是人类社会发展进步的基础，人类经济的发展始终伴随对自然资源的开发利用，但是在经济学界，对于自然资源与经济增长之间的相互关系，经济学家们却难以达成共识。在古典经济学家和早期发展经济学家眼中，自然资源是经济增长不可或缺的重要因素之一。他们认为，一国的资源禀赋对该国经济发展具有重要影响，丰富的自然资源必将有利于该国经济的快速发展，同时拥有丰富资源的发展中国家也能快速进行工业化，实现经济腾飞。因此，自然资源越丰富，经济发展就越有保障，两者成正向关系。例如，美国经济学家哈巴库克认为，自然资源的丰裕使美国获得了更高的生产率，并最终导致19世纪的繁荣局面。[①] 但是，20世纪中后期，一些学者的研究却表明，在许多国家，丰裕的自然资源反而会阻碍经济的增长，这便是美国经济学家奥蒂(Auty)就资源禀赋与经济增长之间的悖论关系所作的概括——"资源诅咒"问题。那么，资源禀赋与经济增长之间到底是一种什么关系，自然资源对经济增长到底是"福音"还是"诅咒"？该命题对本研究有何启示和意义，我们将进行初步的分析。

一、何为"资源诅咒"

"资源诅咒"现象及其研究产生于20世纪中后期。20世纪70年代以后，很多自然资源并不丰富的国家。例如，日本、瑞士、韩国、新加坡、中国香港特区等国家和地区实现了经济上的腾飞，创造了发展奇

① 李德升："'资源诅咒'存在性考察及相关财政政策选择探析"，载《云南社会科学》2012年第3期，第77页。

迹;而许多自然资源非常丰富的国家。例如,塞拉利昂、中非、赞比亚、委内瑞拉等国,却出现经济恶化、贫困加剧的局面。这种现象引起了学者的关注,他们对资源禀赋与经济增长之间的关系进行了新的思考,并开始关注两者之间的负向关系。例如,Wheeler(1984)发现20世纪70年代在撒哈拉以南的非洲(sub - Saharan Africa)国家里,那些矿产丰富的国家的增长比其他国家慢。①

最早提出“资源诅咒”问题的是美国经济学家奥蒂(Auty)。1993年,他在《丰富的资源与经济增长》中把资源禀赋与经济增长之间的悖论关系概括为“资源诅咒”(Resource Curse)问题,其基本含义是指自然资源对经济增长产生了限制作用,资源丰裕地区的增长速度往往慢于资源贫乏的地区。从此,“资源诅咒”问题开始引起经济学界的关注。此后,Sachs和Warner(1995年,1997年,2001年)连续发表了三篇文章,对自然资源禀赋与经济增长之间有着明显的负向关系这一问题进行实证研究,论证了“资源诅咒”假说的正确性。此外,国外学者Gylfason、Davis和Tilton等均对“资源诅咒”这一假说进行了开创性的实证检验,达成了自然资源与经济增长之间存在负向关系的共识。②

20世纪90年代以后,我国学者也开始关注“资源诅咒”现象并开展了理论和实证方面的相关研究。例如,徐康宁(2005)③、罗浩(2007)④等学者通过对我国经济增长和区域自然资源关系的实证研

---

① Wheeler, D. Sources of Stagnation in Sub - Saharan Africa . World Development 1984, 12(1):1 -23. 转引自:施祖麟、黄治华:“‘资源诅咒’与资源型地区可持续发展”,载《中国人口·资源与环境》2009年第5期,第33页。

② 杨皓然:“‘资源诅咒’的生态经济学解析”,载《内蒙古社会科学》(汉文版)2011年第6期,第101页。

③ 徐康宁、韩剑:“中国区域经济的‘资源诅咒’效应:地区差距的另一种解释”,载《经济学家》2005年第6期。徐康宁、邵军:“自然享赋与经济增长:对‘资源诅咒’命题的再检验”,载《世界经济》2006年第11期。

④ 罗浩:“自然资源与经济增长:资源瓶颈及其解决途径”,载《经济研究》2007年第6期。

究,得出我国也存在"资源诅咒"现象的结论。目前,国内对"资源诅咒"的研究主要集中在以下几个方面:①(1)中国地区层面的实证研究。例如,徐康宁、韩剑(2005年)提出中国区域的经济增长在长周期上也存在"资源诅咒"效应,并把它看作地区发展差距的一个重要原因;(2)中国典型地区(以山西为主,兼顾其他省市)的实证研究。例如,王再文(2006年)对山西省,王必达、郑雯雯(2007年)对甘肃省进行了典型性分析;(3)"资源诅咒"的单方面要素分析。张景华(2008年)以制度因素为门槛变量,刘瑞明、白永秀(2008年)从分工这一角度出发,论证了"资源诅咒假说";(4)典型国家"资源诅咒"现象对中国的启示。王必达等(2007年)对马来西亚和印度尼西亚两国的资源特点与经济发展模式进行比较分析,冯宗宪等(2007年)分析了资源丰富的非洲和拉丁美洲"资源诅咒"的原因,这些都对我国具有重要启示。

当然,任何一种理论假说总是和社会现实存在些许差距,"资源诅咒"理论也不足以解释现实中的一切问题。既有的一些实证研究并没有发现自然资源丰裕与"资源诅咒"的必然联系,有的研究甚至还发现石油财富和矿产资源对人均GDP的正面影响②。因此,"资源诅咒"理论的提出也引起了国内外诸多学者的质疑。例如,国内有学者认为,该理论主要存在以下5个方面的错误:(1)自然资源的丰度衡量指标设计存在缺陷;(2)相关文献也没有对经济增长速度作出具体的说明即多少为快,多少为慢;(3)假设能源价格是合理的,或者接近于市场价格,也不符合中国的实际;(4)对"资源诅咒"传导机制的分析也令人难以信服;(5)忽视了区域的异质性、生产条件的差异和交通因素对

① 王思璇:"'资源诅咒'国内研究综述",载《中国集体经济》2008年第6期,第26页。

② Jeffrey Frankel,"The Natural Resource Curse: A Survey",NBER Working Paper, No. 15836(2010 March),p. 12. 转引自周建军:"国际比较视野的'资源诅咒'说",载《中共中央党校学报》2011年第1期,第42页。

于经济发展水平的影响。[①]

二、环境法视角下对“资源诅咒”现象的解析

对于“资源诅咒”现象,各学科学者都进行了不同的解释并就其传导机制、产生原因进行分析研究。从目前研究来看,大多数学者分析了“资源诅咒”现象的经济成因,主要包括:(1)资源产业的扩张抑制了其他产业的发展。例如,有的学者认为,“资源诅咒”的根本原因就在于资源型行业的发展具有很强的路径诱惑性和依赖性,而一旦成为资源型经济体又具有很强的锁定效应。如图1-1所示,在R与P点之间伴随资源型行业的快速繁荣,资源丰裕地区的制造业逐渐走向衰落。[②] (2)丰裕的自然资源阻碍人力资本积累、影响经济增长。例如,Gylfashon研究发现,资源比较富裕的国家对教育和人力资本发展的投入所占国民GDP的比率比较低,人力资本缺乏是导致资源诅咒的关键。[③] (3)资源丰裕使经济权力出现寻租、制度弱化等。例如,Robinson,Torvik&Verder(2005年)研究认为,“在资源诅咒国家,丰富的资源或资源价格的上升,提高了权利的价值,使掌权者获得更多的资源租金,政客们为了谋取更大的政治利益,或趋向于更多的抽取资源,进行分配,资源的分配不能在产业之间、投资和消费之间进行合理分配,导致经济增长长时间停滞。这实际上反映的是国家制度的缺陷,诸如监督机制不健全、决策不透明、信息不对称等方面”。[④]

---

① 张贡生、李伯德:“驳资源诅咒论”,载《经济问题》2010年第3期,第20~22页。

② 张文宣:“对‘资源诅咒’形成机理的解读”,载《青海社会科学》2010年第1期,第83页。

③ 王高辉:“从资源环境角度分析资源诅咒现象”,载《能源环境保护》2010年第4期,第51页。

④ 王高辉:“从资源环境角度分析资源诅咒现象”,载《能源环境保护》2010年第4期,第51~52页。

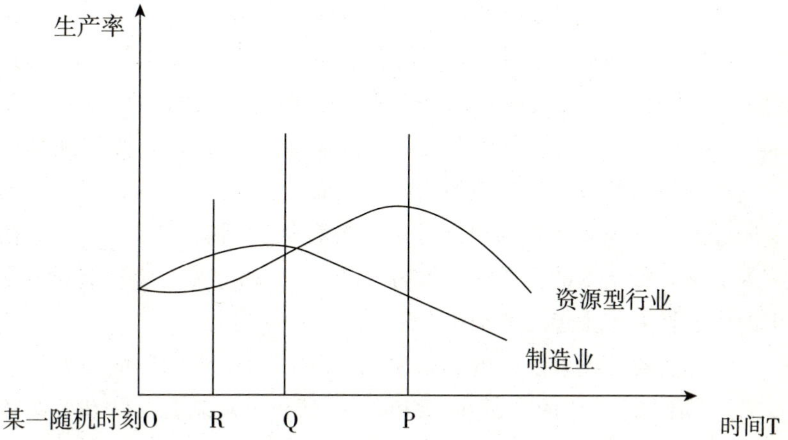

图1－1:资源诅咒示意图①

也有学者从社会学角度分析指出,“资源诅咒”问题的形成在一定程度上是社会化偏差与失败的产物。此外,还有学者别开生面地从资本形成角度、分工、计划经济背景、腐败、环境等方面分析了“资源诅咒”形成的原因。②

从环境法的视角分析,从表面来看,“资源诅咒”的产生是由于资源丰裕地区过度的资源开发造成严重的生态环境问题,危害到人类健康和社会的可持续发展,但是在这些现象的背后,却是环境利益的不公平分配和不合理享有。

马克思、恩格斯曾说过:“人们奋斗所争取的一切,都与他们的利益有关。”③何谓利益？不同法学家有不同的界定,但不可否认的是,利

---

① 张文宣:“对‘资源诅咒’形成机理的解读”,载《青海社会科学》2010年第1期,第83页。

② 付英、靳利飞:“我国‘资源诅咒’问题的社会学解析”,载《资源与产业》2011年第2期,第7页。

③ 中共中央马克思恩格斯列宁斯大林著作编译局:《马克思恩格斯全集》(第1卷),人民出版社1956年版,第82页。

益首先表现为一种需要,没有需要,便没有对利益的追求,也无法形成人与人之间的利益关系,因此,需要是利益的前提和基础。庞德认为,利益是"人类个别地或在集团社会中谋求得到满足的一种欲望或要求。"①利益具有主观性和客观性。利益本身具有客观性,受客观规律的制约,是一种客观存在,不随人的意志而转移;但利益的认识和实现要通过人的意识以及在意识指导下的各种人类活动。因此,"利益在客观上是以最基本的恒久的需求为基础,在主观上是主体意识到该需求的重要性并产生追逐的动机"。②

环境利益是纷繁复杂的利益中的一种,"由于人的环境是人的需要,是满足人的需要的东西、因素和条件,所以环境就是人的利益即环境利益",并且,"对人来说,环境资源首先是一种利益即环境资源利益(以下简称环境利益)"。③ 因此,"资源诅咒"现象的背后是环境利益的不公平分配和不合理享有。自然资源优势地区具有丰富的自然资源,但由于产业结构布局和国家政策的倾斜、环境外部性等因素的存在,资源优势地区未必能享受到资源丰富带来的环境利益。例如,我国的中西部地区储存了支撑国民经济基础60%的能源矿产资源,从理论上分析,中西部地区的工业应当处于国内领先地位。但是由于东部得到国家政策的支持,其通过开发利用自然资源实现了经济的迅速发展,获得了丰裕的环境利益;资源丰富的中西部地区不但没有获得应有的环境利益,更是丧失了发展的机会。因此,"资源诅咒"的背后是环境利益在资源丰裕地区和资源匮乏地区之间的不公平分配,只有诉求于一定的制度安排,通过环境利益的合理衡量和分配,才能破解"资源诅咒"难题。

---

① [美]罗斯科·庞德著:《通过法律的社会控制》,沈宗灵译,商务印书馆1984年版,第81~82页。

② 胡静:《环境法的正当性与制度选择》,知识产权出版社2008年版,第57页。

③ 蔡守秋:《调整论:对主流法理学的反思与补充》,高等教育出版社2003年版,第21页。

三、"资源诅咒"的启示

在某一地区自然资源储藏量有限的情况下，如何规避"资源诅咒"，促进资源开发利用效益的最大化，实现区际间、代际间的可持续发展，成为很多学者研究的根本出发点。但是通过对"资源诅咒"现象的分析，我们发现，某一地区的自然资源禀赋本身并不是经济社会发展的"诅咒"，其背后的制度安排和利益分配机制才是该区域发展的关键因素。而法律是各种利益的调整机制，"正是利益才造成了法律规范的产生，因为利益造就了'应该'的概念。法律命令源于各种利益冲突。"①因此，从环境资源法的角度分析，只有通过合理的法律制度安排，使得资源丰裕地区人们的各种资源权利得到法律保障，使环境利益在不同区域之间实现合理配置，才能避免"资源诅咒"现象的发生。

第三节　自然资源价值的重构

关于自然资源的价值问题，我国学者曾经展开激烈的争论。有的人认为，自然资源不是劳动产品，没有价值也没有价格；有的人认为，自然资源虽然不是劳动产品，但是由于参与市场交换，自然资源虽无价值但有价格；还有的人认为，自然资源是稀缺的并且具有效用，因此既有价值又有价格。对自然资源价值的不同认识影响到自然资源开发、利用、保护的各种政策取向，并在很长时间内对我国自然资源开发、利用、保护工作产生深远的影响。

---

① Philipp Heck: "The Formation of Concepts and the Jurisprudence of Interests" select from "The Jurisprudence of Interests" Magdalena Schoch (translated and edited), Harvard University Press, 1948, p. 133.

一、劳动价值论的绝对化及其负面影响

劳动价值论思想最初由英国经济学家威廉·配第提出。配第指出,物的有用性使物具有使用价值,使用价值总是构成财富的物质内容,同时又是交换价值的物质承担者。他指出,劳动是价值的唯一源泉,但劳动并不是它所生产的使用价值即物质财富的唯一源泉,劳动是财富之父,土地(自然资源)是财富之母。此后的亚当·斯密和大卫·李嘉图也对劳动价值论做出了巨大的贡献。马克思在此基础上创立了劳动价值论,按照其观点,物品价值取决于凝结在物品中的社会必要劳动。但后来,在各种历史因素和"公共财产"问题①的影响下,人们把这一原理绝对化,认为不包含人类劳动的自然物质都没有价值。因此,对于自然资源的价值,长期以来认识不够充分,认为自然资源没有价值和价格。这种认识导致自然无偿占有、掠夺性开发和浪费现象非常严重。例如,矿产资源开发在很长时间内一直秉持"采富弃贫、采厚弃薄、采主弃副、采易弃难"的策略,森林资源也存在大材小用、滥砍滥伐等现象,各种合理开发、利用和保护自然资源的工作开展较晚,许多自然资源遭到毁灭性破坏。

二、效用价值论及其意义

效用价值论是不同于劳动价值论的一种经济学思想,其认为商品价值并非由劳动决定而是由效用决定。英国早期经济学家 N. 巴本(1640~1698 年)是最早明确表述效用价值观点的思想家之一。他认为,一切物品的价值都来自它们的效用;无用之物便无价值;一切物品能满足人类天生的肉体和精神欲望,才成为有用的东西,从而才有价值。效用价值论最初表现为一般效用论,19 世纪 70 年代后这一理论

---

① 例如,大气圈、江河胡海、荒野等自然资源往往使公共财产,难以计算其价格,更难以收取费用,因而谁都可以无偿使用,但谁都不负有责任。

被完善为边际效用论。边际效用价值论的主要观点包括[①]:(1)价值起源于效用,效用是形成价值的必要条件,又以物品的稀缺性为条件,效用和稀缺是价值得以出现的充分条件。(2)价值量取决于边际效用量即满足人的最后欲望的那一单位商品的效用。(3)人们对某种物品的欲望程度,随着享用的该物品数量的不断增加而递减,此即边际效用递减规律;不管集中欲望最初的绝对量如何,最终使各种欲望满足的程度彼此相同才能使人们从中获得的总效用达到最大,此即边际效用均等定律。(4)效用量是由供给和需求之间的状况决定的,其大小与需求强度成正比关系,物品的价值最终由效用和稀缺性共同决定。(5)生产资料的价值是由其生产出来的消费资料的边际效用决定的;有多种用途的物品,其价值由各种用途中边际效用最大的那种用途的边际效用决定。

效用价值论的提出对于人们重新认识自然资源价值产生了重要影响。19 世纪 70 年代以后,学者关于自然资源价值的研究主要以效用价值论为基础。根据效用价值论,自然资源的价值取决于两个因素:资源的效用和稀缺性。在此基础上,人们从社会经济福利最大化引出资源的最优配置问题,并探索出量化资源价值的各种方法。

三、自然资源价值的构成

随着经济学、生态学的进一步发展,关于自然资源价值的研究已经突破了对其经济价值的关注,自然资源的文化价值、传承价值、生态价值等引起了人们的关注。目前的研究主要包括以下几种观点。

(一)Pearce 与经济合作与发展组织的资源价值构成系统[②]

英国著名经济学家皮尔斯(1990 年)把环境资源的价值分为使用价值和非使用价值两个部分,并特别强调了自然资源的非使用价值。

---

① 蔡运龙编著:《自然资源学原理》(第二版),科学出版社 2007 年版,第 326 页。

② 参见蔡运龙编著:《自然资源学原理》(第二版),科学出版社 2007 年版,第 328 页。

自然资源的非使用价值包括自然资源本身的传承价值和存在价值,其与对人类的有用性无关,也即这种价值可能对人类没有使用价值,但从伦理、宗教以及文化角度来判断,自然资源本身及其内涵具有内在的价值(见图1-2)。经济合作与发展组织(1994年)也提出了与皮尔斯类似的自然资源价值构成系统(见图1-3)。

(二)联合国千年生态系统评估计划的资源价值构成系统①

联合国千年生态系统评估计划(Millennium Ecosystem Assessment, 2005年)结合人类福利来评估生态系统的服务功能及其价值即把生态系统服务功能看成自然资源(见图1-4)。

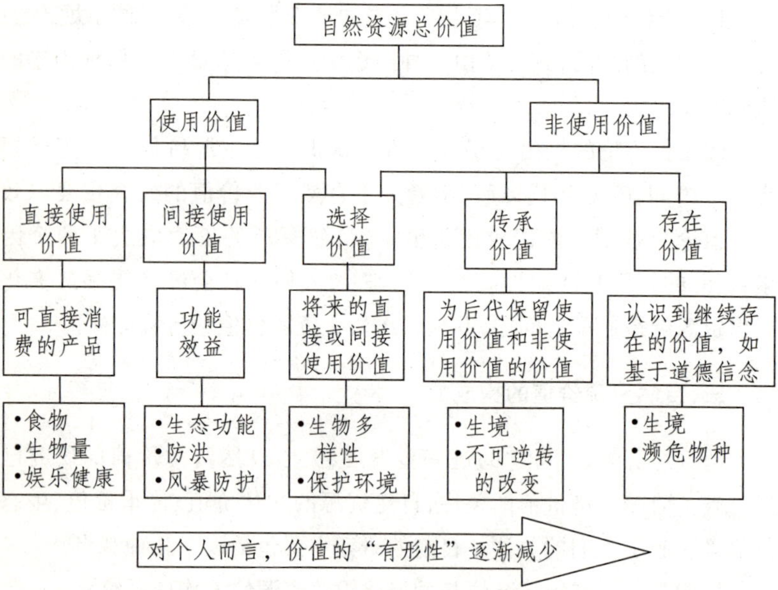

图1-2:Pearce的资源价值构成系统(1990年)②

① 参见蔡运龙编著:《自然资源学原理》(第二版),科学出版社2007年版,第328页。

② 蔡运龙编著:《自然资源学原理》(第二版),科学出版社2007年版,第329页。

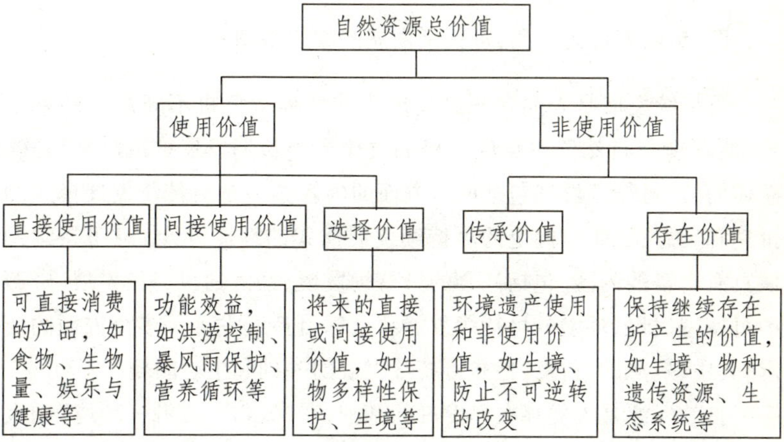

图1－3：经济合作与发展组织资源价值构成系统（1994年）①

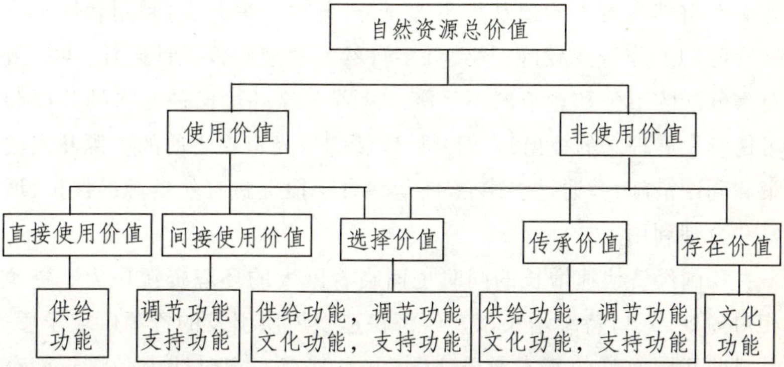

图1－4：生态系统服务功能的价值②

① 蔡运龙编著：《自然资源学原理》（第二版），科学出版社2007年版，第329页。
② 蔡运龙编著：《自然资源学原理》（第二版），科学出版社2007年版，第329页。

四、自然资源的作用:可持续发展的物质基础

可持续发展是人们在深刻反思全球性环境危机不断爆发的基础上,从环境与自然资源角度提出的关于人类长期发展的战略和模式,总体而言,可持续发展包括两个方面的内容:“一是对传统发展模式的批判和反思;二是对规范的可持续发展模式的理性设计。”①可持续发展具有丰富的内涵,包括社会的可持续发展、经济的可持续发展、资源的可持续发展、环境的可持续发展和全球可持续发展等多个方面的要求,其中,资源的可持续性是可持续发展的基础和中心问题。

自然资源是人类存在和发展的基础,在“人口—资源—环境”的大系统中,资源处于基础地位,某一地区人口的规模、生活质量、发展空间取决于该地区资源的承载能力和分布状况。但在传统观念中,由于人们对自然资源的价值认识不够充分,各种合理开发、利用和保护自然资源的工作开展较晚,导致许多自然资源遭到毁灭性破坏,也导致财富分配的不公和竞争的不平等。随着全球环境保护工作的开展和可持续发展理念的提出,人们开始以新的目光审视之前的资源开发政策和利用措施,并通过法律、经济等多种手段促进自然资源的保护、增殖和合理利用。

我国经济快速增长的同时也面临着巨大的环境资源压力。资源相对短缺、人口持续增长以及经济快速发展所引发的资源供求矛盾,是目前我国面临的基本矛盾之一,并且其在一定时期内必将长期存在。早在20世纪90年代,中国科学研究院国情分析小组就在第2号国情报告《开源与节约》中指出:“人口与资源的关系处于严峻时刻。我们论述资源供需形势相当严峻,并不是危言耸听,而是科学的分析和判断。由于一个国家资源的供需形势是长远起作用的因素,忽视我

---

① 程发良、孙成访主编:《环境保护与可持续发展》,清华大学出版社2009年版,第40页。

国资源长远的供需形势，将给我们带来不利的后果。实际情况是，面对人口膨胀与经济高速增长对资源的需求日益增加的压力，中国正处于历史上最严峻的资源状况承载着历史上最大数量人口的危急时刻。如果不及时采取相应的对策与有效的措施，总有一天将会出现资源全面危机。”①

可持续发展战略的提出要求我们转变传统的单纯以追求经济增长为主要目的的资源利用格局。“可持续发展的目标之一是满足人类的基本需求和日益增长的需求，生产更多的物质和文化产品，而自然资源的多寡制约着这些物质产品的数量，资源的分布和配置决定着产业结构和投资分配，它们在很大程度上制约着经济发展目标的实现。”②因此，我们在追求经济发展的同时，必须合理开发利用自然资源、节约资源能源，提高质量，增加效益，为经济社会的可持续发展提供良好的物质基础。

---

① 程发良、孙成访主编:《环境保护与可持续发展》，清华大学出版社 2009 年版，第 49 页。

② 程发良、孙成访主编:《环境保护与可持续发展》，清华大学出版社 2009 年版，第 45 页。

第二章　农村生态环境问题的类型化与解决途径

为了在地球上幸存下来，人类要求一个稳定的、持续存在的、相宜的环境。但是，无可辩驳的事实是，我们现在依靠地球生活的方式却正在使它薄薄的、生命所赖以存在的表面以及我们自己一起走向毁灭。①

——［美］巴里·康芒纳

我们要努力建设美丽中国，实现中华民族永续发展。我们要给自然留下更多修复空间，给农业留下更多良田，给子孙后代留下天蓝、地绿、水净的美好家园。

——中国共产党第十八次全国人民代表大会报告

类型化是人类思维的基本方式之一，也是进行科学研究的重要方法，其典型代表是德国学者马克斯·韦伯提出的“理想类型”（ideal - type）。类型化是以事物的根本特征为标准对研究对象的类属划分，其

① ［美］巴里·康芒纳著：《封闭的循环——自然、人和技术》，侯文蕙译，吉林人民出版社1997年版，第10页。

基本内容包括类型化的对象以及对象的内在结构、类型化的标准、类型化的结果三个方面。[①] 本文将以农村地区资源开发中的生态环境问题为分析对象，按照其对环境的“正、负”影响进行类型化分析，为下文环境法制的“正向构建”和“负向构建”奠定基础。

第一节　农村生态环境问题类型化的标准

明确统一的标准是类型化的关键因素。本文对农村环境问题进行类型化分析的标准是对环境的“正、负”影响也即经济学中的外部性理论。外部性理论是经济学中的重要理论。外部性“是指企业或个人向市场之外的其他人所强加的成本或收益”[②]也即行为人的私人成本与社会成本、私人收益与社会收益不一致的情形。

外部性有正、负之分，负外部性是指边际私人成本小于边际社会成本，私人并未承担超过私人成本部分的成本。[③] 简而言之，负外部性是指某个经济行为主体的活动使他人或社会受损，而造成负外部性的人却没有为此承担成本。[④] 在环境保护领域，环境污染、资源破坏、生态失衡等都是负外部性现象。诠释环境问题的经典论述“公地悲剧”的经济学释义就是负外部性。正外部性意味着边际社会收益大于边际私人收益，社会从私人经济活动中得到的额外收益并未通过一定手

① 参见李可：“类型思维及其法学方法论意义——以传统抽象思维作为参照”，载《金陵法律评论》2003 年第 2 期，第 112、115 页。

② ［美］保罗·萨缪尔森、威廉·诺德豪斯著：《经济学》（第十六版），萧琛等译，华夏出版社 1999 年版，第 28 页。

③ 李郁芳、李项峰、蔡彤：《政府行为外部性的经济学分析》，经济科学出版社 2009 年版，第 32 页。

④ 厉以宁：《西方经济学》（第二版），高等教育出版社 2005 年版，第 238 页。

段或途径转移到私人手中。[①] 简而言之,正外部性是指某个经济行为主体的活动使他人或社会受益,而受益者又无须花费代价。[②] 在环境保护领域,正外部性现象也大量存在。例如,发展生态农业、进行生态恢复和生态治理等。

环境保护中负外部性和正外部性问题的解决有不同的环境法律需求,因此,本文以此为标准对农村环境问题进行类型化分析。

第二节　农村生态环境问题类型化的实证分析

一、屡禁不止的负外部性现象

农村资源开发中的各种现象反映了负外部性的特征。由于“经济人”理性的普遍存在,人们在开发利用土地、水、矿产等各种资源时,为了降低成本,多是随意排放污水、废气和固体废弃物,在他们获得经济利益的同时却让社会承担了各种不利的环境后果。但是,由于政府管理和法律治理机制的缺失,各种负外部性行为屡禁不止,造成了农村地区环境资源的过度使用。环境资源的过度使用主要是指人类的各种开发、利用环境资源的行为超过了自然界的产出、供给能力,包括环境污染、生态破坏等方面。其中,环境污染属于过度排放性损害即人类向环境排入污染物超过了环境消纳污染物的能力;生态破坏属于过度索取性损害即人类从自然界索取能源、资源超过了自然的供给能力。当然,这两类损害并非截然分开,它们往往交互发生于人类同一活动中。本文将着重分析农村地区水资源、土地资源、气候资源、矿产资源开发利用中的负外部性现象。

---

① 李郁芳、李项峰、蔡彤:《政府行为外部性的经济学分析》,经济科学出版社 2009 年版,第 32 页。

② 厉以宁:《西方经济学》(第二版),高等教育出版社 2005 年版,第 238 页。

（一）水资源开发利用中的负外部性

2012年1月发布的《国务院关于实行最严格水资源管理制度的意见》指出，当前我国水资源面临的形势十分严峻，水资源短缺、水污染严重、水生态环境恶化等问题日益突出。世界银行日前编制的《中国农村生活污水管理指导手册》也指出，中国农村地区主要面临四大水问题：地区性和暂时性缺水；水资源污染及环境和个人卫生造成的疾病增加；水资源管理效率低下；缺少适用和可持续的废弃物管理技术。① 很多研究者也指出，我国农村水资源的警报级别已经升至红色最高级别，成为制约经济社会可持续发展的主要瓶颈。

1. 水资源利用浪费严重

我国是一个人均水资源量仅为世界人均水平1/4的"贫水国"，缺水形势非常严峻。据2009年全国水资源工作会议公布的数据表明，目前全国缺水量达到400亿m^3。② 同时，我国又是个农业大国，农业用水量非常大，工业用水和生活用水占的比重较小。美国《福布斯》双周刊网站2009年2月4日报道指出，我国华北平原农村地区由于灌溉用水需求不断增加以及工业建设原因，含水土层水位正在下降。③ 在水资源短缺的情况下，农村地区却存在严重的污染和浪费现象，很多地区灌排设施不全，工程老化失修，造成农业生产中水资源大量浪费，如果不能实现水资源的合理开发和可持续利用，农村地区发展将受到很大制约。据统计，"在农业灌溉面积中，只有很少的部分采取的是节水灌溉，而绝大部分采取的是粗放用水方式。2003年，东部地区灌溉面积中，节水灌溉面积只占35.58%，中部地区节水灌溉面积占灌溉面

① 韩璐："世界银行认为中国农村地区面临四大水问题"，载《健康报》2012年7月17日。

② 王明华："应对严峻形势水资源管理划'三道红线'"，载《水资源研究》2009年第1期，第35页。

③ "中国紧急动员抗击特大旱灾"，载《参考消息》2009年2月7日，第1页。

积的比例为23.02%,西部地区节水灌溉面积占灌溉面积的比例为37%。"①节约农业用水,提高灌溉用水有效利用系数,是全球"治水"的有效经验,也是我国农村地区可持续发展的必然选择。

2.用水结构不合理

我国水资源分布非常不均匀,占全国土地面积62.2%的北方诸流域,水资源仅占全国水资源的20.11%,而占全国土地面积7.8%的南方诸流域,水资源占全国的80%。② 在此情况下,我国的用水结构却存在很多不合理之处。据统计,"东部地区用水量2061亿m^3(占全国总用水量的37.5%),其中农业用水占60.9%,工业用水占26.3%,生活用水占12.8%。中部地区用水量1652亿m^3(占全国总用水量的30%),其中农业用水占66.7%,工业用水占23.5%,生活用水占9.8%。西部地区用水量1785亿m^3(占全国总用水量的2.5%),其中农业用水占79.9%,工业用水占11.7%,生活用水占8.4%。"③随着我国现代化进程的推进和城市经济的发展,工业用水的需求量会进一步增加,会加剧城市和农村的"抢水"现象,加大农业水资源的短缺程度。

3.水污染加剧,饮用水安全难以保障

由于工业废水和生活污水不达标排放,农药、化肥用量、化学杀虫剂不断增加,农村地区水污染严重,主要污染物排放量大(见表2-1),很多地区受到水污染传染病的危险,农民已经难以从自然水体中获取清洁、安全的饮用水。此外,农村地区很多自来水处理设施比较简陋,工艺流程落后,标准比较低,输配水管网系统老化,容易造成水资源的二次污染。2009年全国水资源工作会议公布的数据表明,农村饮水不安全人口仍有2亿多,特别是2009年北方冬小麦主产区旱情

① 于法稳:"农村水资源警报",载《瞭望》2005年第16期,第32页。

② 于萍萍、张进忠、林存刚:"水资源现状分析及保护对策的研究",载《资源环境与发展》2006年第2期,第22页。

③ 于法稳:"农村水资源警报",载《瞭望》2005年第16期,第33页。

持续发展，造成部分群众饮水困难。① 此外，一些城市污染产业转移到农村地区，很多工业污水不加处理地排放到农村水域中，给农民的饮用水带来很大安全隐患。

表 2－1：农村主要水污染物排放量所占比例统计表②

主要水污染物	全国排放总量（万吨）	农业源排放量（万吨）③	所占比例
化学需氧量	3028.96	1324.09	43.7%
总氮	472.89	270.46	57.2%
总磷	42.32	28.47	67.3%

（二）土地资源开发利用中的负外部性

目前，农村地区另一重要环境资源——土地，也面临着严重问题。与水环境问题相比，土地环境问题更为隐蔽，常常被人们忽视。目前，我国常见的土地环境问题主要包括土壤污染、石漠化、荒漠化等。由于滥垦草原、过度放牧、采挖野菜、开采矿产等行为的大量存在，农村地区沙漠化、石漠化等土地流失问题令人担忧，严重威胁农村生产的健康发展。据国家林业局第二次全国荒漠化、沙化土地监测结果显示，我国荒漠化土地面积占国土总面积的 27.9%，达 67.4 万平方公里，土地荒漠化、沙化呈局部好转整体恶化之势。④ 此外，我国还是世界上喀斯特分布面积最大的国家，石漠化成为西南岩溶地区一种典型的生态环境问题。据国家林业局发布的《岩溶地区石漠化状况公报》显示，截至 2005

① 王明华："应对严峻形势水资源管理划'三道红线'"，载《水资源研究》2009 年第 1 期，第 35 页。

② 笔者根据环境保护部、国家统计局、农业部发布的《第一次全国污染源普查公报》（2010 年）整理。

③ 农业源排放量不包括典型地区（巢湖、太湖、滇池和三峡库区 4 个流域）农村生活源。

④ 曾维政：《农村环境问题的伦理学思考》，云南财经大学 2009 年硕士学位论文，第 12 页。

年年底,我国石漠化土地总面积为12.96万平方公里,占监测区总面积的12.1%,潜在石漠化土地12.34万平方公里,如遇到不合理的人为活动干扰,极有可能变为石漠化土地。① 此外,石漠化土地面积还呈现扩展的趋势,国家发展改革委《关于进一步做好西南石山地区石漠化综合治理工作指导意见的通知》(2004年11月)指出,目前西南地区的石漠化总体上呈加剧趋势,1987年至1999年12年石漠化面积从8.3万平方公里增加到10.5万平方公里,净增2.2万平方公里,其中80%发生在贵州省和广西壮族自治区。

(三)风能开发利用中的负外部性

风能、太阳能等气候资源可以说是取之不尽、用之不竭的"绿色"能源,具有环境效益好、永不枯竭等优势,对于缓解能源危机、减少环境污染具有重要意义。我国风能资源非常丰富,在国家相关优惠政策推动下,风能发电得到大力发展,但在风能开发利用中也暴露出诸多环境问题。

风能开发除了产生大量噪声、影响美观外,还会对气候变化、生物物种产生严重影响。青海气象台研究人员表明,该地区柴达木盆地风能电站大量增多后,大量截留风能造成了冷空气南下受阻、气候格局改变、大面积升温、雪山加速消融、雾天频繁等现象出现;国外研究也有类似的结论,如《地球物理研究》杂志一篇文章的研究结果显示:一个拥有1万台风力发电机的风力发电厂会使得其地表温度上升0.7℃。② 此外,风能开发也给周围物种带来安全隐患。例如,加利福尼亚阿特蒙隘口风力发电站是世界上较大的风能发电站之一,但每年死于风车阵中

① 国家林业局:"岩溶地区石漠化状况公报",载《中国绿色时报》2006年6月21日,第2版。转引自蔡守秋、张百灵:"防治石漠化法制建设问题与对策研究",载《时代法学》2010年第1期,第3页。

② 任海趁:"青海气温变暖与风能开发关系的探",载《科技传播》2012年第3期,第89、106页。

的鸟类近 5000 只，因此在冬季候鸟迁徙季节，政府只得关闭这一电站。[①] 由于风能开发常常会导致各种环境问题，各种风能项目的开展常常会遭遇各种环保压力。例如，美国马里兰州首府安纳波利斯的 Synergics 能源公司在开展风能发电项目时就遭到了环保人士的反对，他们认为，"该项目不仅会破坏整个山脉的自然景观，风力发电机的涡轮还可能杀死大量鸟和蝙蝠，带来大量噪声，给社区以及野生动物造成视觉和听觉干扰。"[②]在环保人士的反对下，该公司不得不进行"自我整改"，在风能开发中满足了自然资源部门为保护稀有和濒临灭绝鸟类及其他动物所要求的一系列条件，并保护好环境。

(四)矿产资源开发利用中的负外部性

我国矿产资源具有总量大、种类丰富等优势，但矿产资源的人均拥有量仅居世界第 80 位，现有矿产储量中只有 60% 可开发利用，仅有 35% 可以采出。[③] 矿产资源具有不可再生性、有限性、分布不均衡、对土地依附等特征，需要倍加珍惜和保护。但我国矿产资源在开采过程中，各种负外部性行为大量存在，造成很多生态环境问题。

1. 矿产资源利用率低、浪费严重

20 世纪 70 年代末至 80 年代初，我国实行了"大矿大开、小矿放开，有水快流"的采矿政策，在经济利益驱动下，矿产资源乱采滥挖现象非常突出。我国很多矿山多是共生矿、伴生矿，受到经济实力和技术水平的限制，企业往往只注重单一资源的开采，未能采取有效手段对其他种类的资源进行回收利用，因此，我国矿产资源综合利用率远低于国外发达国家，浪费严重。据统计，目前，"我国矿产资源总的回采率仅为 30%，低于世界平均水平 20 个百分点；对共、伴生矿进行综合开发的仅

① 郭望："美国：风能开发遭遇环保阻力"，载《绿叶》2006 年第 16 期。

② 郭望："美国：风能开发遭遇环保阻力"，载《绿叶》2006 年第 16 期。

③ 蒲含勇、张应红："论我国矿产资源的综合利用"，载《矿产综合利用》2001 年第 4 期，第 19 页。

有1/3,其采、选综合回收率及综合利用率也分别只有30%,而西方矿业发达国家从有色金属的选冶过程中回收利用的有价元素已达70多种,副产品价值占总产品价值的30%以上,其选冶综合回收利用率已达80%以上。"①

2. 生态环境破坏严重、土地复垦率低

矿产资源开采包括地下和露天开采两种类型,两者都会给生态环境带来不良影响。地下开采常常会引起地层变形、裂缝甚至塌陷,不但导致地下水位下降,破坏地表水和地下水动态平衡,还会危及地面建筑物安全,甚至对当地气候变化、生态系统安全带来影响。露天开采则会造成表层土壤破坏和土地占用,近年来,很多矿区残留了大量废渣、废石,成为山体崩塌、滑坡、泥石流等地质灾害发生的隐患。此外,很多采矿企业采用粗放型的开采方式,矿石私挖滥采现象严重,造成水土大量流失。对于矿产资源开采过程中造成的土地破坏,我国规定了土地复垦制度,但由于受到法规不完善、政策不到位、历史欠账多、资金巨大等多重因素的制约,该制度执行情况不容乐观,很多矿区开采后的复垦还田程度低,尤其是很多小型采矿企业根本不进行土地复垦,复垦面积与破坏面积相比,相差甚远。据2011年中国环境年鉴统计显示,2010年我国矿山占用、破坏土地2484184公顷,恢复的面积却只有52463公顷。②

3. 造成生态环境的多重污染

矿产资源开采过程中往往产生大量废弃物,这些废弃物多数不经处理就排入环境中,造成水、土壤、大气等环境要素的污染。例如,对于采矿中产生的废水,很多国有大中型企业虽然会做一些处理工作,但也

---

① 侯万荣、李体刚、赵淑华等:"我国矿产资源综合利用现状及对策",载《采矿技术》2006年第3期,第63页。

② 国家统计局、环境保护部编:《中国环境统计年鉴2011年》,中国统计出版社2011年版,第93页。

难以做到达标排放。而数量众多的中小型采矿企业,由于生产设备和技术落后,环境保护设施缺乏,采矿废水往往不经过处理就直接排放到河流和土壤中。

二、激励不足的正外部性现象

从环境法的视野来看,正外部性就是指某行为主体对环境公共利益的维护、增进,在环境保护领域常常表现为进行污染治理、资源更新以及生态恢复等。由于正外部性行为维护的环境公共利益经常被社会公众无偿享有,需要构建正外部性行为的激励机制。农村资源开发过程中,正外部性行为在各个领域存在,但由于相关激励机制的缺乏,导致人们缺乏进行正外部性行为的动力,造成环境资源"供给"不足。

环境资源的"供给"不足主要是指人们对于环境污染、生态破坏缺乏有效的治理和修复,以及对环境资源缺乏有效的"创造"。自然界本身具有一定的修复能力,但如果人类的开发利用行为超过了生态承载力的上限,自然界将失去平衡,遭到摧残或归于毁灭。因此,解决生态环境问题,不但需要克制人类的过度开发,还要人们积极进行污染治理、资源更新以及生态恢复;除了沿用修复、补救等保护性措施之外,还需要人们把保护与"创造"结合起来,通过人为作用介入环境资源的再生产,增加环境资源的人类"供给"。当然,增加环境资源"供给"的前提是尊重生态规律,在人类的开发利用行为尚未超越生态承载力之前,借助于人工力量实施对自然的"回馈"行为。

本书将以森林资源保护为例,说明人们对环境资源"供给"的不足。森林资源是一种重要的可再生资源,如果得到合理的维护、更新和保育,可以实现森林资源的可持续利用、满足人类发展的需要。但由于森林资源保护中相关激励机制和利益分配机制的不合理,人们开展森林保护和更新的动力不足,导致我国森林生态系统呈现退化趋势。

1. 林地退化明显,公众治理积极性缺乏

《全国林地保护利用规划纲要(2010～2020年)》指出,我国有近

500万公顷林地退化为疏林地，超过5000万公顷林地退化为低质低效林地，尤其是西部地区、南方地区以及集体林区的林地退化十分严重。退化林地的治理需要政府和社会的积极参与，但是“牛玉琴现象”①的存在打消了社会公众植树造林、生态恢复的积极性。在植树造林、防沙治沙产生的生态效益被社会无偿享用时，植树人却背负重大的经济负担。随着生态补偿机制的推行，牛玉琴面临的问题将会逐步得到解决，但由于生态补偿实践中存在时限短、标准低、对象少等问题，人们进行森林治理的积极性仍然不高，制约着我国林业的发展。②

2. 采伐更新不足，林地占用严重

我国长期存在重视森林资源开发利用而轻视其保护更新的倾向。根据《森林法》的规定，森林采伐实行采伐许可证、限额采伐等制度，但这项制度在执行中却遇到很多障碍，有些地方超限额颁发采伐证，有的地方超限额采伐、无证采伐甚至自制采伐凭证和盗伐。此外，很多地方违法使用林地现象也屡禁不止。《全国林地保护利用规划纲要(2010～2020年)》指出：随着我国工业化、城镇化步伐的加快，各项建设对土地的需求增加，加之国家对耕地保护力度的加大，大量用地项目大规模向林地转移，毁林开垦、蚕食林地和非法占用林地的现象日趋严重。2006～2008年，全国共发生违法征、占用林地林业行政案件3.9万起，损失林地4.9万公顷，损失林木2.2万立方米，违法使用林地的形势依然严峻。

---

① 牛玉琴是陕北的一个普通农家妇女，自1985年以来便带领全家进行植树造林、治理荒沙。她先后贷款几十万元，承包荒沙地11万余亩，植树960万株，至今这些荒漠已变成绿洲，但牛玉琴也因此背上了几十万的债务负担。因为其11万亩树林被国家划为生态林，按照规定不能砍伐。虽然现在树木已经成材，但却无法变现成金钱来偿还债务和维持日常生活。政府部门不愿收购，更无其他个人或单位收买其树林。当地政府仅愿比照退耕还林标准，每亩树林补偿10元钱，这远不能弥补其付出的巨大经济成本，更无法体现11余万亩树林的经济和生态价值。牛玉琴不得不守着11余万亩树林而过着清贫的生活，承受着巨大的经济负担。

② 参见牛广召、杨航征：《“牛玉琴现象”的法律分析与解决》，中国环境法网，http://www.riel.whu.edu.cn/article.asp?id=28345，2006年9月20日。

3. 森林火灾隐患增多

森林火灾并非一种单纯的自然灾害,大部分森林火灾都是人为原因造成的。很多地方进行集体林权改革分山到户以后,森林防火工作由过去单一的集体行为变成千家万户的分散管理行为,管理难度加大,广大农户往往注重森林的生产经营,防火意识不强,还有可能出现个别农户故意纵火烧林的现象。

第三节　类型化视角下农村环境问题的解决途径

无论是正外部性现象还是负外部性现象都导致农村资源难以实现最优配置。如何对外部性现象进行治理、实现外部性内部化成为农村资源开发中必须解决的重要问题。本文将借鉴经济学研究的成果,探讨农村环境资源开发中外部性内部化的途径。

一、税收和补贴

税收和补贴措施源于"庇古税"理论。该理论由英国著名经济学家庇古提出,是指对产生负外部性的经济行为主体课以税收,对产生正外部性的经济行为主体进行补贴,从而实现资源配置的最优。"庇古税"理论在环境问题解决中得到了广泛应用,世界各国普遍采取的"污染者负担"原则便是典型,征收污染税(排污费)也成为各国普遍采取的污染控制措施之一。对于正外部性问题,庇古提出通过补贴予以解决。根据庇古的论述,以下两种情况往往需要获得补贴:一是对受损者进行补贴。例如,受火车火花影响的车轨旁的种田者应该获得补贴;二是对产生正外部性的行为主体进行补贴。例如,医院、博物馆等某些公共机构应该获得政府的补贴。目前,各国普遍建立的生态补偿机制便是实现正外部性内部化的有效途径。

二、行政管制和行政指导

社会实践表明,市场不是万能的,很多情况下市场难以解决外部引起的资源配置不当问题,因此,政府行政管制成为解决外部性问题的必要手段。针对各种负外部性行为,政府可以通过禁令和颁布标准来进行管理。例如,在环境保护领域,由环境管理部门制定排污标准并要求污染企业严格遵守;对于某种严重污染环境的产品,政府可以通过颁发禁令的方式禁止企业生产;如果企业违反禁令或者标准,那么将受到政府的严惩甚至是取缔。行政指导是政府在解决外部性问题中的另一项重要措施,与行政管制相比,行政指导具有亲和性和能动性的特征,它使行政管制中政府和公众之间的排斥对立关系得到缓和,并试图把双方置于一个相对平等的平台,使双方产生了交流与对话的可能。日本在20世纪70年代以前的环境政策中较多采用指导与劝告的方式。目前我国在推行清洁生产和循环经济时,也广泛采用了行政指导的方式。

三、产权交易

产权交易的解决方式主要由美国经济学家科斯提出。科斯认为,解决外部性的关键是明确产权即通过交易成本的选择和私人谈判、产权的适当界定和实施来实现外部性内部化。在他看来,当交易成本为零时,就没有必要征收庇古税;当交易成本不为零时,存在多种解决外部性的方式和制度安排,但关键是要权衡各种制度的成本—收益,而不同的权利配置、界定会带来不同的资源配置,所以产权制度的设置是优化资源配置的基础。产权交易在环境保护领域应用的典型是排污权交易。该理论由美国经济学家约翰·戴尔斯在科斯定理的基础上提出,并在实践中得到广泛应用。目前,美国、日本、德国、澳大利亚等国已经实行了排污权交易制度,我国也在山西、江苏等地开展了排污权交易的实践。例如,2003年,南京下关电场与江苏太仓港环保发电有限公司签署了中国第一个二氧化硫排放权协议。“江苏太仓”于2003年7月至

2005年每年从“南京下关”购进1700吨的排放指标，支付交易费170万元。①

对于正外部性问题，其解决方式不仅有政府补贴，现实中也有“市场解”。经济学家张五常在华盛顿州的“苹果之都”一带的调查惊人地发现，养蜂者和果园主之间有花粉传播服务的合约和蜜蜂采蜜的细致合约，价格厘定的精确不亚于市场上其他的物品。所以，有关采蜜和授粉的定价与合约安排可以说非常有效率，并不存在“市场失效”。②

四、黄金律和良心效应

根据美国经济学家约瑟夫·E.斯蒂格利茨的论述，“黄金律”教育，也就是教育人们“要产生外部经济性（正外部性）、不要产生外部不经济性（负外部性）”是解决外部性问题的方式之一。此外，澳大利亚经济学家黄有光也提出通过“良心效应”解决外部性。他认为，在外部性的解决中，“良心”发挥着一定的作用。例如，某工厂产生污染时，尽管由于“良心”的作用，厂主也会感到内疚，但与企业利益比起来，厂主还是不会在意这种内疚感；而工厂的工人也会因为排污产生内疚感，为了弥补内心的创伤，他们会要求厂主给予一定的附加工资或者抗议污染，从某种程度上说，“良心效应”对于遏制外部性的产生便具有一定的作用。但无论是“黄金律”还是“良心效应”都主要依赖于社会教育和人们的道德素养。这种方式具有一定的效果，正如在环境保护领域中环境伦理发挥一定的作用一样，但由于缺乏激励和强制，其对于外部性问题的解决作用有限。

---

① 张玉玲：“中国的排污权交易——访美国环保协会首席经济学家杜丹德”，载《光明日报》2005年2月21日。

② 参见徐桂华、杨定华：“外部性理论的演变与发展”，载《社会科学》2004年第3期，第28页。转引自：刘国涛：《和谐社会之环境立法——生物自然力法制构建与农业实践》，知识产权出版社2012年版，第93页。

第三章　农村环境法制建设考查与评析

法治应当包含两重意义：已成立的法律获得普遍的服从，而大家服从的法律又应该本身是制定的良好的法律。①

——［古希腊］亚里士多德

我国农村环境形势仍然十分严峻，点源污染与面源污染共存，生活污染和工业污染叠加，各种新旧污染相互交织；工业及城市污染向农村转移，危及农村饮水安全和农产品安全；农村环境保护的政策、法规、标准体系不健全；一些农村环境问题已经成为危害农民身体健康和财产安全的重要因素，制约了农村经济社会的可持续发展。

——环保总局（现国家环境保护部）等部门

《关于加强农村环境保护工作意见的通知》（2007 年）

第一节　农村环境法制建设实证考查

20 世纪 70 年代末，我国开始进行环境保护立法工作，先后制定了

---

① ［古希腊］亚里士多德著：《政治学》，吴寿彭译，商务印书馆 1965 年版，第 199 页。

一系列环境保护法律、法规、部门规章和标准,基本上形成了以《宪法》、《环境保护法》为基础的中国环境保护法律体系,这为我国农村地区环境保护提供了一定的法律依据。根据是否适用于农村地区,可以对目前的环境立法进行以下分类:①(1)既适用于城市又适用于农村的立法,如《环境保护法》、《环境影响评价法》、《城乡规划法》;(2)主要适用于城市仅个别条款适用于农村的立法,如《清洁生产促进法》;(3)主要适用于农村但也适用于城市的立法,如《森林法》、《自然资源保护区条例》、《乡镇企业法》;(4)只适用于城市不适用于农村的立法,如《城市绿化条例》、《城市供水条例》;(5)只适用于农村不适用于城市的立法,如《农业法》。

2015 年 1 月 14 日,笔者通过北大法宝——中国法律检索系统检索(选取中央法规司法解释、地方法规规章两个数据库)对目前我国农村环境法律法规、规章和规范性文件进行检查,结果如下:标题中含有"农村环境"的共计 401 条,其中,行政法规 2 条,部门规章 17 条,地方性法规 1 条,地方规范性文件 381 件;标题中含有"农业环境"的共计 42 条,部门规章 1 条,地方性法规 29 条,地方政府规章 5 条,地方规范性文件 7 条;标题中含有"农村环境保护"的共计 103 条,行政法规 1 条,部门规章 13 条,地方性法规 1 条,地方规范性文件 88 条。

一、环境保护规划、政策文件中关于农村环境保护的规定

农村环境保护问题首先是在国家有关发展规划、国务院发布的各种政策文件中体现出来。在国家环境保护规划中,最早提出加强农村环境保护的是 1996 年国务院发布的"九五"环境保护计划,此后,随着农村环境问题的日趋严重,"十五"、"十一五"和"十二五"环境保护规划均分析了农村环境保护工作的背景和目标(见表 3-1)。

---

① 李挚萍、陈春生等著:《农村环境管制与农民环境权保护》,北京大学出版社 2009 年版,第 284~285 页。

表3-1:环境保护“九五”至“十二五”计划关于农村环境保护的制定背景及计划目标①

环保计划	制定背景	农村环境保护计划目标
“九五”环保计划	无背景描述	加强农业环境保护,防治乡镇企业和农药、化肥污染,建设50个生态示范区、200个生态农业县、300个农村能源综合建设县、1000个绿色食品生产基地
“十五”环保计划	农村环境问题日渐突出;已有0.1亿hm^2农田遭受不同程度的污染,畜禽粪便、水产养殖和不合理使用农药、化肥污染加重,农产品质量安全不容忽视;乡镇企业污染较为普遍,小城镇环保基础设施缺乏,农村饮用水受到不同程度的污染	农村环境保护得到加强,集中式饮用水源地水质基本达到标准,规模化畜禽养殖污染得到基本控制,农业面源污染加重的趋势有所减缓,建成一批生态农业示范县,创建一批环境优美小城镇。农村环境保护指标:集中式饮用水水源地水质基本达到环境质量标准;秸秆禁烧区的秸秆禁烧率达到95%,全国秸秆综合利用率达到80%;规模化畜禽养殖场的污水排放达标率达到60%,粪便资源化率达到70%;农业灌溉用水基本达到农田灌溉水质标准,农产品质量和安全水平全面提高
“十一五”环保计划	农村环境问题突出,土壤污染日趋严重	整治农村环境,促进社会主义新农村建设,按照“生产发展、生活宽裕、乡风文明、村容整洁、管理民主”的社会主义新农村建设要求,实施农村小康环保行动计划,开展农村环境综合整治,加强土壤污染防治,控制农业面源污染,发展生态农业,优化农业增长方式,重点防治土壤污染;开展农村环境综合整治,完成1万个行政村的环境综合整治,建设2000个环境优美乡镇;防治农村面源污染

① 参见赵晴、郝邵菊:“关于‘十二五’环境保护规划中农村环境保护的思考”,载《安徽农业科学》2010年第31期,第17674页。笔者在其基础上增加相关内容。

续表

环保计划	制定背景	农村环境保护计划目标
“十二五”环保计划	农村环境污染加剧，重金属、化学品、持久性有机污染物以及土壤、地下水等污染显现	城乡饮用水水源地环境安全得到有效保障，水质大幅提高；保障农村饮用水安全，强化饮用水水源环境综合整治，在有条件的地区推行城乡供水一体化；提高农村生活污水和垃圾处理水平，鼓励乡镇和规模较大村庄建设集中式污水处理设施；提高农村种植、养殖业污染防治水平，推动生态农业和有机农业发展，加强废弃农膜、秸秆等农业生产废弃物资源化利用；改善重点区域农村环境质量，实行农村环境综合整治目标责任制，实施农村清洁工程，到2015年，完成6万个建制村的环境综合整治任务，防止城市和工业污染向农村转移

较早对农村环境保护工作给予关注的文件是农林部颁布的《全国农业环境保护工作座谈会纪要》（1977年8月）。该纪要对农业环境保护工作的历史、现状和当时农业环境保护工作的主要任务进行了比较全面的分析。1984年5月，国务院发布了《关于环境保护工作的决定》，明确提出“要认真保护农业生态环境”，此后，国家有关政策文件中经常出现“农业生态环境”与“农业生态环境保护”等概念。

第一个专门性规定农村生态环境保护工作的文件是国家环境保护总局发布的《关于加强农村生态环境保护工作的若干意见》（1999年11月）。该意见明确了农村生态环境保护的目标与任务，提出了“加强面源污染防治，改善水体和大气环境质量，开展环境综合整治，创建生态文明村镇，严格资源开发的环境管理，提高农村生态环境保护的监督管理水平”的具体要求。此后，国务院发布的《全国生态环境保护纲要》（2000年11月）也强调要“加强农村生态环境保护”等重点生态环境保护领域的技术开发和推广工作。

2005年12月，国务院颁布了《关于落实科学发展观加强环境保护的决定》,提出需要解决的突出环境问题之一便是“以防治土壤污染为重点,加强农村环境保护”。2005 年,《中共中央国务院关于推进社会主义新农村建设的若干意见》也明确提出“建设社会主义新农村”的重大决策,确立了“生产发展,生活富裕,乡风文明,村容整洁,管理民主”的发展要求。为了贯彻落实国务院《关于落实科学发展观加强环境保护的决定》,2006 年 10 月 13 日,国家环保总局编制发布了《全国生态保护“十一五”规划》,规划指出我国“农村环境问题突出,土壤污染日趋严重”,并提出了环境保护工作的重点领域和主要任务,其中之一便是“整治农村环境、促进社会主义新农村建设”,具体工作包括:重点防治土壤污染、开展农村环境综合整治、防治农村面源污染。此外,国家环境保护总局于 2006 年 10 月发布了《国家农村小康环保行动计划》,该计划在分析我国农村环境形势的基础上,明确提出了农村环境保护工作的指导思想、原则与目标,重点领域,建设任务和保障措施,计划用 15 年左右的时间基本解决农村“脏、乱、差”问题,有效遏制农村环境污染加剧趋势,改善农村生活与生产环境,建设“清洁水源、清洁家园、清洁田园”的社会主义新农村。①

2007 年 11 月 13 日,国务院办公厅转发了环保总局等部门《关于加强农村环境保护工作意见的通知》(国办发〔2007〕63 号),阐述了加强农村环境保护的紧迫性和重要性,明确提出了农村环境保护的指导思想、基本原则和主要目标,指出了需要着力解决的七大农村环境问题,②并规定了完善农村环境保护的政策、法规、标准体系等一系列加强农村环境保护工作的措施。2008 年 7 月 24 日,国务院召开了首次全国农村环境保护工作会议,对我国农村环境保护工作做了整体性部署。同年

① 蔡守秋、吴贤静:“农村环境法治建设的成就、问题和改进”,载《当代法学》2009 年第 1 期,第 69 ~ 70 页。

② 七大农村环境问题包括:切实加强农村饮用水水源地环境保护和水质改善,大力推进农村生活污染治理,严格控制农村地区工业污染,加强畜禽、水产养殖污染防治,控制农业面源污染,积极防治农村土壤污染,加强农村自然生态保护。

10月19日,《中共中央关于推进农村改革发展若干重大问题的决定》发布,该决定提出了"到2020年,资源节约型、环境友好型农业生产体系基本形成,农村人居和生态环境明显改善,可持续发展能力不断增强"的发展目标。2011年3月,环境保护部又发布了《关于进一步加强农村环境保护工作的意见》(环发〔2011〕29号),指出了抓好农村饮用水水源地环境保护、加强农村生活污水治理、加大农村生活垃圾处理力度、推进畜禽养殖污染防治、开展农村土壤环境保护五项要着力解决的突出的农村环境问题,并规定了"以奖促治"、"以创促治"、"以减促治"、"以考促治"等强化农村环境保护的工作措施。2013年1月18日,环境保护部发布了《2013年全国自然生态和农村环境保护工作要点》(环办〔2013〕5号),强调了"强化农村环境保护'四轮驱动',加快解决农村突出环境问题,强化农业生产环境监管,努力建设美丽乡村;启动'土壤环境保护工程',全面推动土壤环境保护和综合治理工作"等重点工作。

从上述规划、文件中可以看出,我国农村环境保护工作经历了从点源污染防治到面源污染防治、从重视农业环境到农业环境和生活环境并重到农村环境综合整治的发展过程,国家规划和文件对农村环境保护工作的重视,为我们开展农村环境保护工作提供了诸多指导。

二、农村环境污染防治的法律规定

环境污染是农村重要的环境问题之一,关于农村污染防治的各种法律规定,分散于水污染、大气污染、土壤污染等各个领域。

(一)水污染防治的法律规定

水污染防治方面的法律依据主要包括:《水污染防治法》、《水法》、《固体废物污染环境防治法》等。《水污染防治法》于1984年制定实施,历经1996年、2008年两次修订。1996年修订的《水污染防治法》并没有对农村水污染防治做出专门的规定,此法修订后,我国水污染形势依然严峻,排污量不断增加,江河水质恶化趋势也没有得到控制。因此,在该法实施12年之后,我国于2008年再次修订《水污染防治法》,总结了该法实施中的经验教训,对农村水污染防治做出了特别规定,开创了农村水污染防治的新时代。该法提出了"优先保护饮用水水源,严格控制工业污染、城镇生活污染,防治农业面源污染,积极推进生态治理工程建设,预防、控制和减少水环境污染和生态破坏"的基本要求,并且在第四章"水污染防治措施"中专设一节"农业和农村水污染防治",从两个方面对农村水污染防治作出规定:一方面是防止化肥农药、畜禽养殖、水产养殖等内源性水污染问题;[①]另一方面还防止城镇工业废水对农村水源的污染,避免灌溉污染。[②] 此外,该法还加强了对饮用水源的保护,在立法目的中增加了"保障饮用水安全"的重要规定,增设一章"饮用水水源和其他特殊水体保护"(第五章),对饮用水源保护区的划定、建立、管理等内容作出规定,并进一步完善了饮用水源保护的相关制度:完善了饮用水源保护区分级管理制度(第56条),明确了饮用水源保护区的划定机关和争议解决机制(第56条),对饮用水源保护区实行严格的管理(第56~59条),在饮用水源保护区内实施积极的保护措施(第61条)等。

《水法》规定了国家防止水污染的义务:(1)国家保护水资源,采取有效措施,保护植被,植树种草,涵养水源,防治水土流失和水体污染,改善生态环境。(2)划定饮用水水源保护区并采取措施,防止水源枯竭和水体污染,保证城乡居民饮用水安全。此外,还规定了水资源利用者造成水污染的治理责任。

《固体废物污染环境防治法》对于防止固体废物污染水资源做出了一般性规定:"禁止任何单位或者个人向江河、湖泊、运河、渠道、水库及其最高水位线以下的滩地和岸坡等法律、法规规定禁止倾倒、堆放废弃

---

① 例如,《水污染防治法》第50条规定:"从事水产养殖应当保护水域生态环境,科学确定养殖密度,合理投饵和使用药物,防止污染水环境。"

② 例如,《水污染防治法》第51条规定:"向农田灌溉渠道排放工业废水和城镇污水,应当保证其下游最近的灌溉取水点的水质符合农田灌溉水质标准。利用工业废水和城镇污水进行灌溉,应当防止污染土壤、地下水和农产品。"

物的地点倾倒、堆放固体废物。"

涉及水污染防治的环境保护行政法规、部门规章和标准主要有：《水污染防治法实施细则》、《全国污染源普查条例》、《河道管理条例》、《防汛条例》、《取水许可制度实施办法》、《饮用水水源保护区污染防治管理规定》、《生活饮用水卫生监督管理办法》、《农田灌溉水质标准》等。其中，《水污染防治法实施细则》是对《水污染防治法》的进一步细化，在农村水污染方面，对防止城市污水农田灌溉污染作出了细致规定："利用工业废水和城市污水进行灌溉的，县级以上地方人民政府农业行政主管部门应当组织对用于灌溉的水质及灌溉后的土壤、农产品进行定期监测，并采取相应措施，防止污染土壤、地下水和农产品。"《全国污染源普查条例》是对全国污染源统计作出的专项规定，对于摸清农业污染状况具有重要意义。根据该条例的规定，"农业污染源普查的主要内容包括农业生产规模，用水、排水情况，化肥、农药、饲料和饲料添加剂以及农用薄膜等农业投入品使用情况，秸秆等种植业剩余物处理情况以及养殖业污染物产生、治理情况等。"此外，环保部门制定的《排放污染物申报登记办法》、《环境保护行政处罚办法》等程序性规定也为农村水污染防治提供法律依据。

（二）大气污染防治的法律规定

目前，我国关于大气污染防治的法律规定主要包括：《大气污染防治法》、《清洁生产促进法》、《固体废物污染环境防治法》等。此外，国家有关部委还先后制定颁布了一系列行政规章和防治大气污染的国家标准。例如，《大气污染物综合排放标准》、《环境空气质量标准》、《饮食业油烟排放标准》、《锅炉大气污染物排放标准》等。但现行的《大气污染物综合排放标准》也存在诸多问题，该标准是 1997 年颁布的，它过分强调统一，不适应目前大气污染的多样化和复杂化的新特点，该标准中的某些标准已经严重脱离了社会的实际，而其他新的污染物没有及时地补充列入。①

我国的《大气污染防治法》制定于1987年,1995年、2000年、2015年进行三次修订。新修订的《大气污染防治法》共8章129条,不仅针对燃煤和其他能源污染防治、工业污染防治、机动车船等污染防治、扬尘污染防治做出了明确规定,还新增了"农业和其他污染防治"、"重点区域大气污染联合防治"以及"重污染天气应对"等内容,为推动大气污染物全防全控奠定了坚实的法律基础。2005年施行的《固体废物污染环境防治法》规定,固体废弃物包括置于容器中的气态的物品、物质,因此,该法的很多规定也适用于大气污染防治,具有保护大气环境的作用。但是这些规定主要是涉及城市大气污染防治,对于农村大气污染的特殊性,如秸秆焚烧等问题涉及较少。

另外,在土壤污染防治,农药、化肥污染防治,畜禽、水产养殖污染防治,乡镇企业污染防治等各个方面,目前的环境立法都有规定和涉及,对此,笔者将在以后章节展开详细论述。

三、农村自然资源开发与保护的法律规定

在农村自然资源开发、利用方面,目前已经形成了较为齐全的法律法规体系,针对各种自然资源的开发、利用、保护和管理作出了较为全面的规定,详解如下。

(一)土地资源开发与保护的法律规定

土地资源法经过几十年的发展,基本上形了完整的体系。目前,保护土地资源的法律法规主要有:《土地管理法》(1986年颁布,1988年、1998年、2004年三次修改)、《土地管理法实施细则》(2008年)、《农村土地承包法》(2002年)、《水土保持法》(1991年)、《水土保持法实施条例》(1993年)、《基本农田保护条例》(1998年)、《土地复垦规定》(1988

---

① 周珂:《环境法》,中国人民大学出版社,第131~147页。转引自包玉华、胡夷光:"关于完善《大气污染防治法》的探讨",载《环境科学与管理》2011年第2期,第30页。

年)、《城镇国有土地使用权出让和转让暂行条例》(1990年)等。

根据《土地管理法》和《基本农田保护条例》的规定,我国形成了土地用途管制、基本农田保护、耕地占补平衡和土地复垦等一系列土地保护法律制度。(1)土地用途管制制度。我国法律将土地分为农用地、建设用地和未利用地三类,对不同种类用地实行分类管理。使用土地的单位和个人,必须严格按照土地利用总体规划确定的用途使用土地,严格限制农用地转化为建设用地。(2)基本农田保护制度。基本农田保护区经依法划定后,任何单位和个人不得改变和占用。(3)占用耕地补偿制度。非农业建设经批准占用耕地的,按照"占多少,垦多少"的原则,由占用耕地的单位负责开垦与所占用耕地的数量和质量相当的耕地;没有条件开垦或者开垦的耕地不符合要求的,按照规定缴纳耕地开垦费,专款用于开垦新的耕地。(4)土地复垦制度。因挖损、塌陷、压占等造成土地破坏,用地单位和个人应当按照国家有关规定负责复垦;没有条件复垦或者复垦不符合要求的,应当缴纳土地复垦费,专项用于土地复垦。复垦的土地应当优先用于农业。

此外,为了防治土地污染、破坏和退化,我国法律对政府和土地利用者也提出了基本要求。《土地管理法》对于政府保护土地的要求是:"采取措施,维护排灌工程设施,改良土壤,提高地力,防止土地荒漠化、盐渍化、水土流失和污染土地"。对于单位和个人,国家鼓励他们"按照土地利用总体规划,在保护和改善生态环境、防止水土流失和土地荒漠化的前提下,开发未利用的土地;适宜开发为农用地的,应当优先开发成农用地。根据土地利用总体规划,对破坏生态环境开垦、围垦的土地,有计划有步骤地退耕还林、还牧、还湖。"

(二)水资源开发与保护的法律规定

我国历来十分重视水资源保护的立法,新中国成立以来颁布了许多有关水资源的法律、法规和规章。例如,1957年,国务院发布了《水土保持暂行纲要》;1961年,中央批准了农业部和水利部提出的《关于加强水利管理工作的十条意见》。目前,我国有关水资源的法律法规主要包括:《水法》(1988 年颁布,2002 年修订)、《水土保持法》(1991 年)、《水土保持法实施条例》(1993 年)、《水污染防治法》(1984 年颁布,1996 年、2008 年修订)、《水污染防治法实施细则》(2000 年)、《城市供水条例》(1994 年)、《水文条例》(2007 年)、《取水许可制度实施办法》(1993 年)、《取水许可和水资源费征收管理条例》(2006 年)等。此外,还有大量关于水资源保护的地方性法规和政府规章。

2002 年,新修订的《水法》第一次将"节约水资源"和"实现水资源的可持续利用"写入立法目的,不但确立了"流域管理和区域管理相结合的"管理体制,还更加重视水资源开发、利用中对生态环境的保护。"在水资源开发利用方面,特别强调了生态用水,规定了水资源开发利用的原则,建立了鼓励开发水资源的各种制度;在节约用水方面,提出了建立节水型社会的原则,规定了用水总量控制与定额管理相结合的制度和农业、工业、生活用水控制制度以及水价的制定机制,建立了节约用水的实施机制;在水保护方面,增加了维护水体的自然净化能力的制度保障,规定了地下水开采禁限制度、水功能区划制度,并在《水污染防治法》(1996 年)规定饮用水源保护制度的基础上建立了更为严格的保护制度,使水资源的保护力度进一步加强。"①这些规定对于农村水资源保护具有重要作用,但总体而言,目前的水资源保护法律规定主要侧重于城市水资源,在农村水资源保护方面还存在很多不足。

鉴于农村水资源保护的重要性,国家近来发布的各种规范性文件体现出对农村水资源保护的重视。2012 年 1 月发布的《国务院关于实行最严格水资源管理制度的意见》提出了实行最严格水资源管理制度的指导思想、基本原则、主要目标,提出水资源管理需划的三道红线:"加强水资源开发利用控制红线管理、严格实行用水总量控制","加强用水效率控制红线管理、全面推进节水型社会建设","加强水功能区限

① 吕忠梅:"环境资源法视野下的新《水法》",载《法商研究》2003 年第 4 期,第 10 ~ 12 页。

制纳污红线管理、严格控制入河湖排污总量”，并提出了具体的措施和要求。

为了加强农村饮用水保护，2012年2月，国土资源部、水利部联合发布《关于农村饮水安全工程建设用地管理有关问题的通知》，对农村饮水安全项目用地审批程序给予了最大限度地简化和支持；财政部也在4月下发了《关于支持农村饮水安全工程建设运营税收政策的通知》，明确了五项税收优惠政策。2012年6月，国家发展改革委、水利部、住房和城乡建设部联合发布了《水利发展规划（2011～2015年）》（以下简称《规划》），确定了“十二五”期间水利发展的总体思路、指导思想、目标任务、建设重点和改革管理举措。《规划》体现出对农村地区水资源的特别关注：第一，《规划》确定了10大主要指标，除了8大预期指标外，增加农村饮水安全人口是不多的约束性指标之一；第二，《规划》还确定了四大水利发展的重点任务，而农村水利排名第一，这一排序本身就说明了农村水资源保护的紧迫性。①

在农村节约用水方面，1999年，《水利部关于全面加强节约用水工作的通知》首次提出了“建设节水型社会”的要求，并指出“农业节水是节水的重点，各地要把节水灌溉作为一项革命性措施来抓，大幅度提高水的利用率。”2002年8月20日颁布的《全国节水规划纲要（2001～2010年）》分析了我国节水的现状和存在的问题，提出了节水规划的原则和总体目标，并分别规定了农业节水、工业节水、城镇生活节水的目标和对策。在农业节水方面，《规划》提出了六大对策：（1）以节水增产为目标对灌区进行技术改造；（2）因地制宜加快发展节水灌溉工程；（3）加强用水定额管理、推广节水灌溉制度；（4）平田整地开展田间工程改造；（5）大力推广节水农业技术；（6）积极发展节水综合技术。为了更好推进节水工作的开展，中央财政项目《节水型社会建设》于2006年开始在全国范围内推动节水型社会建设，项目工作内容涉及节水型社会

① 李雁争：“水利发展十二五规划发布”，载《上海证券报》2012年6月23日。

建设的政策制定、改革管理体制、试点工作开展、技术推广和加强宣传等各方面。为规范该项工作，水利部发布了《〈节水型社会建设项目〉管理办法》(2006 年)，规定了项目目标和经费开支范围、项目申报和审批、项目组织实施等内容。此外，2006 年 1 月 24 日，国务院还通过了《取水许可和水资源费征收管理条例》(2006 年 4 月 15 日起施行)(以下简称《条例》)，确立了取水许可和水资源费征收两项重要的法律制度，对于加强水资源管理具有重要意义。该《条例》还重申了发展节水型农业的重要性，规范了取水行为，对实现计划用水和节约用水具有重要意义。针对我国农业用水方式比较粗放，水资源利用效率不高的现状，《水利发展规划(2011～2015 年)》提出了农业节水目标：要求到 2020 年基本完成大型灌区、重点中型灌区续建配套和节水改造任务；争取 5 年内新增高效节水灌溉面积 5000 万亩，全国农田灌溉水有效利用系数达到 0.53 以上。

为了规范无序用水现象，避免水资源大量浪费，国务院于 1993 年发布了《取水许可证制度实施办法》(以下简称《办法》)，规范了取水行为，有效遏制了水资源无序开采的现象，对于促进水资源的合理开发利用、保护水资源发挥了重要作用。随着经济社会的迅速发展，水资源管理工作也提出了新的要求，因此，在实施该《办法》的基础上，国务院于 2006 年发布了《条例》，对取水许可和水资源费征收管理进行了完善和修改，提出了具体要求。在体例上，《条例》层次更加明确，分为总则、取水申请和受理、取水许可的审查和决定、水资源费的征收和使用管理、监督管理、法律责任和附则共计 7 章 58 条；在内容上，《条例》更加注重水资源的合理配置和取水的高效、便民。例如，在取水许可的审批程序方面，对取水许可程序进行了简化和完善，取消了预申请，体现了便民原则。①

---

① 杨红尉：《〈取水许可和水资源费征收管理条例〉浅谈》，载长江水文网，http://www.cjh.com.cn/doc/jd/07－4－10－10302394499873/，2007 年 4 月 10 日。

（三）草原资源开发与保护的法律规定

与其他资源立法相比，我国草原立法发展比较缓慢，目前相关的法律法规主要包括：1985年颁布、2002年修订的《草原法》，1993年发布、2008年修订的《草原防火条例》，1997年12月农牧渔业部制定的《草原治虫灭鼠实施规定》，2005年1月农业部通过的《草畜平衡管理办法》。此外，一些省、自治区还制定了地方性的草原保护条例，如内蒙古自治区颁布的《内蒙古自治区草原管理条例》（1984年）。

《草原法》是我国草原建设、保护和管理的基干法律，该法对草原权属、规划、建设、利用、保护、监督检查、法律责任等作了专门规定，奠定了现阶段草原保护、建设和合理利用的法律基础，在促进草原的可持续利用和生态、经济、社会的协调发展方面具有重要作用。在草原防火方面，主要的法律依据是《草原防火条例》（以下简称《条例》），《条例》对草原火灾的预防、扑救、灾后处置、法律责任做出了详细规定。《条例》规定了草原防火工作实行"预防为主、防消结合"的方针，以及草原分级管理、防火规划、草原火灾应急预案等法律制度。

（四）矿产资源开发与保护的法律规定

我国十分重视矿产资源保护立法。1951年，政务院发布了《矿业暂行条例》；1956年，国务院批转了《矿产资源保护试行条例》；1978年，国务院批转了《小煤矿管理试行办法》。目前，我国矿产资源保护方面的法律法规主要包括：《矿产资源法》（1986年颁布、1996年修订）、《矿产资源法实施细则》（1994年）、《矿山安全法》（1992年）、《矿山安全法实施条例》（1996年）、《煤炭法》（1996年）、《探矿权采矿权转让管理办法》（1998年）、《矿产资源勘查区块等级管理办法》（1998年）、《矿产资源开采登记管理办法》（1998年）、《对外合作开采陆上石油资源条例》（2001年）等。此外，还有大量关于矿产资源保护的地方性法规和政府规章。其中，《矿产资源法》和《矿产资源法实施细则》规定了矿产资源权属制度、管理体制、矿产资源勘查、采矿许可证制度、矿产资源开采中的环境影响评价和"三同时"制度、矿山生态环境保护制度、矿山生态环境治理和土地复垦等内容。

为了防治矿产资源开发造成的环境污染,1992 年 8 月 17 日,国家环境保护局发布了《防治尾矿污染环境管理规定》(1999 年 7 月 12 日修订),对我国企业产生尾矿的污染防治及监督管理进行了详细规定,要求产生尾矿的企业必须制定尾矿污染防治计划,建立污染防治责任制度,并采取有效措施,防治尾矿对环境的污染和危害。

2009 年国土资源部发布的《全国矿产资源规划》(2008 ~ 2015 年)(以下简称《规划》)是矿产资源勘查、开发利用与保护的指导性文件,是依法审批和监督管理矿产资源勘查、开采活动的重要依据。《规划》提出了"合理开发,注重保护"的原则和"矿产资源合理利用与保护水平明显提高"、"矿山地质环境和矿区土地复垦状况明显改善"的规划目标,并对矿产资源的勘查、开发利用总量调控、矿产资源节约与综合利用等内容做出详细规定。

(五)森林资源开发与保护的法律规定

我国关于森林资源保护立法开展较早,发展也比较快,已经形成了较为完备的森林资源保护法律法规体系。主要包括:《森林法》(1984 年通过,1998 年修订)、《森林法实施条例》(2000 年)、《森林病虫害防治条例》(1989 年)、《退耕还林条例》(2002 年)、《森林防火条例》(2008 年)等;森林保护的行政规章主要有:《森林采伐更新管理办法》(1987 年)、《封山育林管理暂行办法》(1988 年)、《林地管理暂行办法》(1993 年)、《沿海国家特殊保护林带管理规定》(1996 年)、《天然林资源保护工程管理办法》(2001 年)、《造林质量暂行管理办法》(2002 年)、《森林资源监督工作管理办法》(2007 年)等。此外,各省市根据当地实际,公布实施了 300 多件地方性林业法规和规章。例如,黑龙江、陕西等省制定了退耕还林条例实施办法,四川、内蒙古等省区制定了天然林或珍稀林木保护条例,湖南、山西等省制定了森林公园管理条例。

《森林法》是森林资源保护的基本法律,对林业建设方针、林权分类、管理制度、森林保护、植树造林、森林采伐更新等内容进行了规定。

其中,对于森林资源的保护,该法规定应当组织建立护林组织和森林公安机关,负责护林工作;对于森林防火,规定了地方各级人民政府的各种森林火灾预防和扑救工作;对于病虫害防治,规定了各级林业主管部门的具体职责;对于植树造林,规定每年的3月12日为植树节,鼓励全民参与植树造林,同时规定各级人民政府应该负责植树造林的规划、组织工作;对于森林资源的采伐更新,规定采伐林木许可证制度以及采伐林木单位或者个人的采伐更新义务。《森林病虫害防治条例》规定了森林病虫害防治实行"谁经营,谁防治"的责任制度,并对森林病虫害的预防、除治、奖惩措施进行了规定。《退耕还林条例》规定了"退耕还林、封山绿化、以粮代赈、个体承包"的政策措施,并就退耕还林遵循的原则、退耕还林规划的内容和实施方案、退耕还林的管护与检查验收、退耕还林的补助标准以及其他保障措施进行了详细规定。《森林防火条例》对国家和地方森林防火组织的设立及其职责,森林火灾的预防、补救、调查、统计,森林火灾预防和扑救有功人员的奖励和对违法者的处罚等内容,作了比较全面的规定。

(六)渔业资源开发与保护的法律规定

新中国成立以后,我国政府曾制定了许多有关渔业保护的行政法规和部门规章。例如,1955年国务院发布了《关于渤海、黄海及东海机轮拖网渔业禁渔区的命令》,1979年国务院制定了《水产资源繁殖保护条例》,发布了《关于保护水库安全和水产资源的通令》。目前,我国渔业资源方面的法律、法规和规章主要有:《渔业法》(1986年制定,2000年、2004年修订)、《渔业法实施细则》(1987年)、《渔业资源增殖保护费征收使用办法》(1988年发布,2011年修订)、《水生野生动物保护实施条例》(1993年)等;此外,还有很多关于渔业资源保护的地方性法规和规章。其中,《渔业法》对于渔业生产的基本方针、渔业养殖、渔业捕捞、渔业资源增殖和保护等内容作出明确规定。

在自然资源开发与保护方面,还有生物质能开发利用的法律规定,此内容在本书第七章将有专门介绍,在此不再赘述。

四、农村生态恢复的法律规定

与上述较为健全的自然资源立法相比,我国农村生态保护和恢复立法还显得过于单薄。目前,生态保护和恢复方面的法律法规主要集中在水土保持、防沙治沙、石漠化防治等方面,对于一些具有明显正外部性的生态保护和恢复领域,还缺乏法律的支持。例如,关于生物多样性保护、湿地保护、生态农业、人文遗迹和自然遗迹保护等方面的立法还比较匮乏,致使我国生态保护和恢复立法规定非常零散,适用性不强,难以满足我国生态恢复的需要。

(一)水土保持的法律规定

我国水土保持立法工作具有悠久的历史。1957 年国务院就颁布了《水土保持暂行纲要》,1982 年发布了《水土保持工作条例》。1987 年 11 月 20 日,财政部、水利电力部颁布了《小型农田水利和水土保持补助费管理的规定》。1988 年 9 月 1 日,经国务院批准,由国家计划委员会和水利部联合发布了《开发建设晋陕蒙接壤地区水土保持规定》。1991 年,我国颁布了《水土保持法》,1993 年发布了《水土保持法实施条例》。1994 年 11 月 22 日,水利部、国家计划委员会、国家环境保护局发布了《开发建设项目水土保持方案管理办法》。2002 年 10 月 22 日,水利部颁布了《开发建设项目水土保持设施验收管理办法》,目的是加强开发建设项目水土保持设施的验收工作。此外,在《环境保护法》、《草原法》、《森林法》、《防沙治沙法》、《水法》、《农业法》等法律中对水土保持也作了相应规定。例如,《农业法》规定:“各级人民政府应当采取措施,加强小流域综合治理,预防和治理水土流失。从事可能引起水土流失的生产建设活动的单位和个人,必须采取预防措施,并负责治理因生产建设活动造成的水土流失。各级人民政府应当采取措施,预防土地沙化,治理沙化土地。国务院和沙化土地所在地区的县级以上地方人民政府应当按照法律规定制定防沙治沙规划,并组织实施。”在这些法律中,《水土保持法》是我国防治水土流失的基干法律,它规定了水土保持工作的指导方针、管理体制、水土流失的预防和治理防措施，以及政府对水土保持工作的监测和监督。

（二）防沙治沙的法律规定

目前我国防沙治沙的主要法律依据是2001年颁布的《防沙治沙法》。该法把控制荒漠化的技术和管理经验上升为法律原则和制度，为我国预防和治理沙化土地、维护生态安全提供了重要保障。该法对于防治荒漠化的法律原则、政府管理体制、防沙治沙规划、土地沙化的预防、沙化土地的治理以及保障措施等内容做了规定。该法明确了各级人民政府和有关行政主管部门在防沙治沙工作方面应承担的责任，规范了预防土地沙化和治理沙化土地以及沙化土地范围内开发利用自然资源的各种行为，规定了一系列制度和措施。特别是第五章"保障措施"中有关防沙治沙的资金保障、税收、土地使用权等优惠政策的规定，使土地沙化的预防和治理等各项法律规定得到落实，使我国防沙治沙工作迈上了一个新台阶。第六章法律责任的规定也比较具体，具有较强的可操作性，为制止各种造成或加剧土地沙化的不合理行为提供了法律武器和手段。为了更好地贯彻实施《防沙治沙法》，国务院于2005年制定了《全国防沙治沙规划（2005～2010年）》，发布了《关于进一步加强防沙治沙工作的决定》，提出了防沙治沙工作的指导思想、基本原则和奋斗目标，明确了防沙治沙的布局和规划，针对土地沙化的预防和治理，规定了多项扶持政策和措施。此外，作为联合国防治荒漠化公约的缔约国，我国编制并实施了《中国防治荒漠化国家行动方案》。

（三）防治石漠化的法律规定

对于石漠化防治，我国还没有专门的法律，目前主要适用《草原法》、《水土保持法》和《防沙治沙法》等法律的规定。《草原法》在我国现行法律中首次明确使用了石漠化的概念，其许多条文和规定直接适用于防治石漠化工作。例如，该法规定"对退化、沙化、盐碱化、石漠化和水土流失的草原，地方各级人民政府应当按照草原保护、建设、利用规划，划定治理区，组织专项治理。大规模的草原综合治理，列入国家国土整治计划。大规模的草原综合治理，列入国家国土整治计划。”水土流失和石漠化具有密切的联系，水土保持工作的开展会阻止土地石漠化的恶化，因此，《水土保持法》中许多内容与石漠化防治管理直接相关，其从防治水土流失的角度对石漠化防治做了相应规定。此外，《防沙治沙法》对于防治石漠化也具有重要的指导、参考和借鉴意义，但该法主要适用于土地沙化防治，而石漠化和沙化是不同类型的土地退化方式，因此，《防沙治沙法》的作用也有限，我国亟须制定防治石漠化的专门法规。

为了统筹规划、综合治理石漠化，国务院明确由国家发展改革委牵头，组织编制《岩溶地区石漠化综合治理规划大纲(2006～2015)》(以下简称《大纲》)，该规划于2008年3月获得国务院批准。《大纲》项目范围涉及贵州、云南、广西、湖南、湖北、四川、重庆、广东8省(区、市)的451个县(市、区)。同时，根据大纲的规定和要求，一些地方也结合当地实际相继制订了石漠化防治规划，如《贵州省石山地区石漠化综合治理规划》、《广西岩溶地区石漠化综合治理规划》(2006～2015年)等，为石漠化防治提供法律支持。

(四)土地复垦的法律规定

我国在20世纪50年代开始土地复垦工作，1988年，国务院颁布实施《土地复垦规定》，我国的土地复垦工作步入了法制轨道。目前，适用于土地复垦方面的法律法规和规章主要有：《土地管理法》、《矿产资源法》、《黄金矿山砂金生产土地复垦规定》、《全国土地利用总体规划纲要(2006～2020年)》、《全国矿产资源规划》(2008～2015年)、《关于加强生产建设项目土地复垦管理工作的通知》、《矿山地质环境保护规定》等。

这些法律、法规和文件关于土地复垦的规定主要包括：《土地复垦规定》实行“谁破坏，谁复垦”的原则，并对土地复垦的管理部门、应达到的要求、法律责任等作出了明确的规定。《土地管理法》(2004年修改)确立了占用耕地与开发复垦耕地相平衡的土地利用规划原则，规定了土地复垦的主体和要求。[①]《全国土地利用总体规划纲要(2006～2020年)》明确提出了土地复垦的目标与任务:“到2010年和2020年,全国通过土地整理复垦开发补充耕地不低于1710万亩(114万hm^2)和5500万亩(367万hm^2)。”[②]《全国矿产资源规划(2008～2015年)》也确定了“矿山地质环境和矿区土地复垦状况明显改善”的目标。[③]《环境影响评价法》和《关于组织土地复垦方案编报和审查有关问题的通知》要求矿区在开采前必须进行环境影响评价和土地复垦方案编制。2009年5月1日实施的《矿山地质环境保护规定》对矿区生态保护与复垦均有明确的目标和要求。[④] 在1989年《土地复垦规定》的基础上,2011年2月22日,国务院通过了《土地复垦条例》,规定了土地复垦的原则、验收、激励措施,以及不同类型土地复垦的具体要求等内容。此外,全国25个省级人民政府制定了《土地复垦规定实施办法》,许多市、县也结合本地实际情况制定了《土地复垦管理办法》。

五、地方性农村环境保护的法律规定

与国家层面缺乏专门性的农村环境保护法律相比,地方立法可谓先行一步。我国大陆地区22个省份中,有14个省已经制定了专门的农业环境保护条例(见表3-2),对农业环境的定义、监管体制、保护措施、法律责

---

① 该法第42条规定:“因挖损、塌陷、压占等造成土地破坏,用地单位和个人应当按照国家有关规定负责复垦;没有条件复垦或者复垦不符合要求的,应当缴纳土地复垦费,专项用于土地复垦。复垦的土地应当优先用于农业。”

② 相关规定还包括:“有计划、分步骤地复垦历史上形成的采矿废弃地,及时、全面复垦新增工矿废弃地”;“能源矿产资源开发地区,要坚持资源开发与环境保护相协调,禁止向严重污染环境的开发项目提供用地。加强对能源、矿山资源开发中土地复垦的监管,建立健全矿山生态环境恢复保证金制度,强化矿区生态环境保护监督”。

③ 即“到2010年和2015年,新建和生产矿山的矿山地质环境得到全面治理,历史遗留的矿山地质环境恢复治理率分别达到25%和35%,新建和在建矿山毁损土地全面得到复垦利用,历史遗留矿山废弃土地复垦率分别达到25%和30%以上。”

④ 胡振琪:“中国土地复垦与生态重建20年:回顾与展望”,载《科技导报》2009年第27期,第26页。

任等内容进行规定。我国第一部也是目前唯一一部针对农村环保的地方性法规——《银川市农村环境保护条例》已于 2012 年 11 月 1 日开始实施。该《条例》内容涉及农村饮用水水源地保护、大气污染防治、农村工业布局、农村生活污染治理设施的运行与管护、农村环境连片整治以及相关法律责任。2015 年 12 月,《河北省农村环境保护和治理条例(草案)》提交审议。

表 3-2:地方农业环境保护立法一览表(截止于 2015 年 4 月)

省份	法规名称	实施(修订)日期
山西	山西省农业环境保护条例	1991 年 11 月 19 日
黑龙江	黑龙江省农业环境保护条例	1993 年 10 月 1 日
山东	山东省农业环境保护条例	1994 年 4 月 21 日,1997 年、2004 年修正
宁夏	宁夏回族自治区农业环境保护条例	1994 年 12 月 15 日
内蒙古	内蒙古自治区农业环境保护条例	1995 年 1 月 12 日
广西	广西壮族自治区农业环境保护条例	1995 年 5 月 30 日实施,2004 年修订
辽宁	辽宁省农业环境保护条例	1996 年实施,1997 年、2004 年两次修订
青海	青海省农业环境保护办法	1996 年 3 月 26 日
河北	河北省农业环境保护条例	1997 年 1 月 1 日
云南	云南省农业环境保护条例	1997 年 6 月 5 日
广东	广东省农业环境保护条例	1998 年 10 月 1 日
江苏	江苏省农业生态环境保护条例	1999 年 2 月 1 日
安徽	安徽省农业生态环境保护条例	1999 年 8 月 1 日
福建	福建省农业生态环境保护条例	2002 年 10 月 1 日
湖南	湖南省农业环境保护条例	2003 年 2 月 1 日
湖北	湖北省农业生态环境保护条例	2006 年 12 月 1 日,1993 年通过的《湖北省农业环境保护条例》同时废止
甘肃	甘肃省农业生态环境保护条例	2008 年 3 月 1 日

第二节 农村环境法制建设缺陷分析

法学家梅因在《古代法》中曾经指出:“所有进步社会的运动,到此处为止,是一个从‘身份到契约’的运动。”但是,对于长期存在城乡二元社会结构的中国而言,这一进步性的社会运动仍未实现,由城乡、东西部等身份标签禁锢下的个体、群体、共同体的身份依附关系依然牢固。这一社会现象在环境资源法领域中有诸多反映,集中体现便是目前我国农村地区生态环境保护法制建设存在的种种弊端和缺陷。

一、“城市中心主义”立法理念下农村环境立法的缺失和滞后

近年来,我国环境法制建设得到迅速发展,立法成果层出不穷,但与这种繁荣立法形成鲜明对比的是,我国农村地区的环境法制建设却一直处于“被遗忘的角落”,立法缺失、立法空白、立法滞后问题非常突出。尽管从法的普遍适用性原理分析,我国的环境资源法律法规对农村和城市的适用效力是一致的,但由于农村环境问题的特殊性,以及农村基础设施和公共服务的落后性,现行很多环境资源立法难以在农村地区得到适用,进行专门性农村环境立法成为必然。

(一)“城市中心主义”立法理念突出

与城市环境问题相比,农村环境问题具有很多特殊性。以生活垃圾为例,农村生活垃圾具有产生源高度分散、产生密度低、交通落后、集中收运处理困难等特点,因此,农村环境问题的应对需要制定专门的法律、法规。在我国环境法制建设初期,与突出的城市环境问题、工业环境问题相比,农村环境问题并不严重,人们对农村环境问题缺乏清晰的认识和预测,加之立法过程中存在部门利益冲突,我国环境法制主要解决的是城市环境问题和工业环境问题。此后,尽管农村环境问题日趋严重,但在“城市中心主义”立法理念的影响下,农村环境保护的专门性

立法仍然缺失，农民的环境权益无法得到法律的有效保障，这导致“城市环境趋向好转、农村环境不断恶化”的城乡环境二元化趋势更加明显。造成这种现象的根源是我国长期存在的城乡二元社会结构，由于特殊的经济、社会与文化背景，我国城乡二元社会结构远比其他发展中国家突出，并且具有农村人口比重大、城市化程度低、城乡经济水平悬殊等特征。这些状况使农民的环境利益长期被忽视，弱势的农民难以获得立法的话语权，造成了农村环境立法的缺失和滞后。

（二）污染防治法没有反映出农村环境保护的要求

目前的污染防治单行法主要是规范城市污染行为，缺乏对农村环境保护的关注。目前的5部污染防治立法中，只有2008年修订的《水污染防治法》把“农业和农村水污染防治”作为一节，做出了专门规定。《环境噪音污染防治法》主要防治“工业生产、建筑施工、交通运输和社会生活中”产生的噪声，对于农业生产中的噪声基本没有直接涉及。《放射性污染防治法》也没有提及农村或农业环境保护。而“《固体废物污染环境防治法》第49条更是直接将农村生活垃圾污染环境防治排除在外，交由地方性法规自行规定，并且自施行以来各地固体废物管理的立法中关于农村生活垃圾污染防治的规定并不多见”。①

（三）农村重要环境问题的解决面临法律空白

目前，很多农村地区环境问题呈现“井喷式”爆发的趋势，成为新农村建设中的重大障碍。其中，农村土壤污染、重金属污染、饮用水源保护、畜禽养殖污染、农村生态保护等问题的解决尤为迫切。据统计，2009年以来，我国已经连续发生30多起特大重金属污染事件，仅在2010年，就相继发生了江苏大丰、四川隆昌、湖南嘉禾、甘肃瓜州、湖北崇阳、安徽怀宁等9起“血铅事件”。② 污染事件不但造成土壤、水、空气

---

① 陈懿：“对完善中国环境法制的建议”，载《世界环境》2008年第5期，第49页。

② 戴蕾蕾：“重金属污染出台防治条例迫在眉睫”，载《法治周末》2011年4月13日。

等环境要素的污染，更给当地群众的生命健康带来严重危害。但目前，这些领域的环境立法却非常滞后甚至处于空白状态。目前，我国《土壤污染防治法》的专家意见稿已经完成，但何时能够通过全国人大的审议并颁布实施，我们不得而知，而其他领域的环境立法更是遥遥无期，不利于扭转当前农村环境形势恶化的趋势。

二、法律规定过于笼统、可操作性不强、立法不适应等问题突出

"完善的立法技术可以使法律、法规的内容与其表述方式相一致，结构协调统一，条文清晰，用语确切，文字简明扼要，便于贯彻执行。"①但由于我国环境保护工作和法制建设起步较晚，环境立法技术和经验不够成熟，造成现行环境立法中存在法律规定过于笼统、法律规定存在冲突等各种问题。

（一）法律规定过于笼统，可操作性不强

由于受到"出现一个问题立一个法"、"法律宜粗不宜细"等立法指导思想的影响，我国环境法律普遍存在规定不够细致、过于原则和笼统、缺乏相应的制度设计和程序安排等问题，导致现行环境立法存在规制领域不明确、可操作性不强等缺陷。纵观目前各种农村环境立法，都缺乏对"农村"、"农村环境问题"的法律定义，导致农村环境立法的适用范围不确定。以土壤污染防治为例，散见于有关法律法规中的土壤污染防治规定多采用概括性的语言。例如，"防止土壤污染"、"改良土地"、"保护和提高地力"等，但对于如何具体操作和实施却未做出明确规定，在实践中难以实施。2014年《环境保护法》提出了"加强对大气、水、土壤等的保护，建立和完善相应的调查、监测、评估和修复制度"，并要求各级人民政府在财政预算中安排资金，支持土壤污染防治等环境保护工作，这体现了对土壤保护的关注。因此。制定一部系统全面、可操作性强的《土壤污染防治法》是当务之急。

---

① 王灿发："谈谈地方环境立法的技术要求"，载《环境保护》1990年第7期，第7页。

（二）法律责任规定不完善，法律规则形同虚设

法律的要求作用方式和禁止作用方式，必须有法律责任作保障，否则法律规定形同虚设。尽管很多环境资源立法中都有涉及农村环境污染、资源开发、生态破坏的禁止性规定，但却缺乏相应的法律责任规定或者责任规定不够完善。例如，《水污染防治法》、《固体废物污染环境防治法》等法律对土壤污染主体几乎没有任何约束；而《农业法》、2014年《环境保护法》、《水污染防治法》等多部法律虽然提及了防治面源污染的内容，但却缺乏进一步的规定和具体要求，也没有与之相配套的法律责任。可以说，法律责任规定的缺失是我国大部分农村环境资源法律所面临的共同问题，也是许多环境法律执行效果不佳的重要因素。

（三）法律规定不一致，法律冲突和法律漏洞多

有的法律多次使用"单位"、"个人"、"企业事业单位"、"排污单位"等概念，但对于这些概念却没有进行明确界定，造成使用混乱、规定不一致的现象。应该将此类极其重要又容易产生歧义的基本概念通过定义、解释的方式予以明确，避免语焉不详造成法律适用的困难。除了同一法律中存在法律规定不一致之外，不同法律之间的冲突和漏洞也非常多。例如，《环境影响评价法》（2002年）规定，对于规划的环境影响评价由国务院有关部门、设区的市级以上地方人民政府及其有关部门实施，但《城乡规划法》（2007年）又确立了县级以上地方人民政府对乡、村建设规划的职能。市级政府对于乡、村建设规划往往难以顾及，而县级政府所作的乡村建设规划又无需进行环境影响评价，这极易造成违法规划导致环境破坏的不利影响。[①]

三、农村环境管理体制不够顺畅

（一）农村环境管理体制现状

环境管理体制是指有关环境保护行政管理的组织结构、权责结构

① 陈懿："对完善中国环境法制的建议"，载《世界环境》2008年第5期，第50页。

及其运行方式的总称。

现行法律并没有对农村环境管理体制做出专门性规定，虽然《农业法》（2002 年修订）规定了农业资源与农业环境保护的专门章节，但是并没有提供可供实施和执行的具体管理规定。根据 2014 年《环境保护法》的相关规定和环保机构的实际设置，我国建立了县级以上各级人民政府负责和领导，环境保护行政主管部门对环境保护工作实施“统一监督管理”，政府有关部门依照法律规定对环境保护工作实施监督管理的农村环境保护监督管理体制。具体职责权限和分工如下：

在中央一级，国务院统一领导国务院各部门和地方各级人民政府的环境管理工作。国家环境保护部对全国环境保护工作实施统一监管，其内设机构“自然生态保护司”下设农村环境保护处（农村土壤污染防治处），其职责主要是拟订农村生态环境保护和农村土壤（包括耕地、山地、林地、湿地、矿区等）污染防治政策、规划、法规、标准、规范及土壤环境功能区划，并监督实施；组织指导农村环境综合整治工作；监督、指导农村土壤污染防治工作；监督、协调有机食品发展工作；指导全国生态农业建设。此外，由于农村环境管理的需要，国务院各部门也相继设置了负责农村环境管理的专业机构。例如，科学技术部的农村与社会发展司资源环境处、农业部的科教司生态环境处、水利部的水资源司、国务院法制办公室的农林城建司资源环境保护处、国家林业局的保护司等。①

在地方一级，地方各级人民政府对本辖区的环境质量负责，县级以上地方人民政府环境保护行政主管部门对环境保护工作实施统一监督管理，其主要负责农村生态环境保护、乡镇企业环境保护工作、生态示范区建设和生态农业建设等相关问题。其他部门在法律规定的范围内对农村环境保护工作实施监督管理。例如，农业行政主管部门负责防

① 曹飞：《我国农村环境管理体制法律问题研究》，重庆大学 2009 年硕士学位论文，第 12 页。

治农业生产过程中的环境污染和生态破坏，控制农药、化肥、农膜对环境的污染，推广植物病虫害的综合防治，合理调整农业结构；林业行政主管部门负责森林植被的保护和管理，制止乱砍滥伐，防治水土流失；水利行政主管部门负责规划和管理水资源的开发利用，节约用水，保护饮用水源地；矿产行政主管部门负责采矿管理，以及由于采矿引起的生态环境破坏的恢复整治的监督管理工作等。①

(二) 农村环境管理体制存在的问题

现行农村环境管理体制在机构设置、权力配置、职权运行机制等方面都存在各种弊端，这也是需要对农村环境管理体制进行改革的重要原因。简述如下：

1. 农村基层环保机构设置薄弱

农村环境管理的有效开展主要取决于两个条件：一是农村环境管理机构设置合理，二是具备一定的物质和人力条件。但这两个条件在基层组织设置中却难以实现。按照行政级别不同，我国各地分别设有省、市、区(县)级环境保护机构，但多数乡级政府、街道办事处并没有环境保护机构，尽管部分镇一级政府设立了环保机构，但多是空摆设，并没有专门人员履行环境保护职能。据中国民政部2010年2月3日发布的2009年民政事业发展统计公报显示，2009年年底全国共有乡镇级行政区划34170个②；根据我国《环境统计公报》(2009年)显示，我国2009年乡镇级环保机构共有1849个，也即全国平均每18个乡镇才有1个环保机构。乡镇级环保机构的缺失使得县级环保机构承担了过多的环境管理职能，但我国大多数县级环保机构也面临着人员缺少、经费不足等问题，难以对广袤的农村区域开展有效、及时、全面的环境管理工作，造

---

① 曹飞：《我国农村环境管理体制法律问题研究》，重庆大学2009年硕士学位论文，第13页。

② 卫敏丽：《目前中国共有乡镇级行政区划34170个》，载新华网，http://news.xinhuanet.com/politics/2010-02/03/content_12925958.htm，2010年2月3日。

成农村环境执法力量比较薄弱，环境法在农村实施效果不佳。

表 3-3：2004~2010 年全国各级环保机构数量统计①

年度	全国环保机构数量（个）	各级环保机构数量（个）				
		国家级	省级	地市级	县级	乡镇级
2004	11555	32	340	1998	7576	1609
2005	11528	41	344	2019	7655	1469
2006	11321	41	344	2019	7680	1243
2007	11932	42	345	1818	8154	1573
2008	12215	42	351	1865	8432	1525
2009	12700	44	357	1902	8548	1849
2010	12849	43	371	1937	8606	1892

2. 机构设置难以满足农村环境保护的特殊要求

我国对农村环境保护机构按照“国家—省—市—县”对应的模式设置，具有明显的行政区域性。这种模式具有级别清楚、职责明确等优势，但农村环境问题常常表现出很强的跨区域性特征，例如，农业面源污染、生活污染点多面广、城市污染转移等问题。因此，在机构设置的行政区域性和农村环境问题的跨区域性之间常常发生矛盾冲突，导致农村环境管理工作开展不够顺畅，很多地方管理机构由于权限的限制对各种环境污染、资源破坏问题无能为力。

3. 环保部门和其他部门之间权能交叉重叠、权责划分不够明确

法律规定各级环境保护部门对环境保护工作实施“统一监督管理”，也指出政府有关部门和军队环境保护部门依照法律规定分别对环境保护工作实施监督管理，但由于对于环保部门和其他部门的具体职

① 笔者根据 2004~2010 年全国环境统计公报整理。2011 年及之后的环保公报不再列明各级环保机构的具体数量。

责规定不够明确，造成各部门之间职能交叉和重叠，在很多领域造成“多头管理”，而有些领域又“无人问津”。例如，对于野生动植物保护，国家林业局设置了野生动植物保护司，而环境保护部自然生态保护司也具有野生动植物保护职责，两者职责常常发生重叠或冲突。

4. 环境管理手段比较单一

受计划经济时代背景的局限和全能政府观念的影响，国家环境管理者过分强调行政强制手段的作用，漠视市场和社会的调节力量，在环境管理工作中经济激励手段、公众参与机制运用不多。“在环境保护立法领域，其基本原则和制度大多都建立在行政管制、行政处罚的基础上，关于环境保护的产业化和环境资源产权方面的研究也尚处于起步阶段未形成制度性措施；在资源立法领域，也是以行政主导的思想为主，其具体制度的安排与实施多是围绕政府供给与行政分配进行，市场供给机制几乎没有进入法律制度规定之中。”①然而这种传统的以行政强制为主的管理模式已经显现出效率较低、成本过高等弊病，难以适应生态文明建设的需要，尤其是在普遍缺乏民主意识和参与动力、环境保护意识和法律意识都比较薄弱的广大农村地区，行政强制为主的环境管理手段导致我国的环境管理工作缺乏必要的参与和监督，更加不利于调动广大农民参与环境保护的积极性。

四、农村环境执法存在重重障碍

庞德曾经说过，“法的生命在于实行”。霍姆斯大法官也认为：“法律的生命不在逻辑，而在经验。”因此，法律的生命力在于它在社会生活中的具体实施。环境执法是贯彻实施环境法的重要表现，但是目前我国农村地区的环境执法效果并不理想，除了受到环境管理体制的影响外，还包括以下几个方面的因素。

---

① 宋磊：“两型社会建设的环境法实施路径分析”，载《湖南行政学院学报》2009 年第 5 期，第 42 页。

（一）执法力量薄弱

农村地区环境执法力量薄弱主要体现在执法人员和执法技术手段两个方面。由于农村基层环保机构设置薄弱，乡镇级环保机构和人员极度缺失，因此，很多农村地区都面临环境执法人员缺乏的问题。在人员不足的情况下，农村环境执法人员还存在环境法律知识、环境保护知识、环境管理知识和环境执法经验缺乏等问题，在环境执法过程中，违反程序、忽视取证、执法不规范等情况时有发生，甚至出现与基层群众发生冲突的现象，严重影响环境执法效果。环境执法技术手段的落后进一步加剧了农村环境执法力量的薄弱。受经济发展水平和资金投入数量的限制，我国许多地方尤其是县级环保部门的执法装备比较落后，各种环境监测设备安装不到位、监测手段不够先进。以农药残留检测为例，由于农药残留监测体系不健全，检测能力较弱，对农药和农产品的覆盖面较窄，在环境执法实践中，执法人员往往难以及时、准确地采集违法证据，制止环境污染和资源破坏行为。此外，由于目前的农村环境管理机制过于强调机构之间的分工、忽视其协调合作，过于强调政府管理、忽视当地群众参与，农村环境管理中面临监管对象广泛、监管成本高、信息不对称等问题，影响了执法效率。

（二）执法依据缺乏

现行农村环境立法的缺失、滞后和不完善成为农村环境执法中的重大障碍，增加了农村环境执法难度，使农村环境执法步履维艰。尽管目前的农村环境立法对大多数农村环境问题都有涉及，但多是语焉不详、遗漏不全，难以成为环境执法的依据。以农药化肥监管为例，我国《农药管理条例》和《化肥管理条例》主要针对生产环节中农药、化肥的质量问题，对于消费者一味扩大化肥、农药用量的行为缺乏规制，导致农村环境执法无法可依。此外，农村地区很多小规模畜禽养殖场也存在严重污染，但由于《畜禽养殖污染防治管理办法》只适用于规模较大的畜禽养殖场，环保部门在处理此类案件时无依据可循。

(三)行政执法受到地方政府干预

2014年《环境保护法》明确规定地方各级政府对本行政区域的环境质量负责,但很多地方政府由于受到地方利益保护、追求经济增长以及传统政绩考核机制的影响,往往重视经济发展而忽视环境保护,对污染和破坏行为视而不见、放任自流。更为严重的是,随着市场经济的发展,很多地方政府和企业的关系较之以往更加密切,一些地方政府提出的"亲商"口号以及实施的税收优惠、财政补贴等政策助长了企业大力发展的动力。在现实生活中,政府环境保护的职责甚至异化为"污染保护",有的地方政府成为污染企业的保护伞,对环保部门的执法行为大加干涉。例如,2010年,安徽省固镇县环保局的6名工作人员由于对一家"问题"企业检查过于"频繁"而被当地政府部门停职处理。①

此外,农村环境法制建设中还存在环境法律体系结构失衡的问题,也即农村环境法制体系不协调,对此,我们将在第四章展开论述,在此不再赘述。

---

① 李光明:"畸形招商观催生出地方'土政策'",载《法制日版》2010年6月21日第4版。

第四章 农村环境“法制体系协调”的理论论证

正义是社会制度的首要价值，正像真理是思想体系的首要价值一样。一种理论，无论多么精致和简洁，只要它不真实，就必须加以拒绝或者修正；同样，某些法律和制度，无论它们如何有效率和有条理，只要它们不正义，就必须加以改造或废除……允许我们默认一个错误的理论的唯一理由是尚无一种更好的理论，同样，不正义只有在它为避免更大的不正义所必需的情况下才是可以容忍的。作为人类活动的首要价值，真理和正义是决不妥协的。①

——[美]约翰·罗尔斯

“环境正义”的中心原则在于对资源、环境利益和社会福利的公平分配，我们的社会之所以不能做到这一点是源于不平等的社会结构，因此，要实现“环境正义”必须重新构筑整个社会秩序。②

——[美]理查德·豪夫里科特

---

① [英]韦恩莫里森著：《法理学：从古希腊到后现代》，李桂林等译，武汉大学出版社2003年版，第416页。

② 转引自韩立新：《环境价值论》，云南人民出版社2005年版，第176页。

第一节　农村环境“法制体系协调”释义

经过三十余年的发展,我国环境法律体系逐渐形成,但立法实践中却存在重视以抑制负外部性为主的污染防治法、忽视以增加正外部性为主的生态保护和恢复法的倾向。这种立法状况导致农村环境法律体系结构失衡也即农村环境法制体系不协调。

一、“法制体系协调”的含义

法制协调发展是我国法制建设的基本要求之一。早在我国进行社会主义法制建设初期,学界开展法制建设协调发展问题的大讨论时,就有学者指出,“法制要协调发展,首先是法律体系的协调。法律体系的协调,具体表现三个方面:一、法律调整对象明确;二、法律效力等级分明;三、实体法程序法对称发展”。[①] 本书的“法制体系协调”即是从法律体系协调的角度论述。

在讨论环境法律体系时,人们常常将其和环境立法体系相混淆,因此,本书首先对这两个概念进行界定和说明,而对这两个概念的界定又离不开对其上位概念“法律体系”和“立法体系”的区分。法律体系“是指由一国现行的全部法律规范按照不同的法律部门分类组合而形成的一个呈体系化的有机联系的统一整体”。[②] 它是以一国的法律规范按照一定的原则或标准组成的法律部门为着眼点进行定义的,因此又被称为“部门法体系”。其基本构成要素是法律规范,主流学术观点一般都

---

① 法学杂志编辑部:“法制建设协调发展问题讨论来稿摘编”,载《法学》1984 年第 9 期,第 7 页。

② 张文显:《法理学》(第三版),高等教育出版社、北京大学出版社 2007 年版,第 126 页。

是按照"法律规范—法律部门—法律体系"的序列,把法律体系视为不同部门法或法律部门的系统整体。立法体系则是指"与国家立法体制相关联的、由各个有权机关以法定权限和程序制定的各种规范性法律文件所构成的整体"。[①] 由此可见,立法体系主要是从法的渊源角度进行定义,通常又被称为"法的渊源体系"。其基本构成要素是规范性法律文件,并按照规范性法律文件的效力等级进行排列,也即宪法—宪法性法律—法律—行政法规—地方性法规—部门规章,因此,我们又可以说立法体系"就是按照规范性法律文件的效力等级而构成的多层次的规范性法律文件的等级体系"。[②]

在分析"法律体系"和"立法体系"两个概念的前提下,我们对环境法律体系和环境立法体系做出如下界定,环境法律体系是"指全部现行的环境法律规范分类组合为相应的法律制度,进而形成为若干分(亚)环境法律部门的具有有机联系的系统化结构体;而环境立法体系是指由全部规范性环境法律文件所构成的具有法律效力等级联系的有机统一体"。[③] 因此,环境法律体系是由各环境法律子部门构成的系统化结构体系。

关于环境法律体系的构成,学界有不同的看法。按照环境法的保护对象和调整范围,有的学者把环境法分为环境污染防治法和自然资源保护法两部分[④];有的学者分为环境污染防治法、自然资源法、能源法,生态保护、建设法和自然灾害防治法三部分[⑤];有的学者则认为包括

---

① 徐显明:《法理学教程》,中国政法大学出版社 1994 年版,第 203 页。

② 王树义:"环境法律体系和环境立法体系辨析",载《城市环境》2002 年第 2 期,第 15 页。

③ 王树义:"环境法律体系和环境立法体系辨析",载《城市环境》2002 年第 2 期,第 15 页。

④ 金瑞林:《环境法学》,北京大学出版社 2002 年版。

⑤ 蔡守秋:《新编环境资源法学》,北京师范大学出版社 2009 年版。

环境资源综合调整法、自然资源法、环境保护法三个部分[①];还有学者提出环境、资源、生态融合一体的学说,主张环境法除了包括《环境污染防治法》、《自然资源法》、《生态环境保护法》,还包括《环境与资源管理制度法》。[②] 笔者认为,环境法体系具有一定时期的稳定,但也处于不断发展变化之中,环境法体系应该包括但不限于污染防治法、自然资源法和生态保护法三个子部门。随着环境保护工作的深入发展和法制建设的增强,环境法的体系也会日益丰富。

二、农村环境法制体系不协调的表现

农村环境法律体系存在结构失衡和内容缺失等问题,主要表现便是污染防治、自然资源立法的不断增多以及生态农业、生物质能源利用、生态恢复、生物防治等法制的缺失和滞后。在负外部性理论影响下,我国非常重视污染防治立法,目前已经形成了比较齐全的污染防治法体系,针对大气、水、噪声、固体废弃物、海洋环境分别制定了专门的污染防治法,此外,还制定了大量的污染防治行政法规和部门规章。与不断发展壮大的污染防治法相比,我国生态保护和恢复法还显得过于单薄,目前,生态保护和恢复方面的法律主要有《水土保持法》、《防沙治沙法》、《文物保护法》以及《自然保护区条例》、《风景名胜区条例》等行政法规,对于一些具有明显正外部性的生态保护和恢复领域,还缺乏法律的支持。例如,关于生物多样性保护、湿地保护、生态农业、农业文化遗产、生物质能开发利用等方面的立法还比较匮乏。

三、农村环境法制体系不协调的危害

农村环境法律体系内部结构严重失衡,不但阻碍了环境法的整体

---

① 马骧聪:"论我国环境资源法体系及健全环境资源立法",载《现代法学》2002年第3期,第62页。

② 杜群:《环境法融合论:环境·资源·生态法律保护一体化》,科学出版社2005年版,第174~176页。

发展，更难以为农村环境保护工作的开展提供有效的保障。现行农村环境法律法规更多关注的是环境行为的“负外部性及其内部化”，相关法律制度也主要围绕环境公共物品的“损害减少”和“使用消费”进行设计；但资源的稀缺和有限更需要我们积极促进环境正外部性行为、增加环境资源的有效“供给”。例如，开展植树造林、水土保持、生态恢复等工程，对破坏的生态环境进行修复和改善，以及寻找、开发新的替代资源等。目前法律法规体系结构的失衡导致我国环境公共物品“保持增益”和“生产供给”法律制度比较缺失和不尽合理，造成的危害“反映在环境管理工作中，就是重污染防治、轻生态建设，重污染收费、轻生态补偿，重环境损益的防止、轻环境增益的添加；反映在生态现实中，就是森林草原退化、水土流失、沙漠化、江河源头枯竭、生物多样性锐减等恶果”。①

四、农村环境法制建设的必然选择——“法制体系协调”

从外部性的视角分析，污染防治、自然资源立法主要是应对环境污染、资源利用等各种负外部性行为，我们把以抑制负外部性行为主的法制建设称为环境法的“负向构建”；而生态农业、生物质能源利用、生态恢复、生物防治等是具有积极生态效果、产生环境利益“外溢”的正外部性行为，我们把“促进正外部性行为为主的环境法制建设方式”称为环境法的“正向构建”②。与传统的利益限制型法制相比，环境法的“正向构建”更加注重环境资源公共物品的供给和增益性法律规范的设计，力图通过一系列强制性和激励性法律措施的结合，促进环境公共利益的维护和增进。

从语义学的角度分析，协调指事物之间的和谐一致、配合得当。因此，本书中法制体系协调指的是环境法制建设中“负向构建”和“正向构

① 刘国涛：《和谐社会之环境立法——生物自然力法制构建与农业实践》，知识产权出版社2012年版，第75页。

② 刘国涛：《和谐社会之环境立法——生物自然力法制构建与农业实践》，知识产权出版社2012年版，第75页。

建”的和谐一致，也就是说既要加强抑制负外部性行为的农村环境法制建设，更要增强促进正外部性行为的农村环境法制建设；既要加强农村环境法制的“负向构建”，更要增强农村环境法制的“正向构建”，实现“负向构建”和“正向构建”的协调发展。

农村环境法制体系的协调不但源于抑制环境资源的污染损害、增强环境资源增益供给的现实需要，更有价值上的正当性，其正当性源于以下理论的支撑。

第二节　可持续发展理论

可持续发展是人们对传统发展方式进行反思之后提出的一种新的发展模式和发展理念。随着工业革命的开展，西方国家的现代化、城市化进程也如火如荼的进行，但其间造成的环境污染、社会不公等问题引起了人们对现代化的批判。例如，马尔库塞把工业社会称为“富裕社会”的同时也称为“病态社会”，并对现代化造成的只追求物质、丧失了精神追求和批判能力的“单向度的人”进行了批判；哈贝马斯也对资本主义生产方式产生的异化进行了批判。在这些反思和批判中，一种新的发展观即“可持续发展观”走进人们的视野并成为指导各国环境法制建设的重要理念。

一般认为，可持续发展包括以下内涵：公平性、可持续性、和谐性、需求性、高效性等。

最早提出并被国际社会普遍接受的可持续发展概念见于世界环境与发展委员会的报告——《我们共同的未来》，该报告指出，“可持续发展是既满足当代人的需要，又不对后代满足其需要的能力构成危害的发展”。① 可持续发展着力于处理经济发展、社会发展和环境保护之间

① 世界环境与发展委员会著：《我们共同的未来》，王之佳、柯金良等译，吉林人民出版社1997年版，第52页。

的关系，它追求的目标是既要使人类的各种需求得到满足，又要保护好环境和生态；既要实现当代人的发展，又不对后代人的生存和发展构成威胁；它既体现了代际之间的公平价值，又体现了人与自然之间的和谐价值。可持续发展要求人们改变传统的生产方式和生活方式，主张加强对环境资源的保护，实现人与自然的和谐相处。“可持续发展包括两个重要的概念：需要和限制。需要，尤其是世界上贫困人口的基本需要，应该放在特别优先的地位来考虑；限制即技术状况和社会组织对环境满足眼前和将来需要的能力施加的限制。”①由此可见，可持续发展主张在增进社会福利、促进发展的同时，还要加强对环境资源的保护以保证环境资源的永续利用，使发展建立在生态系统的承载力之内，以人与自然和谐的方式进行，否则，发展便是不可持续的。

除了理念上的指导意义之外，可持续发展理论对我国环境法制和政策的制定也具有重要指导价值。《我们共同的未来》指出，根据可持续发展理念制定的环境与发展政策主要目标包括：“恢复增长，改变增长的质量，满足就业、粮食、能源，保证人口的持续水平，保护和加强资源基础：水和卫生的基本需要，重新调整技术和控制危险：把环境和经济融合在决策中。”②因此，可持续发展不是一个空洞的概念，它包含着一系列具体的、具有可操作性的指标和措施。在人们对可持续发展进行深入研究之后，目前已经形成了多种可持续发展指标体系。例如，绿色 GDP 体系③、联合国可持续发展指标体系等。其中，联合国可持续发

① 世界环境与发展委员会著：《我们共同的未来》，王之佳、柯金良等译，吉林人民出版社 1997 年版，第 52 页。

② 世界环境与发展委员会著：《我们共同的未来》，王之佳、柯金良等译，吉林人民出版社 1997 年版，第 53 页。

③ 绿色 GDP 是与传统 GDP 相对应的一个概念，为了弥补传统 GDP 不能衡量自然资源和环境资源消耗的缺陷，联合国与世界银行共同设计了环境与经济综合核算体系(SEEA)作为 1993 年 SNA 体系的一个卫星系统向各国推荐建议使用。SEEA 的核心就是用绿色 GDP 代替传统的 GDP 来度量一个国家的可持续发展能力。参见李伟：“可持续发展指标体系的比较与启示”，载《华东经济管理》2005 年第 1 期，第 52 页。

展指标体系被很多国家采纳，是目前国际上较权威和全面的指标体系。1996 年，联合国可持续发展委员会(UNCSD)发布了《可持续发展指标体系和方法》，该体系包括了社会、经济、自然资源与环境、制度四方面内容，共包含 130 多项指标。[①] 其中，自然资源与环境方面包括大气、土地、海洋及海岸、淡水、生物多样性等，为各国社会生产、生态环境资源的协调发展提供有效信息和评价标准。

环境与资源是经济发展的基础，也是影响可持续发展的重要因素。但是，我国目前在农村环境资源开发过程中，因不适当开发、过度开发引发的生态问题日益严重，农村地区环境承载力不断下降，环境容量日益减缩，资源产权不够明确、资源无价值论影响深远，阻碍了新农村建设的顺利开展。因此，从可持续发展理论的角度分析，应该转变农村环境资源的开发利用方式，通过加强农村环境资源法制建设，为农村资源开发和环境保护的协调发展提供有力保障，为我国经济社会环境的可持续发展提供不竭动力。

第三节　外部性理论

一、外部性理论在我国环境法中的应用[②]

外部性虽然是经济学中的重要理论，但它和环境保护、环境法有着密切的联系，并在环境法的发展过程中发挥着重要的作用。

(一)外部性理论对我国环境管理机制的影响

环境管理机制主要包括行政强制、行政指导、经济刺激、公众参与

① 李伟："可持续发展指标体系的比较与启示"，载《华东经济管理》2005 年第 1 期，第 53 页。

② 张百灵：《外部性理论与我国环境法新发展》，武汉大学 2011 年博士学位论文，第 39 ~ 44 页。

四种。在市场失灵和负外部性理论的影响下,我国确立了以行政强制为主,行政指导、经济刺激、公众参与为辅的环境管理机制。

外部性是市场失灵的重要表现,这为政府干预提供了有力注脚。按照经济学的理论观点,企业是以营利为目的的社会组织,通过市场机制使企业自觉治理污染和破坏,并负担污染和破坏造成的社会损害费用是难以做到的。环境污染、噪声干扰等负外部性问题是市场无法克服的痼疾,只有政府介入,通过“庇古税”、“政府补贴”、“强制性规制”等管理方式才能使负外部性内部化。因此,各国都强调政府在环境保护中的作用,注重国家对环境的管理。我国也不例外,目前我国环境法通过设置各种环境管理制度和环境管理措施,发挥政府在纠正环境负外部性行为中的主导作用。

随着经济社会的不断发展和环境管理思想的转变,20 世纪 90 年代以后,行政指导、经济刺激、公众参与等管理手段在我国不断增多。例如,征收环境资源税、开展排污权交易、确立环境标志制度、通过立法加强公众参与、实行环境合同、环保协议等。但总体而言,目前我国仍然采取行政强制为主的环境管理机制,正如有的学者所言,“中国环境保护法的模式具有国家负责为主、群众参与不足、强化行政管理手段、单向、线性、静态的特点”。[①] 之所以出现这种现象,和单向重视负外部性密不可分。

（二）对基本法律原则和法律制度的影响

外部性理论对我国环境法基本原则的确立产生了重要影响,其中污染者负担原则是典型。1972 年,经济合作与发展组织（OECD）环境委员会根据经济学中的负外部性理论首次提出了“污染者付费”原则（polluter pays principle）,认为造成环境污染的责任者应该支付赔偿并承担弥补损害的费用。借鉴该原则,我国在 1979 年《环境保护法》（试

---

① 王伟达:“中国环境保护法的发展及其法律模式问题”,载《同济大学学报》（社会科学版）1998 年第 4 期,第 50 页。

行)中把"谁污染谁治理"[①]作为一项重要的法律原则规定下来;1989年,《环境保护法》正式颁布时把污染者的责任修改为"污染者治理"。[②]随着环境问题的广泛扩展,人们意识到生态破坏也具有严重的负外部性,1996年《国务院关于环境保护若干问题的决定》针对生态破坏造成的负外部性内部化提出了"污染者付费、利用者补偿、开发者保护、破坏者恢复"的环境保护方针,污染者负担原则在自然资源和生态保护领域的应用范围不断扩大。2014年《环境保护法》明确了"损害担责"的基本法律原则。此外,在"预防为主"、"综合治理"原则中也可以看到外部性理论的痕迹。

在我国环境保护基本法律制度中,环境资源税费制度、环境资源许可制度、污染物集中控制制度等都受到了负外部性理论的影响。其中,环境资源税费制度是负外部性理论应用的典型,也是"损害担责"原则的具体体现。该制度设计的机理主要是针对排污者、环境资源开发利用者的各种环境污染、破坏行为,通过政府收取一定的费或税,用于环境资源的修复和治理,以实现排污者、环境资源开发利用者负外部性行为的内部化,促进环境资源的合理开发利用。目前我国的环境资源税费制度主要包括排污收费制度、矿产资源税制度、土地复垦费制度、水土流失防治费制度、森林植被恢复费制度等。

---

① 1979年《环境保护法》(试行)第6条规定:"已经对环境造成污染和其他公害的单位,应当按照谁污染谁治理的原则,制定规划,积极治理,或者报请主管部门批准转产、搬迁。"

② 我国1989年《环境保护法》关于"污染者治理原则"的规定主要分散于以下条款中,第24条规定:"产生环境污染和其他公害的单位,必须把环境保护工作纳入计划,建立环境保护责任制度;采取有效措施,防治在生建设或者其他活动中产生的废气、废水、废渣、粉尘、恶臭气体、放射性物质以及噪声、振动、电磁波辐射等对环境的污染和危害。"第28条规定:"排放污染物超过国家或者地方规定的污染物排放标准的企业事业单位,依照国家规定缴纳超标准排污费,并负责治理。"第41条规定:"造成环境污染危害的,有责任排除危害,并对直接受到损害的单位或者个人赔偿损失。"

二、外部性理论应用的反思和启示①

环境法借鉴外部性理论创立了“损害担责”、“排污收费”、“排污许可”等法律原则和制度。外部性理论的应用极大地扩展了环境法的研究视角和研究路径，成为我国环境法发展的重要理论之一。但由于对外部性理论的片面理解和不当运用，我国环境法在借鉴外部性理论时出现了一些偏差和失误，主要体现在以下几个方面：

第一，把外部性等同于负外部性，忽视正外部性，造成了外部性理论的非对称性应用。

在农村资源开发过程中，存在环境污染、生态破坏等各种负外部性现象，但与此同时，正外部性现象也大量存在。但目前的农村环境法制主要是借鉴负外部性理论分析环境污染、资源破坏等问题，对正外部性理论的借鉴和应用不足，给我国农村环境法制带来了诸多弊端，使农村环境法制体系严重失衡。环境法要实现保障可持续发展的目的，需要在各种“抑损性”法律规范的基础上，设计更多的“增益性”法律规范，从对环境利益的限制转变为对环境利益的确认、维护和增进，而这正需要实现外部性理论的平衡运用，尤其是在修正负外部性理论应用的基础上，凸显正外部性理论的价值。

第二，在负外部性内部化的途径中过度依赖政府行政行为，忽视市场手段和公众力量。负外部性内部化的途径包括政府管制、行政指导、税收津贴、产权分配、市场交易、道德自律等多种方式。但目前我国环境法律主要依靠政府的行政强制力量实现负外部性内部化，对经济激励、公众参与机制运用不多。

上述种种偏差和失误给我国环境法带来了诸多弊端，反映在环境法制建设中，就是造成了环境法律体系的“畸形”，导致生态保护和恢复

---

① 张百灵：《外部性理论与我国环境法新发展》，武汉大学2011年博士学位论文，第52～54页。

法制比较缺乏,引发了环境保护工作重心的不当倾斜,造成环境公共物品供给法律制度严重缺失以及环境法实施效果不佳。因此,我们需要改变对外部性理论的单向度应用,凸显正外部性理论的价值,充分挖掘外部性理论对环境法的贡献。

第一,还原外部性理论的本来面目。经济学领域的外部性具有丰富的内涵和多层次的外延,但环境法主要是借鉴了其中的负外部性理论。其实,外部性的诸多分类[①]都可以给予环境法启示和借鉴。例如,与生产领域的外部性相比,消费行为引起的环境污染、资源浪费等负外部性问题也不容忽视,环境法应该对此问题予以关注,通过法律制度的设计促进绿色消费的实现。因此,我们应该把审视外部性的目光加以扩展,不再囿于传统负外部性理论,通过对外部性理论进行全方位解析和多角度借鉴,为我国环境法的发展提供更多的理论来源和方法指导。

第二,凸显正外部性理论的价值。目前,环境法学者已经明确提出对正外部性问题的关注。李启家教授指出,环境法应该在正视负外部性的同时关注正外部性问题,并认为负外部性和正外部性在我国环境法的四大行政机制(行政强制、经济激励、行政指导、公众参与)中都有反映。[②] 张怡教授等人在分析我国环境法发展时指出,"对环保法的重塑,不但要继续发挥环境责任原则在污染治理,自然资源的开发利用上

---

① 根据不同的标准和角度,可以把外部性分为以下九类:根据外部性的作用效果,可以分为正外部性与负外部性;根据外部性的产生领域,可以分为生产外部性和消费外部性;根据外部性产生的时空范围,可以分为代内外部性和代际外部性;根据外部性的根源,可以分为物质外部性与制度外部性;根据是否有竞争性和排他性,可以分为公共外部性和私人外部性;根据外部性的产生者和承受者能否通过某种交易实现帕累托改进,可以把外部性分为帕累托相关外部性和帕累托不相关外部性;根据外部性的承受者能否预期到外部性的存在,可以分为可预期外部性(稳定外部性)与不可预期外部性(不稳地外部性);根据外部性的影响是否具有交互性,可以分为简单外部性(单项外部性)与复杂外部性(交互外部性);根据外部性产生的前提条件,可分为竞争条件下的外部性与垄断条件下的外部性。

② 李启家:《环境资源法律制度体系的完善和创新》,载中国环境法网,http://jyw.znufe.edu.cn/hjfyjw/Article/2008-1/2008111214147230.html,2003年9月29日。

实现环境正义的特殊功能，还要顺应环境保护工作日益深入的趋势，把对环境正外部性问题纳入法律调整的视野。”①沿着这样的思路，张教授提出了“养护者受益权”。正外部性理论对于促进环境公共利益的维护和增进具有重要的意义，目前我国社会现实中一系列问题的凸显也需要正外部性理论指导。例如，生态恢复、环境公共物品供给等各种问题需要环境法的积极回应。因此，我们需要改变对外部性理论的单向度应用，在借鉴负外部性理论的同时，充分挖掘正外部性理论的贡献，既要加强农村环境法制的“负向构建”，更要增强农村环境法制的“正向构建”，实现农村环境法制的协调发展。

三、外部性理论对农村环境法制建设的意义

首先，为农村环境法制体系的协调发展提供理论指导。目前农村环境法制体系出现失衡状态，相关立法主要是围绕环境污染、生态破坏等负外部性问题，对于生态恢复、生态农业发展、生物相生功效的利用等重视不够，相关法制很不健全，导致农村环境法制的“正向构建”不足。借鉴外部性理论，一方面对农村环境法制的“负向构建”加以完善。例如，构建土壤污染防治立法；另一方面，着重加强农村环境法制的“正向构建”，加强生态恢复、生态农业、生物质能开发利用等方面的立法，实现农村环境法制的协调发展。

其次，拓展农村环境法制的研究视角和研究路径。借鉴外部性理论，我们发现，环境立法、执法也常常会给第三人带来额外成本或收益，也即环境法存在外部性问题。例如，法律责任偏轻对违法行为的鼓励，部门立法给其他部门带来的不利影响，以及“某一发达国家制定一项新的环境保护法规，就会对其他国家，特别是发展中国家的出口贸易产生

---

① 张怡、王慧等：《农业水土养护法律制度创新研究》，厦门大学出版社2009年版，第65页。

明显的不利影响。”①这些问题的提出拓宽了农村环境法制的研究视角和研究路径,对于合理评估我国的农村环境立法和环境执法具有重要的借鉴意义。如果我们及时对农村环境立法、执法产生的外部性进行分析并提出外部性内化的解决措施,将会有利于我国农村环境法制的健全和完善。

最后,作为分析工具的外部性理论对农村环境法制建设更具有方法论上的指导意义。借鉴经济学中的“成本—收益”分析方法,我们不但可以运用外部性理论解读环境问题,还可以对农村环境立法中的某些制度、措施从不同的视角加以理解和应用。例如,从外部性的视角看,农村生态补偿主要是通过制度设计实现正外部性内部化,解决环境保护领域的“搭便车”问题,这对于重新评价农村环境法的效率价值具有重要指导。而生态农业发展、生态修复由于其具有明显的正外部性也需要法律提供相应的激励和保障措施,需要发挥环境法的激励功能。此外,我们还可以借用外部性理论对我国农村环境政策、环境法律的实施效果,政府环境管理行为进行分析和评价,对农村环境法的未来发展进行指导和预测。例如,政府环境管理行为也会产生外部性(尤其是负外部性),如何避免以及解决这一问题应该引起学界的重视。

第四节　环境正义理论

一、环境正义与城乡环境正义

(一)环境正义的缘起

“环境正义”(environmental justice)一词来源于环境伦理学,但由于西方环境伦理学侧重于“以浪漫的思维方式来争论动物的权利,来抒发

① 郑鹏程:“论经济法制定与实施的外部性及其内在化”,载《中国法学》2003 年第 5 期,第 114 页。

自己悲天悯人的宗教情怀，来提倡荒野体验，来抽象地谈人类与自然物的平等关系”①，而缺乏对环境污染、能源危机、贫困人口等社会现实问题的普遍关注，常常被抨击为“理论者的狂欢”而缺乏应用性，也常常遭到反环保团体的反对和批评。

随着环保实践的发展，西方发达国家内部引发的“环境正义运动”为人们关注社会公平和环境正义提供了契机。近代西方国家的“环境正义运动”源于1982年发生在美国中部的“沃伦抗议”②。该抗议运动使人们把种族、贫困和环境问题结合起来，它揭示了这样一种社会现实：有色人种和低收入阶层比白人和富人受到更多有害废弃物的污染，他们承受着不成比例的环境风险，由此引起了人们对少数民族和低收入阶层所遭受的不公平的环境损害和所承受的畸重的污染负担的关注。从此之后，环境正义运动的序幕正式拉开。1991年，美国“第一次全国有色人种环境领导高峰会”（People of Color Environmental Leadership Summit）在华盛顿召开。会议通过了一个名为《环境正义原则》的声明，宣布了实现环境正义应遵循的17项原则。例如，尊重地球及生态系，所有民族应该相互尊重、彼此平等，永续利用，反核及危害生存之毒物，反对跨国企业破坏性行为，严格执行知情权原则等。这次会议对于“环境正义”内涵的扩展和理念的传播产生了重要影响：（1）第一次明确提出了环境正义的纲领性主张，而以往只有口号式的要求；（2）使环境正义从狭隘的种族层面上升到人与人、地区与地区、国家与国家的层面，涵盖社会所有主体；（3）明确提出环境问题的解决不能局限于人与自

① 李培超：《自然的伦理尊严》，江西人民出版社2001年版，第122页。

② 沃伦是美国北卡罗来纳州的一个县，是北卡罗来纳州的有毒工业垃圾的倾倒和填埋点。这个县的主要居民是非裔美国人和低收入的白人。1982年，上百名非裔妇女、孩子和少数白人组成人墙封锁了装载着有毒垃圾的卡车的通道，并由此而引发了美国穷人和有色人种一系列的抗议行动，所以被称为“沃伦抗议”。

然,要使之与人与人、人与社会的不平等关系的解决联系起来。①

在此后的研究中,人们又把环境问题和广义的人权、民主和社会正义相联系,扩展了环境正义的内涵和适用领域。经过多年的深入发展,“环境正义价值理念在美国的成文法、司法判决、法律执行等方面得到了广泛的体现,并形成了反对种族歧视、提倡公众在环境决策中的有效参与、坚持同等的环境标准和执法力度、反对让少数民族和低收入阶层承受不公平和不成比例的环境影响和负担等四项原则。”②

(二)环境正义的内涵

对于环境正义的内涵,学者们也是众说纷纭。美国环保局认为:环境正义是指在环境法律、法规和政策的制定、适用和执行等方面,全体国民,不论种族、肤色、国籍和财产状况差异,都应得到公平对待和有效参与环境决策。“公平对待”意味着对于任何群体,不论种族、伦理观念和社会经济地位差异,都不应不合理的承担由工业、市政、商业等活动以及联邦、州和地方环境项目与政策实施所带来的消极环境后果。“有效参与”则意味着可能受到影响的社区居民都有适当机会参与将影响其环境或健康的议案的决策;公众的意见能够影响立法部门的决策;决策过程中应当考虑所有参与者的意见;决策者为潜在受影响者的参与提供便利。③ 我国学者曾建平把环境正义分为广义和狭义两个方面,并认为,“环境正义在广义上是指人类与自然之间实施正义的可能性问题,即种际正义;狭义上包括两层含义:一是所有主体都应该拥有平等享用环境资源、清洁环境而不遭受环境限制和不利环境伤害的权利;二是指享有环境权利与承担环境保护义务的一致性,即环境利益上的社

---

① 曾建平:《环境正义——发展中国家环境伦理问题研究》,山东人民出版社 2007 年版,第 12 页。

② 柯坚:“我国农村饮用水安全的法律保障——以环境正义价值及其制度构建为进路的分析”,载《江西社会科学》2011 年第 8 期,第 30 页。

③ 王小文:“美国环境正义探析”,载《南京林业大学学报》(人文社会科学版)2007 年第 2 期,第 24 页。

会公正"。①

当然,环境正义的范围非常广泛,从纵向看,不仅包括代内正义,还包括代际正义;从横向看,包括发达国家和发展中国家间的环境正义,不同区域、不同民族之间的环境正义、不同社会阶层之间的环境正义等。从国内层面上看,不同国家对环境正义的关注点也不尽相同。例如,美国环境正义主要关注有色人种和低收入人群所承担的不成比例的环境风险;日本的环境正义问题重点关注的是穷人所遭受的环境"压迫"问题;而我国主要是城乡之间的环境正义、东西部之间的环境正义以及不同民族之间的环境正义。②

(三)城乡环境正义问题的提出及含义

城乡环境正义是环境正义理论的具体应用和体现,它主要关注城市与农村之间在环境利益分享和环境风险分担等方面的正义问题。长期以来,我国农业、农村、农民为国家工业化目标的实现付出了巨大的贡献,重工业迅速发展的同时,农村却出现大量剩余劳动力,加之高度集中的计划经济体制以及户口管理等配套制度的存在,我国"城乡经济社会二元结构"长期存在。随着改革开放的进行和工业化向农村地区转移,这种二元结构不但没有消除,反而呈现加剧趋势:城乡差距越来越大、城乡不对等交流日益严重等,成为我国产生城乡环境不正义的社会根源。

城乡环境正义是指在环境保护领域,城市居民和农村居民应受到法律和政策同等的关注与尊重。具体来说,在分享环境保护成果、分配环境风险与责任时,法律和执行法律的政府部门应对农村居民或城市居民采取合理的态度,应保证农村居民、城市居民均享有在一个安全的、有益于健康的环境中生活的权利;同时,无论是城市居民还是农村

---

① 曾建平:《环境正义——发展中国家环境伦理问题研究》,山东人民出版社 2007 年版,第 9 页。

② 晋海:《城乡环境正义的追求与实现》,中国方正出版社 2008 年版,第 57 页。

居民,也均有保护环境的义务。[①] 从其外延看,其不但涉及代内正义问题,还包括代际正义问题。作为人类的共同财产,环境资源应该被当代人和后代人共享,但当代人的各种活动对环境资源造成的不可逆转的损害和破坏,不但危害当代人利益,还会给后代人的生存和发展带来严重威胁。

二、农村环境法制建设中的不正义

以环境正义理论,尤其是城乡环境正义理论审视我国农村环境问题和环境法制,我们发现,无论是农村环境问题的产生和环境保护的开展,还是环境立法、环境执法,都存在环境不正义的现象。我国农村环境问题产生的原因是多方面的,既有来自农民生产、生活造成的污染和破坏,更有城市污染向农村转移。例如,大量城市垃圾运往农村填埋、城市污水流入农村、高排放高污染企业纷纷在农村选址建厂,使各个城市迅速发展的同时也导致了一个个垃圾村、癌症村,农村地区如何打响这场家园保卫战值得人们深思。从环境立法上看,由于受到"城市中心主义"和"企业中心主义"立法思想的影响,我国的环境法制多是围绕解决城市环境问题,对农村环境问题涉及较少。农村环境法制立法滞后、立法空白、立法不适应等问题特别突出。例如,目前适用于乡村和乡村企业环境管理的法律制度基本上是空白。从环境执法上看,农村环境执法机构和执法人员还比较匮乏。与各级城市相对健全的环境管理机构相比,我国绝大多数乡镇没有专门的环保机构和队伍,也没有形成环境监测网络体系,严重影响着农村环境执法的进行。目前我国"城市环境趋向好转、农村环境不断恶化"的环境二元格局使农村千百万人的生存面临着严重威胁,使广大农民成为环境恶化的最大受害者,也成为我国构建和谐社会的重大阻碍。因此,改变城乡环境法制不平衡现状、实现城乡环境正义,是我国环境法制建设的紧迫任务。

---

① 晋海:《城乡环境正义的追求与实现》,中国方正出版社2008年版,第58页。

三、环境正义理论在农村环境法制建设中的作用

正义是法律价值的最高目标,正义理论对我国法制建设具有重要的作用和意义。根据张文显教授的论述,正义在法律生活中的作用主要包括两个方面:①(1)正义对法律有积极的评价和推动作用。在民主法治国家,无论是在权力层面还是在社会层面,正义都发挥着强有力的评价作用,不正义的法律被拒绝认可为法就是典型的表现。正义被吸纳为法源的一部分,正义可以填补法律空白,正义可以作为纠正法律失误的力量,正义可以作为法律解释的标准。(2)正义对法律的进化有极大的推动作用。主要表现在以下四个方面:正义推动了法律精神的进化、正义促进了法律地位的提高、正义推动了法律内部结构的完善、正义提高了法律的实效。

环境正义理论,尤其是城乡环境正义理论对我国环境法制建设具有重要的指导和促进作用。蔡守秋教授指出:正如“正义是法学的基本理念一样,维护和追求环境正义也是环境资源法学的基本理念”。② 因此,环境正义是我国环境法制建设的基本理念和基本价值取向,它把正义的视野扩展到广大农村地区,是实现环境法制协调发展的重要指导理论之一。追求与实现城乡环境正义是我国环境法制建设中一个最具紧迫性的任务:城乡环境正义关乎千百万农民的生存和发展前景,城乡环境正义直接影响着中国的现代化进程,追求与实现城乡环境正义有助于提高农村环境法律的成效。③ 因此,在农村资源开发与环境保护法制建设中,我们应该以环境正义理论为指导,这对于弥补目前农村环境立法的不足、完善农村环境执法和环境司法、打破城乡环境二元现状均具有重要的意义。

---

① 张文显:《法理学》,高等教育出版社、北京大学出版社2007年版,第335~336页。

② 蔡守秋:“环境正义与环境安全”,载《河海大学学报》(哲学社会科学版)2005年第6期,第1页。

③ 晋海:《城乡环境正义的追求与实现》,中国方正出版社2008年版,第67~69页。

第五节 综合生态系统管理理论

一、综合生态系统管理释义

综合生态系统管理(Integrated Ecosystem Management,IEM)也称为生态系统管理或生态系统方式,是近年来在国际上推崇和流行的生态保护综合管理的指导思想。综合生态系统管理的运用源于人类对生态系统的认识。20世纪60年代以后,生态系统生态学迅速发展,其对生态系统结构、功能和过程的关注使得保持和维护生态系统结构与功能成为生态系统管理的目标,也成为综合生态系统管理立法的重要目的。综合生态系统理念开始受到人们的重视并在各国自然资源管理中得到应用是在20世纪90年代以后。例如,美国学术界在90年代以后开始广泛关注综合生态系统管理的概念,学者们发表了一些强调综合生态系统方法的文章,认为这是一种可以用于有效管理国家自然资源的方法。美国林务局在1992年宣布了一项多元利用的生态系统管理新政策;1993年,克林顿总统确定了以综合生态系统管理为基础的美国天然林管理的新概念与原则。2000年5月,在肯尼亚内罗毕召开的《生物多样性公约》第五次缔约方大会通过的第V/6号决定即"生态系统方式"决定认可了专家组提出的综合生态管理方法的5项导则和12项原则,并将其作为该公约的一个重要实施框架。[①] 除《生物多样性公约》外,在《联合国防治荒漠化公约》、《进一步执行21世纪议程方案》等公约文件中也有综合生态系统管理的内容。

目前,对于综合生态系统管理的含义还未形成一致的认识,美国国家环境保护局把它定义为:在支持可持续的经济和社会发展的同时,恢

① 蔡守秋:"论综合生态系统管理原则对环境资源法学理论的影响",载《中国地质大学学报》(社会科学版)2007年第5期,第83页。

复和保持生态系统的健康、可持续性以及生物多样性。①《生物多样性公约》认为"生态系统管理是操纵将生物和其他非生物环境联系起来的物理、化学和生物过程和管制人类行动,以产生理想的生态系统状态","生态系统方式是一种综合管理土地、水和生物资源的战略,旨在推动以公平方式养护和可持续使用资源。"②上述主要是从生态学或社会学的角度对综合生态系统管理进行论述。从环境资源法学的角度来看,综合生态系统管理是指管理自然资源和自然环境的一种综合管理战略和方法,它要求综合对待生态系统的各组成成分,综合考虑社会、经济、自然(包括环境、资源和生物等)的需要和价值,综合采用多学科的知识和方法,综合运用行政的、市场的和社会的调整机制,来解决资源利用、生态保护和生态退化的问题,以达到创造和实现经济的、社会的和环境的多元惠益,实现人与自然的和谐共处。③ 因此,综合生态系统管理是一种区别于传统意义上的按照环境资源要素进行单一管理的综合性管理方式,它以维护生态系统结构的合理性、功能的良好性和生态过程的完整性为目标,通过行政管理、公众参与、市场手段等多种法律措施和调整机制,实现生态系统的健康和可持续使用,最终实现经济利益、环境利益和社会利益的和谐统一。

综合生态系统管理具有综合性、可持续性、科学性、和谐性和灵活性等特点,它强调并追求人与自然的和谐共处与发展,是一种因时因地制宜、与时俱进的适应性管理方式。根据加州大学塞拉利昂研究所 R. Edward Grumbine 教授的研究,生态系统管理的总体目标是保持生态完整性,此外,还包括 5 个具体目标:使所有本地物种中能够存活下去的种群在原地保持存活;在保护区内,通过它们的自然变化,代表

① 赵绘宇:《生态系统管理法律研究》,上海交通大学出版社 2006 年版,第 22 页。

② 赵绘宇:《生态系统管理法律研究》,上海交通大学出版社 2006 年版,第 22 页。

③ 蔡守秋:"论综合生态系统管理原则对环境资源法学理论的影响",载《中国地质大学学报》(社会科学版)2007 年第 5 期,第 83 页。

所有原生生态系统的类型;保持进化和生态过程(例如,干扰制度、水文过程、养分循环等);通过相当长时间的管理,保持物种和生态系统的进化潜力;把人类使用和占用限制在一定范围内。其中,前四个是根据目前的科学知识总结出来的,旨在减少(并最终消除)生物多样性危机;第五个目标确认了人们在生态系统管理中必须发挥的重要作用。①

二、综合生态系统管理理念在国外环境法中的应用

综合生态系统管理既是一种新的管理策略、方式和方法,更是一种新的管理理念和原则,它已经在国外环境立法中得到确立和体现。从世界范围来看,环境法在兴起之初主要是解决工业化进程中导致的环境污染和资源破坏问题,在国际上,一般将这一时期的环境法称为“第一代环境法”。“第一代环境法”的核心是污染防治法和资源利用法,它的主要特征是污染的事后防范、末端治理,它是对经济发展过程中产生的环境后果的消极防范,是反应性的法律和政策体系。② 但随着环境保护工作的深入,环境法的内容也在逐渐丰富和扩展,世界大多数国家的环境资源立法逐渐从“重在利用”、“重在规则”发展到“重在系统”的法律。世界各国也正经历着以事后防范、末端治理为立法理念的“第一代环境法”向“第二代环境法”的转变。③ 根据世界自然保护联盟环境法委员会主席 Nicholas A. Robinson 教授的研究,第二代环境法必须具备以下主要特征:具有环境伦理的基本价值观,具有法律的关联性或整体性,具有科学基础、文化传统应得到尊重、设计切实可行的行为

---

① R. Edward Grumbine. What is ecosystem management? Conservation Biology. Volume 8. No 1. March (1994):31.

② 曹明德:“中国环境资源法、能源法的现在与未来”,载《法学论坛》2006 年第 2 期,第 5 页。

③ 蔡守秋、张百灵:“论综合生态系统管理与石漠化防治”,载《福建政法管理干部学院学报》2009 年第 4 期,第 28 页。

模式等。[①] 作为一种发展迅速且应用广泛的管理方式,综合生态系统管理具有综合性、可持续性、科学性、和谐性和灵活性等特点,它正是体现“第二代环境法”特征的重要理念和方法。自20世纪七八十年代以来,美国、澳大利亚、韩国、瑞典等国家已经开始进行综合生态管理立法试点将其应用到管理实践中并取得了良好效果。例如,它使哥斯达黎加的瓜纳卡斯(Guanacaste)保护区、蒙特沃德(Montevede)雾林保护区的面积得到大大增加[②],从而证明其具有良好的效果。

三、综合生态系统管理理念在我国的应用及启示

作为一种新的管理理念和方式,综合生态系统管理在指导和促进我国西部6省(区)防治土地退化的规划管理工作中发挥了重要作用。2002年10月,全球环境基金理事会暨第二届成员国大会上通过的中国/全球环境基金干旱生态系统土地退化防治伙伴关系(PRC - GEF Partnership on Land Degradation in Dryland Ecosystems)是一个综合生态系统管理项目,旨在采用综合生态管理手段解决土地退化问题,计划10年总投资为15亿美元。[③] 中国政府高度重视国家框架规划的实施,于

---

① Nicholas A. Robinson:《第二代环境法不断发展所面临的挑战》,[新加坡]黎莲卿、[菲]玛利亚·索科罗·Z. 曼圭亚特编:《亚太地区第二代环境法展望——世界自然保护联盟/全球环境战略研究所/亚洲开发银行研讨会论文集》,邵方、曹明德、李兆玉译,法律出版社2006年版,第38~41页。

② [英]E. 马尔特比等编著:《生态系统管理——科学与社会问题》,康乐、韩兴国等译,科学出版社2003年版,第54~55页。

③ 全球环境基金(Global Environment Facility,GEF)是关于生物多样性、气候变化、持久性有机污染物和土地荒漠化的国际公约的资金机制。它通过其业务规划支持发展中国家和经济转型国家在生物多样性、气候变化、国家水域、臭氧层损耗、土地退化和持久性有机污染物等重点领域开展活动,取得全球效果。中国已经与全球环境基金建设伙伴关系,中国/全球环境基金干旱生态系统土地退化防治伙伴关系是全球环境基金在土地退化方面与中国政府达成的第一个伙伴关系,是全球环境资金资助的第十二个业务领域(GEF业务规划12即GEF—OP12),其主要针对发展中国家日益严重的土地退化问题。

2003年成立了由财政部牵头、以国家11个部门[1]为成员单位的项目指导委员会、项目协调办公室和项目执行办公室；与甘肃、青海、新疆、宁夏、内蒙古、陕西等西北6省(区)的政府达成承诺，在上述6省(区)防治土地退化领域采用综合生态系统管理的理念和方法；并借鉴国际上先进的实践经验，采取协调的、科学的、参与式的、适用性的管理方法来管理自然资源和生态环境，并使其法治化、制度化，以达到有效防治土地退化的目标。中国政府和上述6省(区)政府经过4年的实践，在运用综合生态系统管理和防治土地退化方面取得了明显成果和经验。

上述综合生态系统管理在防治土地退化方面取得的成果和经验，为我们有效协调农村资源开发和环境保护提供了借鉴和参考。农村环境问题的背后有着深层次的人口增长、决策失误、生产方式落后、法律缺失和监管不力等各种原因。由于具有综合性、可持续性、科学性、和谐性和适应性等特点，综合生态系统管理为农村环境保护提供了一个更为广阔的管理基础，为政府、社团和私人机构之间利益的合作努力提供了一个更具操作性的架构，使综合的、跨学科的、可参与的和可持续性的管理方法成为可能。[2] 在农村环境保护工作中，应充分运用综合生态系统管理的理念和策略，采取法律、科技、经济相结合的管理措施以及行政、市场、公众参与相结合的管理方法，以实现农村地区资源开发、生态建设、开发扶贫和环境保护有机结合的综合目标；具体包括：以综合生态系统管理理念指导农村环境保护法制建设；实行综合决策制度，科学编制农村资源开发利用规划；采取综合管理手段、建立农村环境治理的综合机制等。

---

① 11个部门包括：全国人大法制工作委员会、国家发展与改革委员会、科技部、财政部、国土资源部、水利部、农业部、国家环境保护总局、国家林业局、国务院法制办公室和中国科学院。

② 参见[英]E.马尔特比等编著：《生态系统管理——科学与社会问题》，康乐、韩兴国等译，科学出版社2003年版，第7页。

第五章　农村环境“法制体系协调”的宏观构想与微观构建

哪里危险成了常态，便预定了永久性的制度形式。在那种意义上，现代化风险为局部的权力再分配预备了空间——部分地保持旧形式的责任，部分地明确改变它们。①

——[德]乌尔里希·贝克

法律参与的扩大不只是增进法律秩序的民主价值，它还能有助于提高法律机构的能力。②

——[美]P. 诺内特、P. 塞尔兹尼克

第一节　城乡统筹背景下城乡环境正义的追求与实现

一、城乡统筹理念的提出及其含义

统筹城乡发展是实现城乡一体化的重要步骤，也是实践科学发展

① [德]乌尔里希·贝克著：《风险社会》，何博闻译，译林出版社2004年版，第95页。

② [美]P. 诺内特、P. 塞尔兹尼克著：《转变中的法律与社会：迈向回应型法》，张志铭译，中国政法大学出版社2004年版，第98页。

观、促进社会和谐的重要内容。党的十六大首次提出“统筹城乡经济社会发展”[①];十六届三中全又指出,按照“五个统筹”[②]的要求全面建设小康社会,并将统筹城乡发展放在第一位。其后的十七大又重申“统筹城乡发展,建立以工促农、以城带乡长效机制,形成城乡经济社会发展一体化新格局”。

何为城乡统筹?学者们目前仍有不同的认识。有的学者从城乡平等和谐方面指出,城乡统筹是指打破城乡二元结构,使城市和农村紧密联系,城乡享有平等的发展权利和发展机会,建立起社会主义市场经济体制下平等和谐的城乡关系。[③] 有的学者从城乡关联角度,把城乡统筹定义为:在区域社会与经济的发展过程中,兼顾农村社会与经济发展和城市社会与经济发展,兼顾城乡物质文明、政治文明、精神文明和生态环境建设,兼顾解决城市和乡村社会经济发展中出现的各种问题,其结果是促进城乡各种资源要素的合理流动和优化配置,不断增强城市对农村的带动作用和农村对城市的促进作用,实现城乡社会与经济的全面、协调和可持续发展。[④] 还有的学者从破除城乡二元结构视角,把城乡统筹定义为:改变和摈弃过去的重城市、轻农村、“城乡分治”的传统观念和做法,通过体制改革和政策调整,清除城乡之间的樊篱,破除城乡“二元结构”,把城乡作为一个整体,对国民经济发展计划、国民收入分配格局、重大经济政策等,实行城乡统一筹划,实现城乡协调发展。[⑤]

---

① 党的十六大提出:“统筹城乡经济社会发展,建设现代农业,发展农村经济,增加农民收入,是全面建设小康社会的重大任务。”

② 即统筹城乡发展、统筹区域发展、统筹经济社会发展、统筹人与自然和谐发展、统筹国内发展和对外开放。

③ 高珊、徐元明、徐志明:“城乡统筹的评估体系探讨——以江苏省为例”,载《农业现代化研究》2006 年第 4 期,第 262 页。

④ 杨晓娜、曾菊新:“加强城乡关联,统筹城乡社会经济发展”,载《贵州师范大学学报》(社科版)2004 年第 2 期,第 21 页。

⑤ 陈希玉:“城乡统筹:解决‘三农’问题的重大战略方针”,载《山东农业》2005 年第 5 期,第 12 页。

尽管上述学者对城乡统筹的定义不同，但其目标却是一致的即实现城乡之间各种资源、要素的合理分配，实现城乡的协调发展。笔者认为，从内涵上看，城乡统筹就是要改变过去“重城市、轻农村”和“重工业、轻农业”的发展战略，建立起城乡地位平等、资源共享、功能互补、互相支持的经济社会发展新局面；从外延上看，统筹城乡发展不但包括统筹城乡经济资源、政治资源、社会资源，还包括统筹城乡生态环境资源，努力实现城乡环境保护的一体化。

二、城乡统筹的重要内容：加强城乡环境保护

在国家提出统筹城乡发展的背景下，加强农村生态环境保护工作及其法制建设，实现城乡环境保护一体化成为统筹城乡发展的重要内容。人力资源和社会保障部农民工工作司沈水生认为，统筹城乡发展的主要任务之一便是“统筹城乡基础设施建设”，这其中包括加强“环境卫生建设，对农村的垃圾和污水统一集中收集、处理，保持环境整洁。”在统筹城乡发展需要关注的问题中，他认为要“高度重视资源和环境保护。在统筹产业发展中，坚决避免引进高污染、高能耗的企业，不能再走忽视资源和环境保护、唯 GDP 主义、先污染后治理的错误道路。在新农村建设中，要统筹规划和建设农村环卫系统，保持村容整洁”。①

统筹城乡发展，加强农村环境保护在实践中也得到践行。2007 年 6 月，经国务院同意，国家发改委批准成都市和重庆市设立全国统筹城乡综合配套改革试验区，从此，这两个地区率先开始了统筹城乡差别、平衡城乡利益、重建社会结构的变革之旅。成都市统筹城乡改革试验将在九个方面先行先试，其中之一便是建立促进城乡生态文明建设的体

---

① 沈水生：《统筹城乡发展：主要任务和重要抓手》，载中国日报网，http://www.chinadaily.com.cn/hqcj/fxpl/2012-09-27/content_7119344.html，2012 年 9 月 27 日。

制机制。[①] 重庆作为长江上游地区重要的生态屏障,生态建设和环境保护的城乡一体化也成为其改革的重要内容和关键环节。2009 年,重庆市政府发布了《重庆市统筹城乡环境保护工作实施方案》(2008～2020年),提出了"突破城乡二元体制障碍,开展城乡生态环境规划,合理配置城乡生态环境资源,创新统筹城乡环境保护工作机制,促进全市城乡经济社会与环境保护协调发展"的重要目标,并落实了实行上述目标的具体措施。

三、城乡统筹背景下城乡环境正义的实现途径

城乡环境正义是指在环境保护领域,城市居民和农村居民应受到法律和政策同等的关注与尊重。城乡环境正义的实现不但需要社会经济政治结构的健全和完善,更需要城乡环境保护的一体化和城乡环境法制建设的一体化。因此,需要从以下几个方面加以完善。

(一)依法保障农民环境权利,实现城乡居民权利平等

农民是我国"三农"问题的核心,农民问题的解决需要依法保障农民权利。秦晖教授曾经指出,"实际上农民问题的根源在农村之外,其实质就是公民权不平等,或曰在公民权总体水平不高的前提下,被称为'农民'的大多数中国公民权利缺失尤其严重。"[②]在统筹城乡发展背景下,农民权利的法律保障不但包括政治权利、经济权利,还包括对农民生存和发展至关重要的环境权利。《人类环境宣言》明确规定:"人类有权在一种能够过尊严的和福利的生活环境中,享有自由、平等和充足的生活条件的基本权利,并且负有保护和改善这一代和世世代代的环境的庄严责任。"城乡环境正义的本质内涵也包括,无论是城市居民,还是

---

① 杨杰:《成都统筹城乡综合配套改革将在九个方面先行先试》,载中国新闻网,http://www.chinanews.com/gn/news/2009/05-21/1702736.shtml,2009 年 5 月 21 日。

② 秦晖:"农民需要怎样的'集体主义——民间组织资源与现代国家整合'",载《东南学术》2007 年第 1 期,第 14 页。

农村居民,都享有环境权,都应得到法律和政府的平等关注与尊重。①尽管目前我国2014年《环境保护法》还没有明确规定环境权,但依法保障公民的环境权益却是不争的事实。在目前城乡环境保护二元体制下,农民环境权益屡遭侵犯、环境权利保护立法缺失、诉求机制不健全等问题相当突出,使农民成为我国经济发展过程中环境问题的最大受害者。因此,需要从以下几个方面加以完善:(1)加强环境权立法,在宪法、环境保护法律法规层面明确规定环境权的内容,使农民环境权的维护得到法律保障。(2)推动地方民主和法制建设,增强农民的环境权利意识,健全和完善农民权利的实施机制。很多权利的主张之所以难以实现,原因在于缺乏程序性权利的保障和支持。因此,在明确规定环境权内容的基础上,还需要完善相关程序性权利在农村地区的适应性和可操作性。例如,针对农民特点开展环境权利宣传教育,完善信息公开、保障农民知情权,建立环境公益诉讼、法律援助等制度,拓展农民救济的法律途径。(3)加强农村地区环境执法,发挥基层组织的环境保护职能,为城乡居民权利平等的实现提供保障。

(二)构建适应农村环境保护要求的环境法制

加强农村环境法制建设是实现城乡环境正义的必然要求。首先,需要充分认识农村环境保护法制建设的重要性和紧迫性,对现行农村环境法制建设中的不足进行梳理,确定农村环境法制建设的重点领域。其次,针对农村突出的环境问题,积极构建农村环境保护法律体系。在环境保护基本法层面,补充《环境保护法》中农村环境保护的法律规定;在单行法层面,针对土壤污染、水源污染、乡镇企业污染,生态恢复、生态农业、生态旅游发展等问题,修改或制定相关单行法。例如,制定《土壤污染防治法》、《面源污染防治法》等法律,修改《乡镇企业法》、《农业法》等;在地方立法层面,因地制宜地制定适合地方需求的地方性环境保护法规。农村地区环境问题具有特殊性,不同区域之间也具有较大

① 晋海:《城乡环境正义的追求与实现》,中国方正出版社2008年版,第172页。

差异性，因此，通过制定地方性法规解决不同区域的环境问题不失为一个明智选择。最后，积极完善和构建适应农村环境保护要求的法律制度。例如，农业生态补偿制度、农业清洁生产技术研发和推广制度、绿色农产品检测和认证制度、生态旅游促进制度、环境风险评估制度等。

（三）完善农村环境管理体制和环境管理措施

1. 转变环境管理理念

我国现行环境管理体制是传统管理理论在环境保护领域的延伸，其主要依赖政府管理而忽视了市场、社会和公众的积极参与，应该积极借鉴“环境治理”①理念，充分完善政府环境责任的同时，加强市场机制和公众参与的力量，构建起综合性的法律调整机制。

2. 理顺农村地区不同政府部门的环境监管职责

在农村环境管理中，统管部门和分管部门之间存在职责交叉重叠的问题，尤其是环境保护部门和农业部门、林业部门之间职责分工不够明确。对此，笔者提出以下对策：环境保护部门的主要职责应该是环境污染方面的立法与执法，以及对自然资源的开发利用行为进行监管；农业行政主管部门的主要职能是农业面源污染的防治，具体包括宏观调控、市场监管和公共服务；同时，为了实现自然资源管理部门开发和保护职能的分离，林业主管部门对森林资源保护的监管职能应该交给环保部门行使。②

3. 在立法上赋予乡镇政府的环境保护职权

我国《地方各级人大和地方人民政府组织法》（以下简称《地方组织

---

① 环境治理又称生态治理，是当代治理理论在环境资源领域的具体体现和应用。根据环境治理理论，在现代市场经济体制国家，行政调整机制、市场调整机制和社会调整机制这三种方法和机制各有其特点和缺点、各有其适用范围和方式，并且相互依赖、相互补充，最切实有效的调整方法和机制是将这三种方法机制综合运用的综合性调整机制即治理机制。转引自蔡守秋、张百灵：“论我国滨海湿地综合性法律调整机制的构建”，载《长江流域资源与环境》2011 年第 5 期，第 587 页。

② 李挚萍、陈春生等著：《农村环境管制与农民环境权保护》，北京大学出版社 2009 年版，第 253～254 页。

法》)对乡镇人民政府是否具有环境保护职权,并没有作出明确规定。[①]在环境保护立法中,多数法律规定了包括乡镇政府在内的“地方各级人民政府”、“各级人民政府”的环境保护职责。例如,2014年《环境保护法》第6条规定,“地方各级人民政府应当对本行政区域的环境质量负责。”但也有法律只是规定了县级政府的职责,从而把乡镇政府环保职责排除在外。例如,《水污染防治法》第4条规定,“县级以上人民政府应当将水环境保护工作纳入国民经济和社会发展规划。县级以上地方人民政府应当采取防治水污染的对策和措施,对本行政区域的水环境质量负责。”只有极少数的法律明确了乡镇政府的环境保护职责。例如,《草原法》第8条第3款规定,“乡(镇)人民政府应当加强对本行政区域内草原保护、建设和利用情况的监督检查,根据需要可以设专职或者兼职人员负责具体监督检查工作”。这种立法上的不明确或是缺失不利于乡镇政府环境保护职责的发挥,因此,需要在立法上明确乡镇政府的环境监管职责和职权,使其环境保护工作“有法可依”。

4.要加强农村基层环境保护机构建设

我国农村地区乡镇级环保机构严重缺失,而县级环保机构又面临着人员缺少、经费不足等问题,农村环境保护工作的开展和环境执法面临重重障碍。因此,在经济条件较好的地区,要逐步建立乡镇环境保护

---

① 《地方组织法》第61条第2项对乡镇人民政府的职权作出了列举规定,即“执行本行政区域内的经济和社会发展计划、预算,管理本行政区域内的经济、教育、科学、文化、卫生、体育事业和财政、民政、公安、司法行政、计划生育等行政工作”。有学者指出,如果只看该条款的文字表述,从一个“等”字,似乎可以解释出乡镇人民政府具有环境保护的职权。但是,根据法解释的体系原则,对照《地方组织法》第59条第5项的规定,不能作出这样的解释。因为《地方组织法》第59条第5项中已经列举出县级以上人民政府的职权包括“管理本行政区域内的……环境和资源保护、城乡建设事业和财政、民政、公安、民族事务、司法行政、监察、计划生育等行政工作”。因此,可以认为,《地方组织法》没有赋予乡镇人民政府环境保护的职权。参见沈跃东:“乡镇人民政府环境保护职权的法规范分析”,载《法治研究》2012年第2期,第72~73页。

办公室等环保机构;在暂无条件建立办公室的地区,可以指定1~2名乡镇政府工作人员专门履行环境保护职责。

第二节　农村环境风险应对中政府环境责任的完善

20世纪后期以来,人类社会的一个显著特征就是面临更多的复杂性和不确定性,这就是德国学者贝克所称的"风险社会"。作为一个后发追赶型现代化国家,我国经济快速发展的同时也带来了严重的环境风险甚至是环境危机,并且随着现代化和城镇化进程的加速,环境风险呈现出向农村转移的趋势,农村地区污染事故不断发生,"癌症村"和"血铅超标儿童"纷纷涌现等。如果对这些事件背后的起因、责任追究等问题进行理性反思和拷问,那么一个突出的问题便是,在各种环境风险汹涌而至的当今社会,作为环境安全保障者和环境公共利益维护者的政府应该如何担负起防范环境风险的重担,构筑起应对环境风险的坚硬壁垒?长期以来,人们将政府环境职责主要定位为管理,环境法被定位为管制法,环境法律制度也主要是针对行政相对人的环境管理制度,导致环境法在现实中存在实施效果不佳、有效性不足等问题。随着环境治理理论、环境民主理论和环境行政的发展,转变政府管理理念,完善政府环境责任成为增强环境法有效性、解决农村环境问题的必然选择。

一、政府环境责任概述

责任有积极责任和消极责任之分。在现代汉语中,"责任"一词有三个相互联系的基本语义:(1)分内应该做的事。例如,"岗位责任"、"尽职尽责"等。(2)特定的人对特定事项的发生、发展、变化及其成果负有积极的助长义务。例如,"担保责任"、"举证责任"。(3)因没有做好分内之事(没有履行角色义务)或没有履行助长义务而应承担的不利后果或强制性义务。例如,“违约责任”、“侵权责任”等。[①] 在法律用语中,责任常常和义务相联系,“法律责任的概念始于法律义务相关联的概念。一个人在法律上对一定行为负责,或者他在此承担法律责任,意思就是,如果作相反的行为,他应受制裁”。[②] 因此,可以从义务的角度对法律责任进行界定。义务有第一性义务和第二性义务之分,“第一性义务是指社会主体对社会所担负的与自己的社会角色相适应的应为的义务,包括法律直接规定的义务或由法律关系主体依法通过积极活动而设定的义务;第二性义务则是社会主体违反第一性义务所应承担的不利后果”。[③] 因此,法律责任一词有广义和狭义之分,广义的法律责任包括第一性义务和第二性义务,狭义的法律责任仅指第二性义务。

政府环境责任也有广义和狭义之分,广义的政府环境责任包括第一性义务和第二性义务两个方面,狭义的政府环境责任仅指第二性义务。目前,国内学者在论述政府环境责任时,多从广义的角度进行界定。例如,蔡守秋教授指出,政府环境责任是指“法律规定的政府在环境保护方面的义务和权力(合称为政府第一性环境责任)以及因政府违反上述义务和权力的法律规定而承担的法律后果(简称政府环境法律责任,也称政府第二性环境责任)。”[④]钱水苗教授也认为政府环境责任是指“在环境保护领域,中央和地方各级人民政府以及执行公务的人员,根据环境保护的需要和政府的职能定位所确定的分内应做的事,以及没有做或没有做好分内应做的事时所要承担的不利后果,包括积极

---

① 张文显:《法哲学范畴研究》(修订版),中国政法大学出版社 2001 年版,第 118 页。

② [奥]凯尔森著:《法与国家的一般理论》,沈宗灵译,中国大百科全书出版社 1996 年版,第 65 页。

③ 张建伟:《政府环境责任论》,中国环境科学出版社 2008 年版,第 14 页。

④ 蔡守秋:“论政府环境责任的缺陷与健全”,载《河北法学》2008 年第 3 期,第 18 页。

和消极两个层面的政府环境责任”。[①] 本节研究使用的是广义的政府环境责任。

二、不容忽视的新型农村环境问题——环境风险

环境风险是一种区别于传统意义上的环境污染、资源破坏的新型环境问题,其在20世纪70年代开始引起人们的关注。从某种意义上说,当今社会的环境风险是人类非理性应用科学技术以及科技副作用的体现,当各种化学药品、生物技术、信息技术广泛应用于社会各个领域时,由此造成的气候灾害、地壳运动异常、物种消失等环境风险问题接踵而至。尤其是随着人类进入后工业时代,全球化的浪潮更把区域性的环境风险扩大为全球环境风险。因此,如何超越现代社会发展的悖论,合理应对环境风险成为人们关注的重要内容。

从语义学的角度来看,“环境风险是由自然原因或人类活动引起的、通过环境介质传播的、能对自然环境及人类社会产生破坏、损害乃至毁灭性作用的不幸事件的潜在可能性”。[②] 它包括事故发生的可能性和产生危害的严重性两个方面。环境风险包括自然环境风险和人为环境风险两种类型,其中,人类活动造成的环境风险已经远远超过自然环境风险成为主要类型,这也为环境法的“大施拳脚”提供了新领域。环境风险有多种表现形式。例如,生化武器、核战争风险,化学制品风险,生物制造、DNA重组风险和物种引进风险等,它们通过全球变暖、气候异常、灾害频繁、热带雨林消失、生物多样性锐减等现象向我们表明风险时代的来临。与传统环境问题相比,环境风险具有科学上的不确定性、致害机理的复杂性、危害后果的潜伏性以及波及范围的广泛性等特

---

① 钱水苗:“政府环境责任与环境保护法的修改”,载《中国地质大学学报》(社会科学版)2008年第2期,第49页。

② 崔凤、张双双:“海洋开发与环境风险——美国墨西哥湾溢油事件评析”,载《中国海洋大学学报》(社会科学版)2011年第5期,第8页。

征。尽管我们无法改变环境风险存在的客观事实，但我们可以通过科学的预测和管理，通过各种手段、措施把环境风险的危害降到尽可能低的程度。

随着城镇化进程的加快和现代农业的发展，现代化带来的环境风险逐渐向农村渗透和转移。例如，转基因农作物的栽培、外来物种的引进、生物防治技术的应用、农用化学药品的大量使用、乡镇企业对新技术的应用等，农村环境风险已经成为一个新生的风险问题。长期以来，由于受到“大城市中心主义”和“大企业中心主义”思想的影响，我国对农村地区环境保护工作不够重视，环境法制建设也主要集中在城市环境保护，农村环境风险抵御能力薄弱，防范困难。因此，在广袤的农村地区，更加需要政府增强环境风险防范意识，承担起保障农村环境安全的法律责任。

三、政府应对环境风险的“先天不足”与“后天失调”

应对环境风险，政府责无旁贷。世界银行在《2010年世界发展报告》中探讨了如何变革公共政策以更好地帮助人们应对气候变化带来的新生风险或进一步恶化的风险。《人类环境宣言》、《内罗毕宣言》、《里约宣言》等国际性环境法律文件也都强调把政府的环境责任作为重要内容之一。此外，由于环境是典型的公共物品，具有公共性和公益性，环境风险是公共风险，因此更应该强调政府责任。但由于我国政府在应对环境风险方面存在“先天不足”和“后天失调”，导致工业化、高科技带来的各种环境风险日益加重了公民个人的负担，形成了环境保护国家化与风险承担个人化之间的悖论。

（一）先天不足

由于环境风险具有科学上的不确定性、致害机理的复杂性、危害后果的潜伏性等特征，对环境风险的认识、评估、预测和应对需要较高的技术条件和广泛的科技信息，但受到技术水平、信息不及时、资源有限等条件的限制。政府对环境风险这种新型的环境问题认识还比较浅薄,看似强大的政府在应对环境风险中显得异常脆弱,这在我国表现得尤为突出。首先,我国政府在解决传统环境问题时往往习惯于事故发生后的治理和应对,缺乏事前防范的理念,对存在科学不确定性的环境风险缺乏充足的认识和关注,缺乏防范各种风险的意识。其次,由于环境保护缺乏民众力量的支持,我国环境法是在政府的推动下"自上而下"产生,由此导致环境法具有浓厚的行政色彩,政府主要依赖行政手段进行环境管理,在尊重市场规律、发挥市场机制和社会公众参与等方面做得明显不够,这更加加剧了政府管理的闭塞,使政府应对环境风险面临先天的不足。最后,应对环境风险涉及环保、水利、农业、林业等多个政府部门。这些政府部门关系错综复杂,在解决问题、处理环境风险时相互推诿、回避自身责任,造成"有组织的不负责任"(organized irresponsibility)①,使政府应对环境风险更加不利。

(二)后天失调

1. 决策失误导致环境风险

从我国环境问题和环境风险产生的原因来看,政府决策失误是至关重要的因素。许多政府决策由于缺乏严格的科学论证,违背生态规律,带来了严重的环境后遗症。例如,20 世纪 50 年代的"以粮为纲",70 年代的"填海造田"、"海岸带开发"以及 80 年代"大矿大开、小矿放开,

---

① "有组织地不负责任"是贝克风险社会理论中的重要概念。贝克认为,包括公司、政策制定者和专家结成的联盟在内的各种社会组织制造了当代社会中的危险,然后又建立一套话语来推卸责任。"有组织的不负责任"并非指有组织、有计划、有预谋地逃避责任,而是指相关责任主体利用组织中复杂的结构、分工体系来转嫁与推卸责任;以组织体系非常复杂为理由,作为这些组织为其成员推卸责任的法宝。"有组织地不负责任"的概念有助于解释现代社会制度怎样和为什么不可避免地承认灾难的真实存在,同时又否认其存在,掩藏其起源并排除补偿或控制。换一种方式说,风险社会的特征是愈来愈多的环境退化的矛盾——被感知到的和可能的——伴随着关于环境的法律和法规的扩张。然而,同时,没有一个人或一个机构似乎明确地为任何事负责。参见[德]乌尔里希·贝克著:《世界风险社会》,吴英姿、孙淑敏译,南京大学出版社 2004 年版,第 191 页。转引自蔡守秋、张百灵:"论我国滨海湿地综合性法律调整机制的构建",载《长江流域资源与环境》2011 年第 5 期,第 586 页。

有水快流”等政策带来了资源浪费、水土流失、洪水泛滥等问题。以“填海造田”为例，由于“填海造田”造成湿地大量减少，使得湿地在降解污染、调节气候的功能上出现许多问题，荷兰和日本已经逐渐放弃“填海造田”的做法。我国从70年代开始实施“填海造田”政策，尽管这增加了沿海区域的土地面积，但近10年来，中国因“围海造田”失去了近50%的湿地；导致海岸线缩短、有害赤潮频发、近海富营养化加剧、海洋生态灾害严重等环境问题。① 因此，加强政府决策的制度化建设，完善政府问责机制成为增强政府应对环境风险能力的重要途径。

2. 执法不力助长环境风险

全国人大常委会从1989年至2008年对环境保护法律进行了多次执法检查，调查结果无一例外地指出“执法不力”是法律施行中存在的主要问题。因此，环境违法行为屡禁不止，政府部门执法不力是根源。2007年年初，原国家环保总局（现国家环保部）在对100多个市县的上百个工业园区、500多家企业的现场检查中发现，有40%的建设项目缺乏后续监管，环评报告书提出的环保对策和措施难以得到落实；有些执法部门对未报或未批环评就擅自开工建设项目处理不到位，对违法企业的处罚措施只有罚款，而没有依法勒令停止建设。② 此外，很多地方政府充当企业的“保护伞”，对环保执法部门大加干涉。例如，2010年，安徽省固镇县环保局的6名工作人员由于对一家“问题”企业检查过于“频繁”而被当地政府部门停职处理。③ 地方政府执法不力使得环境事故的发生更加失去可控性，进一步助长了环境风险的增加。

3. 信息不公开增加环境风险

2008年开始实施的《环境信息公开办法（试行）》规定政府和企业

---

① “围海造田应科学审慎”，载《品牌与标准化》2011年第17期，第58～59页。

② 陈至立：《全国人大常委会执法检查组关于检查〈中华人民共和国环境影响评价法〉实施情况的报告》，载中国人大网，www.npc.gov.cn，2008年10月27日。

③ 李光明：“畸形招商观催生出地方‘土政策’”，载《法制日版》2010年6月21日第4版。

都要“及时”、“准确”的公开环境信息，在政府信息公开方面，则确立了政府主动公开为主、依申请公开为辅的制度模式。环境信息公开不但有利于维护公众知情权，加强对建设项目、企业排污情况的监督，还有利于化解社会矛盾、避免社会冲突。但在实践中，有的地方政府往往从自身利益出发，对很多环境信息讳莫如深，即使公开也是“犹抱琵琶半遮面”，只愿意公开正面的、原则性的信息，对于一些负面信息则加以“雪藏”。尤其是环境事故发生后，许多地方政府和企业企图“瞒天过海”，加剧了环境风险的蔓延和扩大。例如，在2010年发生的紫金矿业重大水污染事故中，在企业对事故瞒报9天后，当地政府又对事故信息遮遮掩掩、隐瞒迟报，致使汀江周围渔民的损失进一步扩大。有的政府部门对负面环境信息的讳莫如深似乎已经成为一种习惯。2005年松花江水污染事故发生后，当地政府就曾经假借“对市政供水管网进行检修”对污染事故进行隐瞒，引起了社会恐慌，造成公众的信任危机。

四、政府应对环境风险“不足”与“失调”的原因透析

（一）经济发展与环境保护具有“共时性”

从历史发展阶段来看，我国环境保护和经济发展具有“共时性”的特征，这导致地方政府重经济利益轻生态利益，重经济责任轻环境责任。20世纪70年代中后期，我国开始了工业化、现代化的发展进程，同时也开启了环境保护和环境立法的序幕。因此，环境保护和经济发展存在“共时性”的问题，这在客观上导致环境利益和经济利益、环境保护和经济发展的冲突。在很多地方，主要排污企业也是当地的纳税大户、GDP贡献大户。尽管我国《环境保护法》明确规定要使“经济社会发展与环境保护相协调”，环境保护坚持“保护优先”的原则，但由于地方政府政绩考核的中心是GDP增长，发展经济成为地方政府的首要工作。面对经济发展和环境保护的冲突，地方政府往往会向“保障经济”倾斜，才会出现干预环保部门工作、为企业环境违法行为“保驾护航”的现象。例如，在某些区域开发中，很多活动是在政府的领导或组织下，打着“发

展经济”、“脱贫致富”的旗帜破坏环境资源，造成生态危害。

（二）环境管理体制存在弊端

根据法律规定，我国实行“以行政区域管理为核心，国家和地方双重领导的环境保护管理体制——各级人民政府对辖区内的环境质量负责，国家和地方分别设立环境保护部门，作为‘环境保护行政主管部门’”。[①] 在目前的管理体制下，对于地方政府如何对环境质量负责缺乏相应的制度约束。地方环境保护部门隶属于地方政府，部门经费、部门人员甚至是部门领导都要归地方政府管，这导致地方环境保护部门“权力小”、“手段软”，在环保管理中底气不足、权威有限。在各个地方政府大力追求GDP增长、大肆招商引资的情况下，环保部门难以坚守自己的监管阵营，不得不为各种高污染、高排放企业“开绿灯”，无视、默许一些环境违法行为。

五、完善政府环境责任的理念选择：从“管理”到“治理”

我国传统的环境管理体制和管理制度是管理理论在环境保护领域的延伸，其主要依赖政府管理而忽视了市场、社会和公众的积极参与。由于政府在应对环境风险中存在“先天不足”和“后天失调”，我们对政府的过度依赖和盲从带来了现实中的种种弊端。因此，必须寻找基于政府、市场和社会广泛合作形成的环境责任共同分担的“灵丹妙方”，而治理理论恰恰可以为我们提供指导。

现代意义上的治理理论兴起于20世纪90年代的欧洲，经过诸多学者的研究和论证，治理理论被广泛运用于解决包括环境问题在内的各种社会事物，成为认识、解决环境问题的一种重要且有益的分析框架与方法工具。随着治理理论被广泛地被运用于各个领域，有学者呼吁

① 吕忠梅：“监管环境监管者：立法缺失及制度构建”，载《法商研究》2009年第5期，第142页。

"'治理社会'已经来临"。[①] 但直到现在治理仍是一个相对模糊和复杂的概念,关于治理的定义不下十几种,其中较有代表性和权威性的是全球治理委员会的定义,也就是说治理是使相互冲突的或不同的利益得以调和并且采取联合行动的持续的过程;既包括有权迫使人们服从的正式制度和规则,也包括各种人们同意或以为符合其利益的非正式的制度安排。[②] 该定义的范围非常广泛,不仅包括政府的各种规则和安排,还包括非政府组织、社会公众、跨国公司、环保团体的各种活动。

与传统的管理相比,治理具有主体多元化、手段多样化、过程互动化和目标共赢化的特征,这对于应对环境风险具有天然的优势。环境是典型的"公共物品",具有公共性和公益性的属性,环境风险的应对也更加需要全方面的规划、合理的布局和多元主体的共同参与。因此,完善政府环境责任,需要借鉴环境治理理论,对风险社会中的政府进行"重塑",把传统意义上的行政管制和市场调整、社会调整三种调整机制进行有力的整合,通过相关立法将市场调节、政府干预和公众参与的综合运用提高到法律原则、法律手段、法律制度的高度,形成应对环境风险的综合性调整机制和共同分担机制。具体而言,就是在对政府的管理理念和目标进行重新审视、改进政府环境管理职能的同时,增强非政府组织的法律地位,完善公众参与的法律途径,通过社会保险、排污权交易、环保产业、社区共管、公众参与等市场机制和社会调整机制,实现环境风险的减轻、转移和避免。

六、完善政府环境责任的制度构建

健全政府应对环境风险责任的重点和方向,是不断提高实施、监督和追究政府环境风险防治责任的可操作性,实现政府环境风险防治责

---

① 吴志成:"西方治理理论述评",载《评教学与研究》2004 年第 6 期,第 61 页。

② 全球治理委员会:《我们的全球伙伴关系》,牛津大学出版社 1995 年版,第 23 页。

任的制度化、规范化和程序化。①

(一)完善战略环境影响评价制度

战略环境影响评价制度肇始于美国的《国家环境政策法》,它要求在制定有关经济开发活动的政策、法规、规划时,应该对它们可能造成的环境影响进行分析预测和科学评价,并采取措施减轻或避免各种不良影响,从源头上控制环境问题。根据2002年《环境影响评价法》和2008年《规划环境影响评价条例》的规定,我国环境影响评价的范围主要是产生“重大”或“轻度”环境影响的建设项目②、各种综合性规划和专项规划。③ 环评对象由建设项目扩展到规划,是实施战略环境影响评价制度的重大进步。但是,目前的战略环评范围仍存在局限性:一方面,并非所有的规划都要纳入环评范围;另一方面,现行立法仍未把政府的重大决策、政策以及法规列入环评对象。我国历史发展的经验表明,政府决策失误成为引发环境问题、造成生态危害的重要因素,并且与建设项目相比,决策失误导致的环境危害范围更广泛、时间更持久、破坏性更大。因此,逐步把政策、法规纳入环评范围,完善战略环境影响评价制度不但成为预防环境问题的重要举措,也是增强政府环境责任的重要法宝。

(二)建立环境风险评估制度

环境风险评估制度是环境影响评价制度的延伸和扩展,两者的根

---

① 蔡守秋:“论政府防治环境风险的法律机制”,载《公民与法》2011年第10期,第3页。

② 2002年《环境影响评价法》第16条规定:“可能造成重大环境影响的,应当编制环境影响报告书,对产生的环境影响进行全面评价;可能造成轻度环境影响的,应当编制环境影响报告表,对产生的环境影响进行分析或者专项评价;对环境影响很小、不需要进行环境影响评价的,应当填报环境影响登记表。”

③ 2008年《规划环境影响评价条例》第2条规定:“国务院有关部门、设区的市级以上地方人民政府及其有关部门,对其组织编制的土地利用的有关规划和区域、流域、海域的建设、开发利用规划,以及工业、农业、畜牧业、林业、能源、水利、交通、城市建设、旅游、自然资源开发的有关专项规划,应当进行环境影响评价。”

本目的具有一致性,都是为了从源头上预防环境风险和环境问题,但两者在评价对象、评价方法、评价主体、评价程序、评价原则等方面又不尽相同。环境风险评估是由一定的机关或组织,对具有不确定性的环境风险可能对人体健康、生态安全造成的环境后果进行识别、度量、评估的过程或环境管理活动。① 环境风险评估的法定化、制度化便是环境风险评估制度,其内容主要包括环境风险评估的主体、职责权限、方法、程序以及法律效力等。目前,环境风险评估制度已经在国外环境法和国际环境法中得到确认、应用并取得良好效果。例如,美国在20世纪80年代通过颁布一系列风险评估指南确立了环境风险评价制度,国际社会也在《生物多样性公约》、《生物安全议定书》、《贸易与技术壁垒协议》等国际公约中直接或间接地为环境风险评估提供法律依据,并在转基因生物、生态安全、全球环境风险等领域加以运用。我国环境风险评估立法在转基因生物安全领域已经有所体现,但尚缺乏系统、全面的法律规定,也没有构建起专门的风险评估制度。基于目前应对环境风险的严峻现实需要,构建科学合理的环境风险评估制度对我国尤其迫切和重要。从世界各国实践来看,环境风险评估包括国家环境风险评估和社会环境风险评估两种。目前,我国开展社会风险评估的立法条件尚不成熟,我国的环境风险评估制度主要由享有环境监管职权的行政部门开展。通过进行环境风险评估,对环境风险进行识别、分析和预测,并从各种方案中选择经济最合理的方法处理环境风险,为政府决策提供更加科学合理的依据,减少政府决策带来的环境风险。

(三)强化政府环境信息公开的司法救济制度

在以政府主动公开为主、依申请公开为辅的制度模式下,公众环境信息的获得在很大程度上取决于政府的自觉行动,但很多地方政府基

---

① 罗大平:“环境风险评价法律制度研究”,载王树义主编:《环境法系列专题研究》(第二辑),科学出版社2006年版,第180页。

于经济利益的考虑常常对环境信息讳莫如深，因此，需要增强对政府环境信息公开的监督，构建起信息公开的司法救济制度。根据《环境信息公开办法（试行）》第26条的规定，公民、法人和其他组织认为环保部门在政府环境信息公开工作中的具体行政行为侵犯其合法权益的，可以依法申请行政复议或者提起行政诉讼。2009年9月2日发布的《最高人民法院关于审理政府信息公开行政案件若干问题的规定（征求意见稿）》也把“认为行政机关主动公开或者应当主动公开而未公开政府信息侵犯其合法权益的”列入行政诉讼的受案范围。但是，这里提起行政诉讼的条件都要求侵犯了原告的合法权益，也即要求原告是“直接利害关系人”。由于环境信息属于社会公共资源，人们对政府拥有的信息享有平等的请求权，任何人请求机关公开信息遭到拒绝，都应享有提起诉讼的权利。因此，在环境信息公开方面，应该放弃传统的“直接利害关系人”要求，引入环境公益诉讼机制，在维护公众环境权益的同时，也监督和促进政府积极履行其公开环境信息的义务。①

政府不仅是环境风险的管理主体，也是环境风险的应对主体，这对于新时期责任政府和服务政府建设提出了更高的要求。尽管就我国现阶段而言，建立应对环境风险的行政管制、市场调整和社会参与相结合的综合性调整机制还面临诸多困难，但市场经济的发展和第三部门②的发展壮大也为环境公共事务多中心治理模式的建立提供了各种条件，这需要政府、学者和社会的共同努力。

---

① 申进忠：“我国环境信息公开制度论析”，载《南开学报》（哲学社会科学版）2010年第2期，第53页。

② 现代社会组织可以划分为三大部门：第一部门即政府组织；第二部门即企业组织或营利性组织；第三部门或第三领域（third sector）是指各种非政府非营利组织（Non－Governmental、Non－Profit Organizations），又称民间组织（civil organizations）、公民社会组织（civil society organizations）、独立部门（Independent Sector）。

第三节 综合性法律调整机制的构建

在农村资源开发过程中,行政管制几乎成为我国环境法律唯一的法律调控手段,而市场调整和社会调整手段相对不足,导致资源开发过程中的利益冲突无法有效解决。因此,在改善政府环境管制的同时,还要积极构建行政管制、市场调整和社会参与相结合的综合性调整机制,形成农村环境公共事务的多中心治理模式和环境风险的共担机制。

一、环境资源法律调整机制的形成与发展

法律调整机制主要是指法律对其调整对象实施影响、实现其调整功能的运作机理和运作方式。[①] 随着环境资源法作为一个独立的法律部门出现,环境法律调整机制也逐渐形成和发展起来,这是近代社会愈演愈烈的环境危机对法律制度的诉求。

由于环境资源本身具有难以分割性等特征,其无法纳入传统私法领域物权制度的调整范围,这导致社会个体对环境资源无限的利益需求难以得到法律规制,最终出现了英国学者哈丁所描述的"公地的悲剧"。"为了协调基于环境资源而产生的社会个体利益冲突及其所形成的社会公益损失,必须由政府作为公益的代表对环境资源的使用及分配进行有效的组织和管理,以社会公共利益的实现为导向协调社会个体利益的冲突,当政府对社会作用的性质和规模以法律规范的方式进行普遍性要求时,环境资源法律机制便逐步得以形成。"[②]

---

① 蔡守秋:《调整论——对主流法理学的反思与补充》,高等教育出版社2003年版,第556页。

② 张璐:《论环境资源法混合调整机制的形成》,载中国环境法网,http://www.riel.whu.edu.cn/article.asp? id=25161,2002年12月10日。

随着社会的不断发展和进步，社会关系日益复杂，社会个体与群体之间及其相互的矛盾冲突和利益协调也日益复杂。需要法律调整机制根据现实情况的变化及时作出调整和改变。人通常以一定的社会组织形式进行活动，从不同角度对人的社会组织可以进行不同的分类，其中一种分类方法就是将各种社会组织归纳为行政性的政府组织（第一部门）、营利性的企业组织（第二部门）和非政府非营利组织（第三部门）这三大类型。从上述三种组织制度出发，当代社会形成了具有不同特点和风格的三种调整机制即行政调整机制、市场调整机制和社会调整机制。①

对上述三种调整方法和机制，哪个重要、何种优先，一直存在不同观点和争论。有人奉行"市场调节"主宰观或"市场信任"观；有人奉行"政府调节"主宰观或"国家信任"观；也有的主张应该坚持"市民社会即第三部门调节"途径或"公众信任"观。其实，任何一种机制都有其优点和缺陷。例如，政府管制有利于提供社会公共物品，但也带来了政府财政负担过重、公共支出扩大、"公地悲剧"等政府失灵问题；市场机制具有亲和性、节约性等优点，但市场机制也不是万能的，它在限制垄断、提供公共物品、约束个人极端行为、克服生产的无政府状态、避免"公害物品"、保护社会弱势群体等方面存在内在的缺陷；社会调整有利于弥补政府能力不足和市场的缺陷，但也存在某种程度的自发性、无组织计划性、分散性、代表利益有限性等弊端。因此，需要结合上述三种调整机制的优势，构建政府管制、市场调节和公众参与的综合性法律调整机制。

二、农村资源开发与生态环境保护中法律调整机制的弊端

我国目前没有专门性的农村环境资源立法，关于农村地区法律调

① 蔡守秋："第三种调整机制——从环境资源保护和环境资源法角度进行研究（上）"，载《中国发展》2004 年第 1 期，第 29 页。

整机制的规定散见于各种环境资源法律法规中。我国环境保护领域的基本法《环境保护法》确立了环境保护行政主管部门对全国环境保护工作实施统一监督管理，"县级以上人民政府有关部门和军队环境保护部门，依照有关法律的规定对资源保护和污染防治等环境保护工作实施监督管理"的"统分结合"的管理体制。各单行自然资源保护法，如《森林法》、《草原法》、《矿产资源法》、《水法》、《渔业法》等法律也确立了农业部门、林业部门、渔业部门、国土资源部门、矿产资源部门、水利部门对各种资源要素的监督管理职责。总体而言，从目前我国法律调整手段上看，行政管制几乎成为我国环境法律唯一的法律调控手段。传统意识里人们普遍认为，只有政府才能有效推动环境保护工作的开展，因此，我国在农村地区环境保护中采取的法律调整机制主要是行政调整机制，也即主要依靠政府管理。这种行政调整机制对于农村环境保护管理不可或缺，但其主要是对人们利用资源的行为施加的一种外在约束，难以形成有效的内在激励，在农村环境管理中已经显示出种种不适。一方面，在政府管理中，跨部门、跨层级复杂行政关系的协调一直是难以解决的重大问题，现行政府管理理念、手段、措施等方面面临许多新挑战，急需改进和完善；另一方面，农村地区环境问题本身的复杂性、特殊性、综合性和技术性等特点也需要新的治理理念和治理机制。

（一）传统行政调整机制无法应对农村地区的各种环境风险

目前，工业化带来的环境风险开始向农村地区转移，农村地区正处于以不确定性和"有组织的不负责任"为特征的风险社会时期。环境风险对于农村地区很多人而言仍然是一个新生事物。由于对环境风险应对本身的复杂性、综合性认识不足以及对环境风险进行评估和管理存在技术障碍，在农村环境风险应对中，人们往往寄希望于当地政府。政府管制本身存在难以避免的失误，在政策制定、制度安排等方面的治理失效常常遭人诟病。例如，由于历史的原因，我国中央和地方政府的一些决策、规划在对待森林和林地方面曾出现过重大失误，导致森林面积大幅度减少,加剧了水土流失的风险。更为严重的是,在很多农村地区,有不少危害环境的行为是在政府的领导或组织下,打着“发展经济”、“脱贫致富”的旗号下进行的。在这种情况下,政府便成了风险的制造者和生态的破坏者。为了有效解决这类问题,就必须培育和发展市场调整机制和公民社会调整机制,弥补政府管制的不足,共同应对风险社会中的不确定性并承担各自在环境治理中的责任。①

(二)农村资源开发中的“政府失灵”与“市场失灵”无法有效解决“公地悲剧”问题

以农村土地资源利用为例,我国对于土地的利用仍然以传统的“粗放式”为主,广大农村实行农户分散经营的模式,农业生产大多沿用传统的陡坡耕种、广种薄收的方式,缺乏必要的水土保持措施和科学指导,久而久之形成石漠化、水土流失等环境问题,成为典型的“公地悲剧”。针对这个问题,理论上出现了市场机制和政府管制两种解决途径。主张市场机制者认为,应该对公共资源实行私有化,明晰资源的财产权,从而使公共资源具有排他性,克服机会主义行为。主张政府管制者认为,由于存在“公地悲剧”,资源和环境问题无法通过合作解决,只有政府对公共资源进行管制才能避免悲剧性的结果出现。然而,我国沙漠化、石漠化日益严峻的社会现实却表明市场机制和政府管制都可能失灵。一方面,受我国市场经济发展水平的限制,全面、完整、多层次的自然资源产权制度还难以确立;另一方面,受地方保护主义和唯经济发展思想的影响,政府行为的目标和社会公共利益之间存在一定差异,也容易出现“寻租”活动和政府失灵。因此,随着石漠化、沙漠化区域生态危机的日益加重,任何单个的调整机制都无法有效化解“公地悲剧”,对沙漠化、石漠化区域这种“公地”的开发利用和保护,都需要综合发挥三种组织和三种调整机制的作用。

---

① 蔡守秋、张百灵:“论我国滨海湿地综合性法律调整机制的构建”,载《长江流域资源与环境》2011年第5期,第586页。

（三）传统的行政调整机制无法有效平衡农村区域广泛的利益冲突

我国长期以来对自然资源按照要素进行管理，使得生态系统中的水、土、林、草等被分割管理于不同的行政部门，这些行政部门集自然资源的开发与保护职能于一身，在不同部门、部门的不同职能之间产生许多需要协调的利益。① 以石漠化防治为例，石漠化防治需要水利、林业、土地、国土资源和环境保护等各个部门的协调和合作，但我国尚缺乏这样的合作机制。此外，政府、企业、环保 NGO 和公众之间对于石漠化的治理也存在广泛的利益冲突和价值冲突，但在传统的政府管制中，企业、居民、社团和非政府组织缺乏参与石漠化防治的有效途径，土地利益相关者缺乏与区域政府、行政部门平等对话的平台，难以有效解决环境权益、经济利益和生态利益的冲突。因此，在加强和建立行政管理部门协调、合作机制的同时，还要充分调动企业、非政府组织、社会公众在石漠化防治中的积极性，通过法制建立完善的利益表达机制、利益分配机制、利益协调机制，加强公众的权利来制约地方政府破坏生态环境的行为，形成石漠化综合治理机制。

综上所述，传统的行政调整机制无法应对农村地区资源开发中环境保护的需要，在现实中遭遇了种种障碍，因此，必须寻求一种新的法律治理机制应对风险社会下的各种环境问题。

三、综合性法律调整机制构建的理论依据

环境治理理论和环境民主理论的兴起和发展成为综合性法律调整机制构建的理论依据，对于环境治理理论，笔者在本章第二节已经介绍过，在此，主要介绍环境民主理论。

环境民主理论的提出源于民主理念的成熟。面对日益严重的环境污染和资源危机，各种民主运动、人权运动与环境保护运动紧密结合，

---

① 蔡守秋、张百灵：“论综合生态系统管理与石漠化防治”，载《福建政法管理干部学院学报》2009 年第 4 期，第 27 页。

成为促进环境资源法学民主理念成熟的基本动力。有人认为，“环境民主是指自然和社会的相互作用，应该主要受行使权力去规定人的活动和获得公共利益的人民的影响”，“环境民主是一种扎根于美国传统的理想。它坚持对已经形成并且正在处理当代环境危机的精英统治作合乎需要的选择。”①根据环境民主原则，社会的环境政策和环境资源法应该通过民主程序来制定，目前各国环境立法中广泛确立的公众参与原则和制度便是环境民主理论的具体应用。

环境民主理论产生于西方工业发达国家。20 世纪五六十年代，发端于欧美各国的群众性环境保护运动，通过自下而上的环境民主方式使工业发达国家的环境法发生了重大变化。例如，美国 1969 年颁布的《国家环境政策法》规定联邦政府的一切部门应将其制定的环境影响评价和意见书“向公众公布”，并“向机关团体和个人提供关于对恢复、保持和改善环境质量有用的建议和情报”②。1972 年，联合国人类环境会议发布的《人类环境宣言》也明确宣布：“保护和改善人类环境是关系到全世界各国人民的幸福和经济发展的重要问题，也是全世界各国人民的迫切希望和各国政府的责任。”此后，各国环境立法机关和环境资源法学者纷纷将环境民主作为环境资源法制建设的思想武器和指导原则，促使环境资源法中的环境监督管理日趋民主化，环境保护工作中的民主手段和公众参与日益法律制度化。因此，环境民主思想的产生和发展使得人们在面对传统行政管制种种弊端时产生了自我管理、自我拯救环境资源的内在驱动力，而各国市场经济的发展，又为政府之外的多元主体对环境保护与治理的实际参与提供了更多的可供选择的可行性途径，从而为环境法律综合调整机制的形成奠定了理论基础。

---

① 《环境政策论战》，蔡守秋译，纽约州立大学出版社 1986 年版，第 253 页。

② 蔡守秋：“环境公平与环境民主——三论环境资源法学的基本理论”，载《河海大学学报》(哲学社会科学版)2005 年第 3 期，第 16 页。

四、综合性法律调整机制构建的现实基础

(一)市场经济的确立和发展

市场经济的确立和发展对我国环境资源法学领域产生了深远的影响,人们在环境法中逐渐运用经济手段加强环境管理,在资源配置上逐渐运用市场机制。以我国环境产业的兴起为例,环境产业是在市场化条件下,环境资源的生产和供给方式由事业转变为产业的重要实现途径。长期以来,我国政府包办了环境资源市场供给的全部事项,在生产方式上基本采用的是事业性的经营模式。在这种模式下,事业单位运转主要依靠国家单方面的资金投入,而缺乏绩效的评判和约束。在市场经济条件下,是否投入、投入成败的判断标准是十分明确的,那就是利润,所以要保证环境资源的市场化再生产能够有效进行,在方式上就应该实现从事业向产业的转变。① 我国市场经济的发展为环境产业的兴起奠定了坚实的社会基础。

由于政府干预的长期存在,我国市场机制在资源配置中的基础性作用还没有完全发挥,需要我们继续坚持和完善社会主义市场经济体制,更好地发挥市场在资源配置中的基础性作用,使企业成为真正的市场主体。政府也要进一步转变职能,尊重价值规律的作用,发挥市场机制调节资源配置的积极作用,让企业根据市场信号自主地作出生产经营决策。

(二)环境保护 NGO② 的发展壮大

环保 NGO 是我国环境保护的一支新生力量,它们的活动为在环境

---

① 张璐:《环境产业的法律调整——市场化渐进与环境资源法转型》,科学出版社 2005 年版,第 9 页。

② NGO 是 Non – Govemmental Organization(非政府组织)的英文缩写。我国 NGO 的界定与国际上通用的定义略有不同,在我国,NGO 与社会团体这两个概念并不完全对等,NGO 只是社会团体的一部分,是指不具有直接或者间接行政权的社会团体,用以区分那些虽然注册为社会团体,但却行使特定行政权的组织机构。

保护领域建立健全第三种调整机制创造了条件。环保 NGO,也称民间环境保护团体,是相对政府环境保护组织而言的,是自愿从事环境保护相关活动、提供公益性或互益性社会服务、非营利性的民间组织。环保 NGO 除了要具备一般 NGO 的基本属性,即美国约翰·霍普金斯大学莱斯特·撒拉蒙教授(Lester M. Salamon)主张的六大特征(民间性、非营利性、组织性、自治性、志愿性、公益性)之外,还有其特殊属性即必须以环境保护为主要活动范围。[①] 根据中华环保联合会发布的《2008 中国环保民间组织发展状况报告》,截至 2008 年 10 月,我国共有环保民间组织 3539 家。[②] 在农村环境保护中,随着环保 NGO 的发展壮大,其在影响政府环保政策、监督政府履行环保职责、从事农村环境保护宣传教育、推动公众参与等方面都起到了积极的作用。

随着民间组织的发展,社区建设也不断加强。自 20 世纪 80 年代以来,各国社区建设的一个重要发展趋势和特点就是以治理理论为指导,将环境保护和生态建设作为社区建设的重要内容,发挥社区在环境保护和资源管理中的积极作用。我国在自然资源保护中,尤其是在自然保护区管理过程中,也开始注重发挥当地社区的作用。许多地方为了便于与社区利益协调,达到与社区共同管护自然资源的目的,已经摸索出一些具有特色的与社区联防共管的新模式。[③] 例如,内蒙古达费湖保护区,为了达到保护区管理部门与社区群众对保护区自然资源和生态环境“共同保护、科学管理、合理开发、永续利用”的目的,推出了与社区单位或居民签署共同保护协议书的计划。该计划将通过签署协议的方式要求保护区管理机构与保护区社区群众共同承担起保护自然资源环

---

① 王津、陈南、姚泊、刘娟:“环境 NGO——中国环保领域的崛起力量”,载《广州大学学报》(社科版)2007 年第 2 期。

② 崔静:“中国环保民间组织总量已达 3500 余家”,载新华网,http://news.xinhuanet.com/newscenter/2008-10/30/content_10282364.htm,2008 年 10 月 30 日。

③ 蔡守秋、张百灵:“论我国滨海湿地综合性法律调整机制的构建”,载《长江流域资源与环境》2011 年第 5 期,第 588 页。

境的责任与义务。[①] 我国农村地区由村庄、居民区和生态区在内的各种社区组成,各种社会组织也有了相当程度的发展。这些社会组织、社区主要由当地群众自愿组织和参与,具有一定的本土性和草根性。我们应该利用它们植根于民间的优势,发挥它们在提供服务、反映诉求和规范行为等方面的作用,这是加强农村地区环境保护工作及其法制建设、有效配置社会资源、满足多元利益主体的社会需求的必要途径。

五、综合性法律调整机制的具体构建

《中共中央关于加强党的执政能力建设的决定》(2004 年)提出了"建立健全党委领导、政府负责、社会协同、公众参与的社会管理格局",这与环境治理理论所倡导的善治模式、治理机制有异曲同工之妙。因此,在农村环境法制建设中,我们应该以环境治理理论、环境民主理论、综合生态系统管理理论为依据,结合我国农村地区环境保护的现实需求,建设相互依靠、补充、促进的行政调整机制、市场调整机制和社会调整机制;建立健全"以政府调控为主导,以企业自为作基础,以公众参与为动力"的法律调整机制。法律调整机制主要是通过法律手段予以实施并发挥作用的。没有法律手段,就没有法律系统的运行,也就没有法律调整机制;法律手段是法律调整机制的基础和核心内容,同时也是正确理解法律调整机制的最关键要素。[②] 因此,本书关于农村环境资源综合性法律调整机制的构建也主要以法律手段为中心展开。

(一)运用行政指导法律手段,改进政府环境管理职能

农村地区环境问题的严重性和治理的复杂性、长期性决定了政府依然是农村环境问题解决的主导力量。面临环境保护的严峻形势和经济增长对环境资源的巨大压力,传统的行政强制法律手段不能摒弃,由

---

① 贺加贝:《自然保护区环境法律制度研究》,中央民族大学 2009 年硕士学位论文,第 30 页。

② 宋瑞兰:"论法律调整机制",载《法律科学》1998 年第 5 期,第 13 页。

于其本身存在难以克服的弊端，除了在一些领域。例如，紧急突发环境事件的应急处理、环境质量最低标准的确认等方面需要行政强制法律手段，在农村环境保护中，应该更加注重行政指导法律手段的运用。

“行政指导法律手段是指行政主体在法定职权范围内，为实现特定行政目的，针对特定相对方采用具体的非强制方式，并施以利益诱导，促使相对方为或不为某种行为之非强制性行政行为。”①相对于传统的行政强制法律手段，行政指导法律手段具有非强制性、方法多样性、行为引导性等显著特征，它是政治转型民主化和政府转型服务化的必然结果，是社会利益多元性与统一性的内在需求。

对我国农村地区而言，行政指导法律手段具有重要的意义。首先，行政指导法律手段有利于平衡农村地区社会主体之间的利益。农村环境保护涉及政府、市场、社会组织等多方面的力量，需要一个能够衡平和协调多元利益关系的法律手段。行政指导法律手段能够增强行政机制的适应性、包容性，减少行政机制与市场机制、社会调整机制的冲突与摩擦，降低行政机制的实施成本，建立政府与市场、政府与第三部门的协同、合作机制，从而实现各方利益的平衡和协调。其次，行政指导法律手段有利于弥补农村环境保护立法的不足。目前，我国还缺乏专门性农村环境保护立法，立法滞后、立法空白、立法不够配套的问题相当突出，难以对与农村环境资源有关的各种社会关系和行为进行统一调整和规范；而行政指导法律手段因其灵活性、及时性、应变性、柔和性和民主性等特点有利于引导行政相对方积极、有效的保护农村环境。最后，行政指导法律手段还有利于农村地区环保市场的建设和环保产业的发展。政府可以采用行政指导法律手段，以优惠政策、资金援助等措施鼓励和支持市场主体开发环保技术、发展环保产业，对于比较成熟的环保技术，可以通过行政指导的方式试行和推广。

---

① 郭润生、宋功德：《论行政指导》，中国政法大学出版社1999年版，第59页。

(二)增强经济激励法律手段,发挥市场机制作用

政府环境管理机制的有限性和滞后性在农村环境保护工作中已经显示出种种不适。应该在改进政府管理的基础上,顺应市场经济发展的基本要求,借助市场机制,采用经济激励法律手段,建立合理的经济利益激励机制和约束机制,以经济利益的实现推动农村地区生态建设的发展和生态利益的实现。国内外经验证明,切实可行的经济手段,特别是各种价值工具,是推动农村地区环境保护工作的有力武器。在农村环境保护法制建设中,应该研究、制定和实施有利于农村环境资源保护和生态建设的经济政策,包括财政援助、奖励综合利用、税收、收费、价格、信贷等政策;应通过立法和行政机制,综合运用税费、信贷、利润、价格等价值工具,建立健全征收生态破坏费、资源保护费、资源有偿利用费和生态补偿费等制度;要制定优惠扶持政策,鼓励支持企事业单位、个人及非公有制经济组织参与到农村环境保护和生态治理中。例如,进一步落实联产承包责任制,在巩固发展以家庭承包、联户承包、股份合作等多种形式的防治石漠化、荒漠化承包责任制时,采取经济优惠措施;对于经营周期较长的林业在政策方面给予扶持,给予投资者低息或贴息贷款等;同时政府无偿提供技术服务和指导,提高承包者的经济效益,使石漠化、荒漠化土地承包者能有可观的经济回报。

此外,通过发展环境保护产业,鼓励社会多元力量借助市场机制参与到环境保护和生态治理工作中,也是开展农村环境保护工作的有效途径。农村地区应该在政策保障、产业选择、人才支持等方面给予环保产业充分支持,以发挥环保产业在农村环境保护中的作用。以农村地区湿地保护为例,在政府的大力支持下,"通过推广人工湿地、渔业面源污染治理等技术,发展湿地污染治理产业、湿地资源建设产业,湿地规划、湿地监测、湿地科技咨询等湿地服务产业,并通过立法规定相关的法律制度,例如,湿地环保产业主体制度、湿地环保产业促进与保护制度、湿地环保产业责任制度等,为湿地环保产业的发展提供有效的法律

保障”。①

（三）加强公众参与，发挥社会调整机制的作用

公众参与是西方发达国家在环境法中普遍采用的一种民主法律制度。其立法的基础在于，公民有权通过一定的途径或程序参与一切与环境利益相关的决策活动，以便使该决策能够符合广大民众的切身利益。各国环境保护多年的实践已经证明，公众参与制度在环境保护中发挥了巨大的推动作用。广泛的公众参与是环境法实现其立法价值的重要前提，也是监督政府管理、督促环境行政管理人员认真履行其职责、保护民众利益的重要手段。

1. 在农村环境保护有关立法中明确规定公众参与的权利、内容和途径

我国2014年《环境保护法》第五章专门规定了“信息公开和公众参与”，《环境影响评价法》对于公众参与环境影响评价也有诸多规定。农村地区社会公众本身存在文化水平有限、环保意识淡薄等弊端，我们应该结合农村地区的现实，通过村委会等村民自治组织激发农民保护环境的热情。在相关立法中规定有关环保组织、单位、专家和社会公众参与环境保护的权利和义务，参与的具体途径和程序，明确他们在农村资源开发、环境保护等方面的知情权、监督权和相关诉权，为他们参与农村地区环境保护提供有效的法律保障。

2. 完善农村地区的环境信息公开制度

政府环境信息公开制度是公众获得环境信息的渠道，是公众知情权实现的前提和保障。公众只有全面了解当地生态环境状况，才能更加有针对性地参与环境保护工作。我国虽然已经颁布《政府信息公开条例》，但是在政府环境信息公开制度方面的规定仍显得很薄弱，农村群众获取信息的渠道不畅通。因此，应该积极拓展环境信息公开的范

---

① 蔡守秋、张百灵：“论我国滨海湿地综合性法律调整机制的构建”，载《长江流域资源与环境》2011年第5期，第589页。

围,对农村地区环境现状、生态治理进展及处置、资源开发及其环境影响、建设项目行政许可等信息都实行公开。在信息公开方式上,要充分利用电视、收音机、网站、报纸、布告栏等多种渠道和形式,使当地群众能够最便捷地获得当地相关信息资源,积极参与农村环境保护中。

3. 在典型区域开展"社区共管"的农村环境管理模式

"社区共管"管理模式要求政府在管理过程中,应当与公众充分协商,充分吸取他们的意见并尊重当地的乡规民约,制订共管计划,并按照共管计划来进行管理。有的农村地区,对于土地、森林、矿产等资源的开发仍然是无序进行,如果对这些行为不加限制,势必造成"公地的悲剧"。但是,如果完全禁止居民的开发利用行为,也难以获得民众的理解和支持。因此,要在保护优先的前提下对农村资源进行合理开发利用,就必须引进体现"责、权、利"相统一的管理模式,而"社区共管"便是这一模式的代表。[①] 为保障公众参与,社区共管模式的构建应注重以下几个方面:首先,通过法制保障社区群众的知情权、参与权。为保障知情权和参与权的实现,需要通过制度化的设计,为社区群众搭建有效参与的平台。例如,通过社区和管理部门签订生态契约、举行开放会议、听证会等方式,使群众和管理部门的意见得到充分的交流、沟通、协商和平衡。其次,资源保护和社区发展相结合,提高公众参与的积极性。在农村地区,资源保护和社区经济发展之间存在的利益冲突降低了公众参与的热情,应该通过推广先进养殖技术、节能技术,发展生态旅游、生态观光、生态养殖业等措施,对社区居民形成经济利益刺激,吸引他们参与到资源保护和生态治理工作。最后,加强社区能力建设,提高公众参与水平。各种环保组织具有专业性、服务性、公益性等特点,社区建设应该与各种环保组织积极合作,通过举行培训班、宣传会等形式宣传环保知识,提高公众的环保意识和环保水平。

---

① 倪剑:《论江苏湿地资源的立法保护》,南京林业大学2006年硕士学位论文,第36页。

第四节　“正向构建”与“负向构建”的协调一致

与上述宏观构想不同，本节将探讨在哪些具体领域进行农村环境法制的“正向构建”与“负向构建”。当然，本节只是提供一个分析的框架，对于具体详细的论述，将在中篇和下篇一一展开。

一、农村环境法制的“正向构建”

（一）农村资源开发和生态环境保护中的正外部性现象

经济学中的正外部性是指无偿给他人带来收益的情形，把“收益”转化为法律语言便是“利益”。正外部性意味着行为主体在生产、经营、消费等活动中产生的环境利益并非由其全部享用，而是由他人或社会无偿享用。因此，从环境法的视野来看，正外部性就是指某行为主体对环境公共利益的维护、增进，包括对环境公益的合理保护、适度增进与有限扩张。从上述角度分析，农村资源开发和生态环境保护中存在大量的正外部性现象。

1. 区域、流域生态保护的正外部性

比较典型的是西部地区生态保护对全国生态系统保护的支持。目前，我国西部地区开展的天然林保护、退耕还林（草）、生态防护林建设等生态工程不仅对当地区域至关重要，而且对中东部地区产生了重大影响，他们提供的防风固沙、水土保持、气候调节、生物多样性保护等各种生态服务由其他地区免费分享，因而，对其他区域产生了明显的正外部性。在流域生态保护中也同样存在正外部性。例如，上游地区居民采取各种沙土治理、天然林保护等措施开展生态保护和生态恢复，维护和增强了流域的生态安全和生态功能，构建的生态屏障由中下游地区共享，而中下游地区却没有支付相应的对价。

2. 生态农业发展的正外部性

生态农业除了为其他产业提供基本物质支持外，在生态保护方面也具有明显的正外部性。一方面，生态农业具有景观功能和多种价值。例如，梯田、绿洲、湖泊等景观的提供使生态农业具有重要的休闲、旅游、文化、教育价值；另一方面，生态农业还具有重要的生态功能。例如，涵养水源、保护生物多样性、净化空气、保护植被等，使社会公众无偿获益。

3. 生物质能开发利用的正外部性

矿产资源、石油资源等传统能源的开发利用不但带来严重的环境污染问题，还使世界各国普遍面临着能源危机。与传统能源相比，生物质能具有价格低、可再生、二氧化碳排放量低等优势，其开发利用可以使自然界广泛存在的薪柴、牲畜粪便、制糖作物、城市垃圾和污水、水生植物等物质"变废为宝"，在保护农村环境资源、缓解能源危机等方面具有明显的正外部性。

4. 生态恢复的正外部性

生态恢复主要是指对退化或受损生态系统进行恢复或重建。生态恢复不仅对当地区域至关重要，而且对其他地区产生了重大影响。防风固沙、水土保持、气候调节、生物多样性保护等各种生态服务，由其他地区免费分享，产生了明显的正外部性。

5. 农业文化遗产保护的正外部性

农业文化遗产不但是人类文明得以延续的文化命脉，还是现代生态农业的基础。它着眼于生物多样性的保护和人与自然和谐的追求，可以满足当地社会经济与文化发展的需要，有利于促进区域可持续发展。但是，随着现代化农业的发展，很多重要的农业文化遗产面临着破坏、失传、丢弃的危险。因此，加强农业文化遗产保护不但有益于当代人，更有益于后代人。

此外，在农村资源开发和生态环境保护中，还存在各种正外部性现象。例如，农产品质量安全的增强有利于保障人体健康和维护社会安定；生物防治技术的开展可以减少农药、化肥的使用，是一种"环境友好型"的新型技术。从环境资源法的角度来看，它们都有利于环境资源保护，是一种明显的正外部性现象。

（二）农村环境法制“正向构建”的法理依据

农村环境法制“正向构建”的提出基于环境法功能的扩展。法律的功能，又称为法的作用，是指法律内在具有的，在调整社会关系过程中，对人的行为以及社会关系发生的影响。从我国法律发展史来看，在很长一段时间内，法律是阶级统治的工具，是维护阶级统治秩序的有效手段。因此，在论述到法的功能时，人们往往强调法所具有的惩戒功能（或者说强制功能）、教育功能等，并且通过法律责任的设置实现法的上述功能。正如M.弗里德曼所言：“法学研究总的来说对奖赏注意不多，法律制度似乎使用惩罚比奖赏多。”①但是随着社会关系的发展和变化，法的功能也日益丰富。丹麦的乔根森指出，“法总是有不同的功能的，其中一些是原来就有的，另外一些是因社会变得越来越复杂化而后加的”。② 目前，法律在激励科技进步、经济发展、环境保护中也发挥了重要的作用，这便是法律的激励功能。

从字面意义上理解，激励指激发使之振作即“激发动机、鼓励行为，从而形成一种动力，是指主体追求行为目标的愿望程度”③。简而言之，激励就是指激发和鼓励即我们常说的调动人的积极性，使之为一定行为。在环境法领域，对于法律目的和法律秩序的实现，激励较之于惩罚、强权更具有积极的作用。张维迎教授曾经指出，“法律的首要目的是通过提供一种激励机制，诱导当事人采取从社会角度看最优的行动。”④如前所述，农村资源开发和生态环境保护中存在大量的正外部性行为，它们产生的环境利益被社会无偿享用，在这种情况下，便产生了

① ［美］M·弗里德曼：《法律制度：从社会科学视角观察》，中国政法大学出版社1994年版，第97页。转引自申来津：“法律与行为选择：法律激励及其发生机制”，载《法学杂志》2006年第4期，第56页。

② 付子堂：《法律功能论》，中国政法大学出版社1999年版，第28页。

③ 付子堂：“法律的行为激励功能论析”，载《法律科学》1999年第6期，第22页。

④ 张维迎：《信息、信任与法律》，生活·读书·新知三联书店2003年版，第66页。

利益外溢。为了鼓励和促进这些正外部性行为的发生,需要充分发挥环境法的激励功能,彰显环境法的利益增进功能,通过制度设计使正外部性的行为主体能够获得一定的补偿或收益,实现正外部性的内部化,以此激励和促进更多的人参与到环境资源保护。

(三)农村环境法制"正向构建"的具体领域

由于农村资源开发和生态环境保护中存在大量的正外部性行为,对这些行为促进的环境法制建设便成为环境法制"正向构建"的具体领域。当然,农村环境法制的"正向构建"是一个系统工程,涉及环境法的各个方面。从纵向看,包括以下内容:[①](1)农村环境法制基本理念的转变。在传统负外部性理论的影响下,我国环境立法体现的是一种事后的、消极的、被动的环境利益保护思路即在环境公共利益遭到损耗后采取各种救济措施加以弥补。从正外部性的视角分析,为了实现人类社会可持续发展的目标,环境法律的理念应该从"末端"向"源头"溯进,从"消极"向"积极"转变,具体表现便是从对环境公共利益的损耗与救济发展为对环境公共利益的促进与补偿。(2)农村环境法制基本法律原则的创新。例如,通过确立环境资源的开发、利用与保护、改善相结合原则,养护者受益、恢复者受偿法律原则,促进正外部性行为的产生。(3)农村环境法律制度的创新。在正外部性的情况下,产生了利益的外溢,因此存在补偿的问题,通过设置生态补偿法律制度可以实现正外部性的内部化。从横向看,农村环境法制的"正向构建"包括:生态恢复法制建设、生态农业法制建设、生物质能开发利用法制建设、农业文化遗产保护法制建设、生物防治法制建设、农产品质量安全法制建设等各个领域。我们将在以后的章节中择其重点进行更为详尽的论述。

---

① 参见张百灵:《正外部性理论与我国环境法新发展》,武汉大学2011年博士学位论文,第86、140、145、153页。

二、农村环境法制的“负向构建”

(一)农村资源开发和生态环境保护中的负外部性现象

负外部性是给他人带来损害而又无需付费的情形,体现在环境法领域便是对环境公益的耗用与损失。目前,人们对外部性的关注主要集中于负外部性。由于环境资源具有公共物品的属性,每个人都在个人理性的支配下过度开发、使用甚至破坏环境资源,最终导致环境问题的显现。农村资源开发中存在大量的负外部性行为,笔者前文对资源开发引发的农村生态环境问题进行了类型化研究,涵盖水资源开发、土地资源开发、气候资源开发、矿产资源开发、草原资源开发、渔业资源开发、乡镇企业发展等各个领域,其中的环境污染问题、生态破坏问题、资源匮乏问题都是负外部性的典型表现。

(二)农村环境法制“负向构建”的具体领域

我国环境法律体系存在内部结构失衡的问题,总体而言便是以抑制负外部性为主的环境立法逐渐增多,而以增进正外部性为主的环境立法普遍缺乏。这并非意味着可以放松农村环境法制“负向构建”的完善工作。环境污染、资源匮乏、生态破坏等负外部性行为是社会发展过程中难以回避的问题,在“经济人”理性的支配下,每个企业都希望从环境资源的开发中获益,而把污染等各种成本转嫁给社会。对于这样的普遍性行为,有必要继续发挥环境法律的惩戒作用,以强制性法律手段和严格的法律责任制度抑制负外部性行为的产生。对负外部性理论的应用没有成为“过去式”,它将继续在我国环境法中发挥作用。由于农村环境立法的普遍缺乏,很多领域的负外部性行为仍然缺乏法律控制。例如,土壤污染、环境污染向农村转移、重金属污染、畜禽水产养殖污染、农药化肥地膜污染等,对于这些,有必要加强相关立法予以控制。负外部性行为的存在给社会公众带来严重危害,为受害者提供及时、有效的法律救济是填补环境污染造成的负外部性的重要方式之一。我们将结合近年来我国农村地区频繁发生的环境污染事件,分析环境污染受害者的法律救济问题。

农村环境“法制体系协调”要求环境法制的“正向构建”和“负向构建”缺一不可。当然,正向构建和负向构建并非截然分开,在某种意义上,负向减少与正向增多是紧密联系在一起的。例如,禁烧秸秆、增强秸秆综合利用既具有控制秸秆污染等负外部性的作用,又具有发展清洁能源等正外部性的意义。因此,相关法制属于“正向构建”和“负向构建”的统一。我们要改变对外部性理论的单向度应用,在充分借鉴正外部性理论的同时,也要充分继续挖掘负外部性理论的贡献;既要加强农村环境法制的“正向构建”,更要增强农村环境法制的“负向构建”,实现农村环境法制的协调发展。

中　篇

农村环境“法制体系协调”的正向构建

第六章　农产品质量安全的法制保障

用最严谨的标准、最严格的监管、最严厉的处罚、最严肃的问责，确保广大人民群众“舌尖上的安全”。

——2013 年中央农村工作会议

在“谈食色变”的食品安全危机之下，加强法制建设无疑成为保障农产品质量安全的有效良方。目前，我国通过修订《农业法》、颁布实施《农产品质量安全法》、出台《食品安全法》以及颁布相关法规、规章、技术标准，初步形成了农产品质量安全法律保障体系。但是，现行立法仍然存在法律规定过于笼统、法律责任制度不合理、监管机构不顺畅、监管制度不完善等问题。本章将结合上述问题，探讨我国农产品质量安全法制完善的重点内容。

第一节　农产品质量安全体系

农产品质量安全不仅是我国农业生产面临的主要问题之一，也是关系到千家万户生命健康的民生问题和社会问题。为了保障农产品质量安全，我国从20世纪90年代开始推行农产品质量安全认证制度，对提高农产品质量发挥了重要作用。目前，我国农产品质量安全分为普通农产品、无公害农产品、绿色食品、有机产品四个层次。其中，有机产品是最高层次，其次是绿色食品、无公害农产品。

一、无公害农产品

（一）无公害农产品的条件

根据《无公害农产品管理办法》的规定，我国的无公害农产品是指产地环境、生产过程和产品质量符合国家有关标准和规范的要求，经认证合格获得认证证书并允许使用无公害农产品标志的未经加工或者初加工的食用农产品。

无公害农产品标准主要包括产地环境质量标准、生产技术标准、产品质量标准、包装储运标准以及其他标准等。无公害农产品产地应当符合的条件包括：(1)产地环境符合无公害农产品产地环境的标准要求；(2)区域范围明确；(3)具备一定的生产规模。无公害农产品生产管理应当符合的条件包括：(1)生产过程符合无公害农产品生产技术的标准要求；(2)有相应的专业技术和管理人员；(3)有完善的质量控制措施，并有完整的生产和销售记录档案。

（二）无公害农产品标准体系及其完善

国家质量技术监督局于2001年颁布了8项国家标准：《无公害蔬菜安全要求》、《无公害蔬菜产地环境要求》、《无公害水果安全要求》、《无公害水果产地环境要求》、《无公害畜禽肉产品安全要求》、《无公害畜禽肉产品产地环境要求》、《无公害水产品安全要求》、《无公害水产品产地环境要求》，每类均包括“安全要求”和“产地环境要求”。农业部还制定了多项无公害农产品行业标准。据统计，“截止到2006年3月，农业部共制定无公害食品标准395个，现行使用的281个，其中产品标准127个、产地环境标准20个、投入品使用准则7个、生产管理技术规范105个、加工技术规程10个、认证管理技术规范12个。标准应用范围广，基本覆盖了包括种植业、畜牧业和渔业在内90%的农产品及其初加工产品。”①

当前我国无公害农产品标准体系按标准等级可分为三类:国家标准、行业标准、地方标准。长期以来,由于缺乏沟通协调,上述三类标准未能形成一个完整的体系,标准混乱、标准重复等问题比较突出。以西红柿为例,“食品系列国标规定48项安全卫生指标,无公害农产品安全要求国标规定36项指标,农业部《无公害食品茄果类蔬菜》规定了24项指标”。② 因此,应该对现行的各项标准进行修正,尽快形成适应可持续发展需要且具有较强操作性的无公害农产品标准体系构架,确保标准制定的科学性、系统性、普适性和针对性,为无公害农产品的认证提供保障。

(三)无公害农产品认证发展历程

无公害农产品认证是“无公害食品行动计划”的重要组成部分,是从源头上全面提升农产品质量安全的一项重要措施。我国无公害农产品的发展始于20世纪90年代。当时,由于农业生产中农药、化肥的大量使用,以及工业废水、废气、固体废弃物和生活污水、垃圾大量排放,我国农产品遭受污染事件时常发生,严重危害消费者健康,也导致农产品出口受阻。在此背景下,2001年农业部为了贯彻落实《中共中央国务院关于农业和农村经济工作的意见》,正式启动了全国“无公害食品行动计划”,在北京、上海、天津、深圳4个城市进行试点并取得成功。2002年4月29日,农业部、国家质量监督检验检疫总局联合发布了《无公害农产品管理办法》,确立了产地认定和产品认证的两种模式,并对这两种认证模式的具体要求作出详细规定。2002年11月,国家质量监督检验检疫总局又发布了《无公害农产品标志管理规定》,对无公害农

---

① 樊红平、朱彧、万靓军:“对无公害农产品实施强制性认证的探讨”,载《中国蔬菜》2007年第6期,第3页。

② 张晓云:“我国无公害农产品标准体系建立中存在的问题与对策”,载《贵州农业科学》2008年第2期,第85页。

产品标志的使用和管理进行规定。2002年7月,农业部下发了《全面推进〈无公害食品行动计划〉的实施意见》[农市发(2002)12号],开始在全国范围内实施"无公害食品行动计划"。该实施意见从加强生产监管、推行市场准入制、完善保障体系三个方面提出了无公害农产品行动的推进措施。2002年12月,农业部成立了农产品质量安全中心,负责组织协调无公害农产品认证工作。为全面实施"无公害食品行动计划",规范和推进无公害农产品产地认定和产品认证工作,2003年4月17日,农业部、国家认证认可监督管理委员会共同制定了《无公害农产品产地认定程序》和《无公害农产品认证程序》,规范了无公害农产品的认证工作;4月18日,农业部发布了《关于做好无公害农产品认证工作的通知》,开始启动全国统一的无公害农产品认证,极大地促进了无公害农产品的发展。为了从源头上保障农产品质量安全,维护公众身体健康,2006年4月29日,国家颁布了《农产品质量安全法》(2006年11月1日起施行),标志着我国无公害农产品的生产、经营、认证、监管正式步入了法制化轨道,使农产品生产从"基地到餐桌"的各个环节有了安全保障。2006年7月3日,农业部发布了《无公害农产品产地认定与产品认证一体化推进实施意见》,开始正式实施产地认证和产品认证一体化认证措施。2007年12月6日,农业部第15次常务会议审议通过了《农产品地理标志管理办法》,自2008年2月1日起施行。

(四)无公害农产品认证体系的完善

1. 适时推行强制性认证

根据现行法律规定,我国无公害农产品采取政府推动、自愿认证的模式。但是,这种模式存在种种弊端并且和相关法律规定存在冲突。《无公害农产品管理办法》第8条已经指出:"国家适时推行强制性无公害农产品认证制度"。笔者认为,现阶段推行强制性认证制度的条件已经成熟。目前,我国食品安全问题频频亮红灯,人们已经"谈食色变",农产品质量安全问题导致的中毒事件、出口受阻事件常常发生,不但危害消费者合法权益,更成为贸易出口的障碍,推行强制性无公害农产品认证制度显得尤为迫切,我国十余年的农产品认证工作经验也为强制推行提供了保障。此外,根据现行法律内容和立法精神,我国也应该推行强制性无公害农产品认证制度。目前,“无公害农产品认证执行的是无公害食品标准,这是保障人体健康和环境安全的最基础标准。《农产品质量安全法》第11条中明确规定农产品质量安全标准是强制性的技术规范。根据《标准化法》第14条规定:强制性标准,必须执行。不符合强制性标准的产品,禁止生产、销售和进口。因此,无公害农产品认证理应强制性实施”。[①]

2. 简化程序、完善制度

强制性无公害农产品认证制度的推行将会迅速增加无公害农产品的认证数量。如果不对现行制度和机制进行改善,强制性无公害农产品认证制度的推行将会成为空中楼阁。无公害农产品认证工作要继续坚持“统一规范、简便快捷”的基本原则,进一步简化认证程序,按照无公害农产品产地认证、产品认证一体化方式,同时申请,一并审查;同时,简化认证材料、放宽认证申请人资格条件,为认证申请提供方便。

二、绿色食品

(一)绿色食品的产生和发展

绿色食品的发展始于20世纪90年代。1990年5月,农业部正式规定了绿色食品的名称、标准及标志,同年开始筹备绿色食品发展中心。1992年,中国绿色食品发展中心正式成立,负责全国绿色食品开发和管理工作,为我国的农产品质量安全发挥了积极作用。经过二十多年的发展,我国绿色食品逐步成为农业农村经济中的一个“亮点”,创立了一个具有鲜明特色的新兴产业。据资料介绍,从1990年到2009年,我国绿色食品产品总量规模扩大,企业由63家发展到6003家,产品由

---

① 樊红平、朱彧、万靓军:“对无公害农产品实施强制性认证的探讨”,载《中国蔬菜》2007年第6期,第3页。

127个发展到15707个,年均增长率分别达到27%和29%;产品覆盖农产品及加工食品的1000多个品种①。《2011年全国绿色食品统计年报》也显示,截至2011年,全国已有368个单位创建绿色食品原料生产标准化基地536个,总面积1.26亿亩,带动农户1603.2万个,每年直接增加农民收入9亿元。目前,我国的绿色食品分为农业产品、林产品、畜产品、渔业产品、加工食品、饲料和饮料七大类,见表6-1。

表6-1:2011年绿色食品产品结构(按产品类别)②

产品类别	产品数(个)	比重(%)
农林及加工产品	11773	70.0
畜禽类产品	1225	7.3
水产类产品	660	3.9
饮品类产品	1711	10.2
其他产品	1456	8.6
合计	16825	100.0

(二)绿色食品标准等级

根据《绿色食品标志管理办法》的规定,我国的绿色食品是指产自优良生态环境、按照绿色食品标准生产、实行全程质量控制并获得绿色食品标志使用权的安全、优质食用农产品及相关产品。绿色食品的要求比无公害农产品更加严格,其生产必须符合特定的技术标准,主要包括:(1)产品或产品原料产地环境符合绿色食品产地环境质量标准;(2)农药、肥料、饲料、兽药等投入品使用符合绿色食品投入品使用准则;(3)产品质量符合绿色食品产品质量标准;(4)包装贮运符合绿色食品包装贮运标准。

---

① 房宁:"我国已发布152项绿色食品标准",载《农民日报》2010年6月22日。

② 笔者根据《2011年全国绿色食品统计年报》整理。

至2010年,我国现行有效使用的绿色食品标准共有125项。[1] 按照技术标准不同,绿色食品标准分为AA级和A级两个等级。

AA级绿色食品标准要求生产产地的环境质量符合《绿色食品产地环境质量标准》,生产过程中不使用化学合成的农药、肥料、食品添加剂、饲料添加剂、兽药和其他有害于环境和人体健康的生产资料;而是通过使用有机肥、种植绿肥、作物轮作、生物或物理方法等技术,培肥土壤、控制病虫草害,保护或提高产品品质,从而保证产品质量符合绿色食品产品标准要求。

A级绿色食品标准要求生产产地的环境量符合《绿色食品产地环境质量标准》,生产过程中严格按绿色食品生产资料准则和生产操作规程要求;限量使用限定的化学合成生产资料,并积极采用生物方法,保证产品质量符合绿色食品产品标准要求。

(三)绿色食品立法概况

1993年1月11日,农业部颁布了《绿色食品标志管理办法》,规定了获得绿色食品标志使用权产品的条件以及绿色食品标志使用权的申请和使用。为了规范绿色食品认证及标志使用收费行为,维护绿色食品标志所有者和使用者的合法权益,2003年,国家发展和改革委员会颁布了《绿色食品认证及标志使用收费管理办法》。近年来,农业部又颁布了《绿色食品产地环境质量现状调查技术规范(试行)》、《绿色食品产品抽样技术规范(试行)》、《绿色食品标志市场监察实施办法(试行)》、《绿色食品企业年度检查工作规范》等规范性法律文件,进一步加强了绿色食品的认证和管理。2012年6月13日,农业部第7次常务会议审议通过了《绿色食品标志管理办法》。该《办法》分为总则、标志使用申请与核准、标志使用管理、监督检查、附则,共5章32条;主要规定了以下4个方面的内容:使用绿色食品标志的产品应当具备的条件,申

① 《现行有效使用绿色食品标准》,载中国绿色食品网,http://www.agri.gov.cn/HYV20/lssp/zhpd/bztx/xxbzml/201112/t20111204_2422131.htm,2011年12月4日。

请绿色食品标志的生产企业应当具备的条件,绿色食品标志申请和核准的具体程序,加强了绿色食品标志的使用管理。

三、有机产品

(一)有机产品的条件

根据《有机产品认证管理办法》的规定,有机产品是指生产、加工、销售过程符合有机产品国家标准的供人类消费、动物食用的产品。有机产品必须经过相关部门的认证才能使用有机产品标志。目前,我国认证的有机产品包括粮食、蔬菜、水果、茶叶、蜂产品、天然香料、中药材、棉花等十几个大类500多个品种。

有机食品是有机产品的重要组成部分。有机食品在不同的国家有不同的名称,国外一般称为Organic Food,也有的有称其为生态食品、自然食品等。联合国粮农组织和世界卫生组织(FAO/WHO)的食品法典委员会(CODEX)将这类称谓各异但内涵实质基本相同的食品统称为"Organic Food"即"有机食品"。根据我国《有机食品认证管理办法》规定,有机食品需要符合以下条件:(1)符合国家食品卫生标准和有机食品技术规范的要求;(2)在原料生产和产品加工过程中不使用农药、化肥、生长激素、化学添加剂、化学色素和防腐剂等化学物质,不使用基因工程技术;(3)通过有机食品认证机构认证并使用有机食品标志。

(二)有机产品认证的法律规定

2001年以后,国家环境保护总局制定并实施了《有机产品认证标准》、《有机食品技术规范》和《有机食品认证管理办法》(以下简称《办法》)等规范性法律文件。其中,《办法》于2001年6月19日发布实施。该《办法》要求,有机食品必须符合国家食品卫生标准和有机食品技术规范要求,有机食品都应使用有机食品标志。该办法还对有机食品的条件、认证机构、认证程序、生产经营认证管理、有机食品标志管理等内容作出明确规定,完善了我国的有机食品管理。但是,由于我国的行业标准和欧盟、美国的标准并用,认证机构、认证人员以及认证要求并不一致，因此在实际认证中存在认证标准不一致的问题。

2004 年 11 月 5 日，国家质检总局制定发布的《办法》，自 2005 年 4 月 1 日起施行。2005 年又发布了《有机产品标准》、《有机产品认证实施规则》等规范性文件，共同构成我国完整、规范的有机产品认证管理体系。该《办法》建立了我国统一的有机产品认证制度，标志着我国对有机产品认证活动的监管进入法制化、规范化的阶段。2010 年之后，在该《办法》实施的基础上，国家认证认可监督管理委员会（以下简称国家认监委）组织专家对《办法》进行了修订（以下简称新《办法》）。2014 年 4 月 1 日起，新修订的《有机产品认证管理办法》正式施行，新《办法》对认证机构管理、有机产品认证、证书和标志等方面予以规范，其中最明显的一个变化是有机转换产品将从市场上消失。

2011 年 3 月，国家认监委修订了 2005 年发布的《有机产品认证实施规则》（以下简称新《实施规则》，自 2012 年 3 月 1 日起实施），还制定了《有机产品认证目录》。依据新《实施规则》，认证机构对新申请有机产品认证企业及已获认证企业将依据新版认证实施规则和新版国家标准执行，形成了有机产品认证的新制度。从内容上看，新的有机产品认证制度突出一个“严”字。无论是有机产品的生产、加工、销售，还是有机产品的认证和监管，都提出了更加严格的要求。例如，在对有机产品认证时，要求认证机构对产地环境必须进行监测（检测），对产品所有生产季（茬）均需现场检查，对所有认证产品都要进行产品检测。此外，新《实施规则》还建立了有机产品标志使用追溯体系，确保每个有机产品认证标志能够从市场溯源到有机产品的认证证书、获证产品和生产企业。

第二节　农产品质量安全的正外部性及其法制建设

提高农产品质量安全对于保护农业生态环境、保障消费者健康和促进社会和谐都具有明显的正外部性。我国历来重视农产品质量安全法制建设,已经基本形成了农产品质量安全的法律保障体系。

一、农产品质量安全的正外部性解析

农产品质量安全的提高意味着农业生产环境、生产过程、销售过程标准的提高。这不仅在生产领域产生正外部性,更是带来消费领域的正外部性。

(一)生产领域的正外部性

无论是无公害农产品、绿色食品还是有机产品,其生产环境都是无污染的。在产品生产、加工、销售的各个环节,都必须遵循相应的技术规范和技术要求,禁止或者是限制使用农药、化肥,提倡大量使用有机肥、复合肥、生物肥等。这样才能够有效避免农业生产中的污染,保护该区域生态环境和农作物质量。过去很长一段时期,我国注重追求农业产量,盲目依赖农药、化肥,在农产品加工过程中大量使用化学添加剂,造成生态环境和农产品的严重污染。而农产品质量安全的提高要求改变过去粗放式的生产方式,实施清洁生产和节约生产,从对污染物的“末端治理”发展为“源头控制”,使农业生产尽可能不对生态环境造成破坏和污染,避免土壤污染、水污染、农产品污染等负外部性问题的产生。因此,与传统农业生产方式相比,农产品质量安全的提高对于农业生产环境具有明显的正外部性。

(二)消费领域的正外部性

大量依赖农药、化肥生产的农产品使消费者深受其害,轻则损害消费者健康,重则使消费者丧失生命。无公害农产品、绿色食品和有机产品的生产环境和生产过程符合相关技术标准,并且通过国家认证制度的推行,实现“从土地到餐桌”的全过程管理,达到“保障农产品质量安全、维护公众健康”目的。当然,这里的公众不但包括一般的农产品消费者,还包括自我消费的农产品生产者。对于消费者而言,农产品质量安全的提高能更加有效地保障其生命健康,使其积极投入社会生活和工作中，有利于维护社会和谐。消费者对无公害农产品、绿色食品和有机产品的选择也会进一步推动市场需求，促使农产品生产厂商提高农产品质量安全，从而实现"绿色生产—绿色消费—绿色生产"的良性循环。因此，农产品质量安全的提高在消费领域也会产生明显的正外部性。

二、农产品质量安全法制建设的成就

国家对农产品质量安全的关注由来已久，除了上节所述的农产品质量安全认证相关立法外，我国还通过修订《农业法》、颁布实施《农产品质量安全法》和《食品安全法》等法律规范加强对农产品质量安全的保障。

(一)修订《农业法》，增加农产品质量安全内容

2002年10月，我国对1993年颁布实施的《农业法》进行修订，专门增加一章(第五章)"粮食安全"；并把第四章"农产品流通"改为"农产品流通与加工"，增加了农产品质量安全的相关规定。相关内容主要包括：(1)建立健全农产品质量标准体系、农产品质量检验检测监督体系，动植物防疫、检疫体系；(2)建立健全优质农产品认证和标志制度、农业生产资料安全使用制度、农产品加工制品质量标准制度；(3)增加农业投入，实施种子工程和畜禽良种工程；(4)采取措施保护和改善农业生态环境，防止农产品污染。

(二)颁布实施《农产品质量安全法》以及相关配套法规规章

为保障农产品质量安全，维护公众健康，促进农业和农村经济发展，2006年4月，我国颁布了《农产品质量安全法》，从指导思想、立法原则、制度设计等方面贯穿了"风险预防"的理念。该法在对农产品及其质量安全进行界定的基础上，规定了农产品质量安全的标准，并建立了以下九项法律制度：农产品质量安全标准强制实施制度，农产品产地管理制度，农产品生产记录制度和农业投入品生产、销售、使用制度，农产品质量安全市场准入制度，农产品包装和标识管理制度，农产品质

量安全监测制度，农产品质量安全检查监督制度，农产品质量安全风险分析、评估制度和信息发布制度，农产品质量安全违法行为责任追究制度，对农产品的产地、生产、包装、标识、监督管理等各方面进行规范。

此外，我国还颁布实施了相关配套法规、规章，加强对农产品质量安全的监管，主要包括：《农产品包装和标识管理办法》、《农产品产地安全管理办法》、《农产品质量安全检测机构管理办法》、《农产品地理标志管理办法》、《生鲜乳生产收购管理办法》、《活禽经营市场专项整治行动方案》、《关于全面推进水产健康养殖加强水产品质量安全监管的意见》、《生鲜乳收购站标准化管理技术规范》、《农产品质量安全检测机构考核评审员管理办法》、《饲料添加剂安全使用规范》、《动物检疫管理办法》等。

(三)以《食品安全法》替代《食品卫生法》

2009年6月1日，我国《食品安全法》正式实施；1995年开始实施的《食品卫生法》同时废止。从“食品卫生”到“食品安全”的转变，体现出我食品安全立法理念的转变和立法内容的更新。在立法理念上，《食品安全法》更加注重“风险预防”。这是《农产品质量安全法》确立“风险预防”立法理念后，我国食品安全立法的又一重大突破。该法还通过一系列法律制度和法律措施贯彻预防理念。例如，取消食品免检制度，建立食品安全风险监测和评估制度；在明确各部门职责的基础上，建立高层次的议事协调机构“国务院食品安全委员会”，以解决多头监管体制导致监管交叉和盲区并存的问题。

(四)地方立法加强对农产品质量安全的保障

在《农产品质量安全法》颁布实施之后，贵州、四川、山东、新疆等省区结合自己实际，纷纷制定了农产品质量安全条例或实施办法(见表6-2)；还有的省份在地方法规、规章中加强农产品质量安全保障，如《广东省农业环境保护条例》、《河北省农业环境保护条例》、《天津市农药管理办法》、《浙江省食用农产品安全管理办法》等。这些地方立法对于贯彻落实《农产品质量安全法》、弥补该法实施过程中的不足、加强农产品质量安全监管发挥了重要作用。

表 6－2：农产品质量安全地方立法一览表（截止于 2014 年 12 月）

省份	条例名称	实施日期
贵州	《贵州省农产品质量安全条例》	2008 年 1 月 1 日（2012 年修正）
甘肃	《甘肃省农产品质量安全条例》	2009 年 3 月 1 日
湖北	《湖北省实施〈中华人民共和国农产品质量安全法〉办法》	2009 年 3 月 1 日
四川	《四川省〈中华人民共和国农产品质量安全法〉实施办法》	2009 年 6 月 1 日
安徽	《安徽省农产品质量安全条例》	2009 年 12 月 1 日
江苏	《江苏省农产品质量安全条例》	2011 年 9 月 1 日
山东	《山东省农产品质量安全条例》	2011 年 10 月 1 日
新疆	《新疆维吾尔自治区实施〈中华人民共和国农产品质量安全法〉办法》	2011 年 10 月 1 日
宁夏	《宁夏回族自治区实施〈中华人民共和国农产品质量安全法〉办法》	2012 年 1 月 1 日
山西	《山西省农产品质量安全条例》	2012 年 3 月 1 日
海南	《海南省农产品质量安全条例》	2013 年 6 月 1 日

综上所述，我国农产品质量安全立法体系已经初步形成，并对提高农产品质量发挥了重要作用。但上述立法仍然存在诸多缺陷，《农产品质量安全法》囿于全国通盘考虑以及我国农业发展的实际进程，只对一些问题作出了原则性和基本性的规定，存在法律规定过于笼统、行政色彩强烈、法律责任制度不合理等问题；其他法律、法规也存在监管机构不顺畅、监管制度不完善等弊端。因此，需要以《农产品质量安全法》为核心，不断完善相关立法和法律制度，从生产、加工、运输、销售等各个环节加强监管，使农产品监管机构规范化和责任制度合理化。

第三节 农产品质量安全立法的完善重点

自2006年《农产品质量安全法》实施后，我国陆续出台了《农产品产地安全管理办法》、《农产品包装标识管理办法》、《食品安全法》等法律法规，初步形成了农产品质量安全管理的法律体系。但是，农产品质量安全仍然是我国面临的重大难题，舌尖上的另一个中国——毒韭菜、毒大米、“瘦肉精”猪肉、红心鸡蛋等各种问题产品充斥在我们身边，不断刺激着社会公众紧绷的神经。究其原因，既有法制不完善和监管不力，也有法律认识和适用上的错误。我们结合《农产品质量安全法》实施以来面临的困境，探讨我国农产品质量安全法制完善的重点内容。

一、明确农产品的含义，厘清《农产品质量安全法》和《产品质量法》的关系

《农产品质量安全法》规定的农产品是指“来源于农业的初级产品”，在适用过程中面临的一大问题便是这里的“初级产品”是否包括初级加工农产品？对于初级加工农产品，是否同时适用《产品质量法》的相关规定？关于农产品和产品的关系，大多数学者认为，我国《产品质量法》规定的产品不包括未经加工的初级农产品。例如，按照梁慧星教授的解释，初级农产品因不符合“加工、制作”要件，当然不在《产品质量法》“产品”定义之内。有的学者对农产品进行分类：凡是经过加工、制作并用于销售的农产品适用《产品质量法》，而未经过加工、制作或未用于销售的农产品则不属于《产品质量法》调整范畴之内。[①] 还有的学者则认为《产品质量法》中规定的产品范围显然较为狭窄，初级农产品应

---

① 李胜利：“论产品责任法中的产品”，载《法商研究》2000年第6期，第88页。

当属于我国产品责任立法中的产品范围。①

对“农产品”和“产品”关系的不同理解直接影响到对《农产品质量安全法》和《产品质量法》调整对象及其关系的认识。笔者认为,《农产品质量安全法》中的农产品应该包括初级加工的农产品,但不宜同时适用《产品质量法》的相关规定,主要理由如下。

1.“农产品”不符合《产品质量法》中“产品”的构成要件

根据《产品质量法》的规定,产品必须具备“经过加工制作”以及“用于销售”这两个条件。《农产品质量安全法》并未明确农产品是否包括初级加工的农产品,但从社会生产实际来看,生产者在农业活动中难免会对农产品进行简单处理和加工。例如,对谷物进行碾磨筛检、对蔬菜水果进行分拣包装、对牲畜进行屠宰冷冻等。因此,《农产品质量安全法》中的农产品应该包括初级加工农产品。但这是否就意味着其符合《产品质量法》中“产品”的构成要件呢?答案并非如此,这取决于对“加工制作”的理解。国际上对“加工制作”有两种不同的理解:“一种以英国为代表,主张产品责任法上的加工仅指工业加工,而工业加工‘要求有一种持续的,以某种确定的方式定期进行的加工活动为条件’,‘加工必须是连续的、大规模进行的,而且使用机器来完成’。另一种以意大利为代表,意大利《产品责任法》将加工解释为‘对产品所作的改变其性质的或添加物质的处理活动、包装或任何其他处理’。这与英国把加工限定于工业加工有所不同,范围更加广泛。”②笔者认为,从立法意图上分析,《产品质量法》主要是规范工业产品,该法中的“加工制作”应该理解为工业化或规模化加工制作,初级农产品不符合该法中“加工、制作”的要件;此外,两者在制作工艺、制作标准、制作流程以及产品的产生方式等方面均有较大的差异。因此,《产品质量法》不适用于初级

---

① 朱沛智:“初级农产品的产品责任”,载《中国市场》2006年第27期,第28页。

② 杜国明、江华:“论《农产品质量安全法》的性质及适用范围”,载《行政与法》2009年第6期,第58页。

加工的农产品。

2.《农产品质量安全法》和《产品质量法》的立法精神和具体内容存在很大差异

两者都具有提高(农)产品质量的立法目的,但《产品质量法》侧重于对消费者合法权益的保护,其通过加重产品生产商、销售商的责任,体现出对弱势群体——消费者的倾斜和保护;《农产品质量安全法》并不侧重保护农产品消费者,而是兼顾农产品生产者、销售者和消费者的利益平衡。在具体内容上,两者在产品适用标准、致人损害赔偿范围、免责事由、举证责任、产品监督管理制度等方面都也各不相同。因此,不宜把初级加工农产品纳入《产品质量法》的适用范围。

3. 尽管初级农产品也是人类劳作的产物,但绝大多数国家均将其排除在"产品"之外

目前,如何处理农产品质量立法和产品质量立法的关系,国外主要有两种模式:一种是将农产品归入产品责任法的调整范围内,代表国家是美国和法国;另一种是制定专门的农产品质量法律、法规,将农产品排除在产品责任法调整对象之外,代表国家是欧盟、德国和日本。在第二种模式中,这些国家制定的产品质量法都不包括对初级农产品的规制。例如,"德国 1989 年在《产品责任法》中规定的产品是指'一切动产',而且动产也包括'构成另一动产或不动产之一部的物',同时也包括'电',但'未经加工'的农业产品不是产品"。①

二、明晰农产品质量安全监管体制和监管部门职责

在《农产品质量安全法》出台之前,我国确立的食品安全监督管理体制是"分段监管为主、品种监管为辅",农业行政主管部门和工商行政主管部门分别负责初级农产品"生产环节的监管"和"流通环节

① 丁峻峰:"对《产品责任法》中的'产品'的再思考",载《法学》2001 年第 1 期,第 61 页。

的监管”。[①]《农产品质量安全法》的出台,不但明确规定了“县级以上人民政府农业行政主管部门负责农产品质量安全的监督管理工作”(第3条),还赋予了农业部门对市场上销售的农产品进行监督抽查的权力(第34条)。该法并未对工商部门的监管权力作出明确规定,很多人认为这是把过去各部门“分段监管”模式改为农业部门的“全程监管”。其实,这是对《农产品质量安全法》的误读,该法确立的农产品质量安全监管体制与国务院确立的食品安全监管体制是一致的。

从立法背景分析,《农产品质量安全法》的重要目的之一是解决农业部门开展农产品质量安全管理无法可依的问题。在此之前,《产品质量法》等法律已经明确了工商部门从事流通市场监管的法律职责。《农产品质量安全法》不单独规定工商部门监管并不影响其职责的履行。《农产品质量安全法》在明确农业部门监管职责的同时,还规定“有关部门按照职责分工,负责农产品质量安全的有关工作”(第3条),这里的职责分工当然包括工商部门负责“食品流通环节的监管”。该法第52条规定了工商行政管理部门对农产品流通环节违法行为的查处权限,这也是工商部门监管职责的体现。尽管《农产品质量安全法》授权农业部门进入市场进行监督抽查,但其主要目的不是对流通环节进行监管,而是便于农业部门及时掌握农产品质量安全状况和生产中存在的问题。因此,《农产品质量安全法》确立的依然是“分段监管”模式,并不存在法律上的冲突和改变。

三、完善农产品质量安全责任归责原则

《农产品质量安全法》在第41条提到了“农产品质量安全责任”,但并未进行解释和界定。通过该法第七章“法律责任”可以看出,“农产品质量安全责任”是涉及农产品生产者、销售者(包括批发市场)等多种主

---

① 国务院办公厅:《国务院关于进一步加强食品安全工作的决定》(国发〔2004〕23号),2004年9月1日发布。

体的民事责任、行政责任和刑事责任的综合。自该法颁布实施以来，便存在对于民事责任归责原则的争议。

《农产品质量安全法》从农产品瑕疵责任和农产品缺陷责任两方面进行规定。关于农产品瑕疵责任的规定有5条(第48～52条)①，当销售的农产品出现“未按照规定进行包装、标识”，“使用的保鲜剂、防腐剂、添加剂等材料不符合国家有关强制性的技术规范”，“冒用农产品质量标志”等瑕疵时，农产品生产者、销售者(包括批发市场)均应该承担责任。该责任制度遵循严格责任，责任主体承担无过错责任。对此，学界基本没有争议。对于缺陷产品责任，只有第54条②笼统性确立了生

① 第48条：“违反本法第二十八条规定，销售的农产品未按照规定进行包装、标识的，责令限期改正；逾期不改正的，可以处二千元以下罚款。”第49条：“有本法第三十三条第四项规定情形，使用的保鲜剂、防腐剂、添加剂等材料不符合国家有关强制性的技术规范的，责令停止销售，对被污染的农产品进行无害化处理，对不能进行无害化处理的予以监督销毁；没收违法所得，并处二千元以上二万元以下罚款。”第50条：“农产品生产企业、农民专业合作经济组织销售的农产品有本法第三十三条第一项至第三项或者第五项所列情形之一的，责令停止销售，追回已经销售的农产品，对违法销售的农产品进行无害化处理或者予以监督销毁；没收违法所得，并处二千元以上二万元以下罚款。农产品销售企业销售的农产品有前款所列情形的，依照前款规定处理、处罚。农产品批发市场中销售的农产品有第一款所列情形的，对违法销售的农产品依照第一款规定处理，对农产品销售者依照第一款规定处罚。农产品批发市场违反本法第三十七条第一款规定的，责令改正，处二千元以上二万元以下罚款。”第51条：“违反本法第三十二条规定，冒用农产品质量标志的，责令改正，没收违法所得，并处二千元以上二万元以下罚款。”第52条：“本法第四十四条、第四十七条至第四十九条、第五十条第一款、第四款和第五十一条规定的处理、处罚，由县级以上人民政府农业行政主管部门决定；第五十条第二款、第三款规定的处理、处罚，由工商行政管理部门决定。法律对行政处罚及处罚机关有其他规定的，从其规定。但是，对同一违法行为不得重复处罚。”

② 第54条规定：“生产、销售本法第三十三条所列农产品，给消费者造成损害的，依法承担赔偿责任。农产品批发市场中销售的农产品有前款规定情形的，消费者可以向农产品批发市场要求赔偿；属于生产者、销售者责任的，农产品批发市场有权追偿。消费者也可以直接向农产品生产者、销售者要求赔偿。”其中，第33条所列农产品为：(1)含有国家禁止使用的农药、兽药或者其他化学物质的；(2)农药、兽药等化学物质残留或者含有的重金属等有毒有害物质不符合农产品质量安全标准的；(3)含有的致病性寄生虫、微生物或者生物毒素不符合农产品质量安全标准的；(4)使用的保鲜剂、防腐剂、添加剂等材料不符合国家有关强制性的技术规范的；(5)其他不符合农产品质量安全标准的。

产者和销售者的无过错责任，但该条没有规定免责条款，也没有对生产者和销售者的责任进行区分，难以应对现实中纷繁复杂的农产品缺陷致害事件。因此，该法颁布实施后便引起学者的诟病。

对于缺陷农产品责任的归责原则，我国学者众说纷纭，大致形成了以下三种观点：一是单一过错责任。例如，有学者认为，“从我国农业发展水平及消费者权益保护的利益衡量角度出发，我国农产品损害赔偿责任应以过错责任归责原则为宜”。[①] 二是二元归责原则。例如，有学者认为，“我国对农产品的归责原则可以采取以严格责任为一般原则，过错责任为特殊原则的体系”。[②] 三是多元归责原则，多元归责原则又有不同的分类。例如，有的认为应该采取“过错责任原则（农产品生产者）、过错推定责任（农产品销售者、农产品批发市场）以及严格责任（农产品生产企业）相结合的原则”。[③]

那么，我国缺陷农产品责任归责原则该如何选择呢？这种选择既要借鉴国外先进立法经验，又要结合我国社会现实。目前，对于缺陷农产品责任的归责原则，国外大体有两种做法：一是以美国为代表的国家把缺陷农产品纳入产品责任法的适用范围，采用严格责任原则[④]；二是以欧盟和日本为代表，不适用产品法的规定，采用过错责任原则。以德国为例，“1990 年 1 月 1 日起生效的《产品责任法》第 2 条便免除了任何

---

① 于华江、杨成：“论我国农产品损害赔偿责任的归责原则——以利益衡量为视角”，载《经济与管理研究》2010 年第 7 期，第 127 页。

② 周新军：“关于中外产品责任法中农产品问题的思考”，载《国际经贸探索》2007 年第 8 期，第 34 页。

③ 祁菲：《农产品质量安全法律问题研究》，河南师范大学 2011 年硕士学位论文，第 35 页。

④ 从比较法的角度来看，严格责任原则的适用范围大致等于大陆法系的无过错责任原则的适用范围加上过错责任原则的特殊形式（过错推定）适用的范围。参见杜国明、江华：“我国缺陷农产品侵权责任归责原则选择”，载《企业经济》2009 年第 11 期，第 177 页。

未经加工的猎物和农产品的严格责任。”[①]美国的严格责任对违规生产者、销售者产生了严厉的震慑作用,取得了良好的实施效果。近些年的国际公约和各国农产品责任立法也纷纷采取了严格责任原则。

笔者认为,我国目前立法确立的缺陷产品无过错责任原则具有合理性和可行性,但同时需要加以完善和补充,即应该确立以无过错责任原则为一般原则、以过错责任原则为特殊原则的二元归责体系。这样的立法选择基于以下理由:第一,随着现代科技的发展,高投入、高产出、高效率的现代农业已经和现代工业相差无几,农产品缺陷与工业产品缺陷有很多相似之处。第二,我国的农产品质量安全已经严重威胁到社会公众的健康和安全,其解决迫在眉睫。农产品质量安全问题的长期存在不但危害当代人和后代人的健康、安全,更有可能危害社会安宁、和谐。因此,需要强化缺陷农产品的民事侵权责任。第三,很多人认为适用无过错责任原则将会加重农产品生产者和销售者的负担,尤其是加重广大农户的法律责任,打击其生产积极性。这样的担忧有一定道理,但无过错责任的适用并不必然导致生产者和销售者在诉讼中处于劣势地位。

根据相关法律、法规的规定,农产品质量安全并不适用举证责任倒置原则。尽管产品受害人不再负担生产者和销售者存在主观过错的举证责任,但其仍然需要证明农产品存在缺陷、人身财产受到损害以及两者之间具有因果关系,这样的举证责任对于受害人而言并非易事,尤其是关于因果关系的证明。当然,由于农产品生产、运输、仓储、销售中涉及的人员比较复杂,各个环节和各个主体的责任也大小不一,如果一味采取无过错责任原则则有失公平和正义。因此,对于农产品的仓储者、运输者等主体应该适用特殊归责原则即过错责任归责原则。

---

① 周新军:“关于中外产品责任法中农产品问题的思考”,载《国际经贸探索》2007年第8期,第32页。

四、健全农产品质量安全标准体系

目前,我国基本形成以国家标准和行业标准为主体,地方标准为配套,企业标准为补充的农产品质量安全标准体系,涵盖安全卫生标准、农业投入品类标准、农业资源环境类标准、动植物防疫检疫类标准、管理规范类标准、农产品品质规格类标准、生产技术规程标准、分析测试方法类标准、名词术语类标准等多个方面。据统计,"截至2010年年底,农业部组织制定农业国家标准和行业标准4800余项,有关农产品安全限量标准和检测方法1800多项。"①但是,目前的农产品质量安全标准体系仍然存在体系不健全,科学性、衔接性、配套性和实用性有待提高等问题。

1. 作为基本法的《农产品质量安全法》对农产品质量安全标准的规定过于简化和笼统

该法用一章四条(第二章、第11~14条)②对农产品质量安全标准的制定、修改以及实施作出了原则性规定,确立了农产品质量安全标准强制实施制度,使涉及农产品质量安全的强制性农业标准有了法律定位。但是,该法在很多问题上语焉不详,令人困惑。例如,该法未明确农产品质量安全标准的类型和级别,规定农产品质量安全标准的实施部门是"农业行政主管部门与有关部门",但对于农业行政主管部门是

---

① 高永慧,张冬青:"探索建立中国特色的农产品质量安全标准体系",载《安徽电子信息职业技术学院学报》2011年第5期,第86页。

② 第11条:"国家建立健全农产品质量安全标准体系。农产品质量安全标准是强制性的技术规范。农产品质量安全标准的制定和发布,依照有关法律、行政法规的规定执行。"

第12条:"制定农产品质量安全标准应当充分考虑农产品质量安全风险评估结果,并听取农产品生产者、销售者和消费者的意见,保障消费安全。"

第13条:"农产品质量安全标准应当根据科学技术发展水平以及农产品质量安全的需要,及时修订。"

第14条:"农产品质量安全标准由农业行政主管部门商有关部门组织实施。"

哪一级部门、有关部门指什么、“组织实施”是否包括“制定”和“修订”等问题都未明确，给执法带来很多障碍。

2. 标准制定主体多元化导致标准混乱和矛盾

由于缺乏沟通协调，各个部门制定的国家标准、行业标准和地方标准未能形成一个完整的体系，标准混乱、标准重复等问题比较突出。例如，卫生部门、质检部门、农业部门都制定了蔬菜标准，虽然同是国家标准，但质检部门规定的蔬菜卫生指标要比卫生部门的多出 86 项；再如，水果，卫生部门规定了 58 项农药残留限量指标，质检部门却只规定了 20 种农药残留，同属国家标准，但两个指标的差异却如此之大。[①]

3. 标准修订和更新不够及时，难以满足我国农业发展需要

社会经济技术水平的提高要求相关标准应该及时修正、补充和更新。但是，我国现行的很多农业标准仍然是 20 世纪 80 年代制定的，这与日本等国家相隔五年修订一次农业标准形成鲜明的对比。由于标准更新不及时、不完善，造成农产品质量安全监管的空白地带。以农药残留标准为例，2012 年，绿色和平组织从市场销售的多种茶叶中检测出 29 种农药残留，而我国国家标准只规定了其中 5 种农药的限量，其余 24 种均未涉及。据查证，目前国家标准对灭多威等农药残留作出了限量规定，但是在农业部 2011 年 6 月 15 日发布的 1586 号公告中，却撤销了灭多威等农药在茶树上的登记，造成相关规定互相“打架”的现象。[②]

4. 标准要求与行业管理的需求脱节

农产品质量标准并非越严越好，而应该和一个国家的农业发展水平、科技水平、经济水平相适应。我国有些标准片面强调农药的危害

---

① 魏启文、崔野韩、杨明升：“国内外农产品质量安全标准的比较研究”，载《世界标准化与质量管理》2006 年第 1 期，第 10 页。

② 邓崎凡：“茶企被指含农药残留‘国家标准’为何不能保证安全”，载《工人日报》2012 年 5 月 10 日。

性，在没有有效替代品的情况下，如此严格的规定常常会影响农业生产的正常进行。例如，“作为低毒杀虫剂的马拉硫磷，我国使用较广，卫生部门规定在水果、蔬菜中‘不得检出’，而联合国粮农组织和美国对蔬菜中马拉硫磷的最大残留限量值的设置在 1 ~ 8mg/kg。”①

农产品质量安全标准着眼于维护食品安全和社会公众健康，对于农产品的生产、加工、销售、消费等各主体的利益起到很好的调整作用。无论是基于国际竞争压力，还是从我国农业发展的现实需要出发，农产品质量安全标准体系都需要进一步健全和完善。(1)完善农产品质量安全标准相关法律规范。《农产品质量安全法》的出台强化了农产品质量安全标准体系的法律地位，但还需要其他相关法律、法规的细化和补充，共同为农产品质量安全监管提供全面的法律保障。因此，不但要加快修订《标准化法》(1988 年颁布)等法律、法规，明确农产品质量安全标准的制定、修改、实施、监管主体，明确农产品质量安全标准建立健全的目标，还要把各种强制性农产品质量安全标准转化为技术法规，建立全面系统、协调统一、层次清晰的农业技术标准法规体系。(2)加强农产品质量安全风险评估工作。根据《农产品质量安全法》的规定，制定农产品质量安全标准应当充分考虑农产品质量安全风险评估结果。自该法实施以来，我国农产品质量安全管理形势发生了很大变化，农业污染、转基因农产品的风险预防亟须进一步加强。因此，国务院农产品质量安全主管部门应当及时组织有关技术人员，对可能影响农产品质量安全的各种潜在危害做好风险分析和评估，为农产品质量安全标准的修订打下良好基础。(3)注重吸取社会多方意见，及时清理和修订农产品质量标准。为了增强标准的实用性和科学性，标准修订要充分吸取社会团体和组织尤其是产品企业和行业组织的意见。农产品质量安全标准的实施和他们的利益密切相关，他们清楚了解各种标准适用中存

① 魏启文、崔野韩、杨明升：“国内外农产品质量安全标准的比较研究”，载《世界标准化与质量管理》2006 年第 1 期，第 11 页。

在的问题,对标准修订反应也更为敏感和积极。充分吸取他们的意见对于农产品质量标准的完善具有重要作用。

五、完善和落实农产品质量责任追溯制度

农产品质量责任追溯制度是《农产品质量安全法》的一大亮点。该法对农产品生产记录、农产品质量安全监测和检查、事故报告和责任追究等都提出了明确要求。该制度在我国并未全面、强制推行,实施过程中也面临很多问题,很多地方的农产品质量安全追溯制度"徒有虚名"。究其原因,主要有以下几个方面:农药等农业生产投入品缺乏追溯机制、农产品质量安全未受到强制性管理、农产品现代物流体系不健全、多部门监管协调难度大、生产成本增大等。因此,应该从以下几个方面完善和落实农产品质量责任追溯制度:(1)按照差异化原则,合理确定实施地区和种类。我国各地区农业生产水平不同,有些地区已经实现了机械化作业,有些地区还是原始耕作,因此需要合理选择农产品质量责任追溯制度的适用地区,对于生产水平低、生产规模小的区域,不便强制推行。参与追溯的农产品也需要满足以下几个条件:生产环节实现了规模化和产业化、具有较高的附加值、供应链的各个环节都较容易记录相关信息等。(2)增强政府主导地位,增加追溯农产品的投入。在农产品质量责任追溯制度实施初期,需要投入大量硬件设备和软件开发费用,生产者不但要建立生产档案、提供生产记录,还要学习农产品编码、电子识别、电子标签等各种技术,这使得农产品生产成本大大增加,导致生产者缺乏参与意愿和产品售价大幅提高。因此,需要政府发挥主导作用,可以尝试在试点过程中,政府先投入硬件设施和开发软件系统,通过设立专项资金、税收优惠、农业补贴等方式,实现部分成本的转移和分担,吸引更多的企业参与到农产品质量责任追溯制度实施中。(3)发挥市场机制、积极培育追溯农产品参与主体。消费者的认同和选择成为生产者发展追溯农产品的强大动力。通过宣传和普及追溯农产品知识,推广"市场+基地+协会(组织)+农户"等农产品生产销售模

式，提高市场需求，积极培育追溯农产品参与主体。(4)加强农产品质量安全的源头控制。通过加强农药、化肥、化学添加剂等投入品的监督，从源头上防止农产品生产环境污染和农产品污染。

第七章　生物质能开发利用的法制促进

生物质能是重要的可再生能源，具有资源来源广泛、利用方式多样化、能源产品多元化、综合效益显著的特点。开发利用生物质能，是发展循环经济的重要内容，是促进农村发展和农民增收的重要措施，是培育和发展战略性新兴产业的重要任务。

国务院能源主管部门重点做好生物质能政策法规制定、重大问题研究论证等行业管理工作，会同财政、农业、林业等部门组织实施生物质能重大专项，保障生物质能发展规划的顺利实施。

——2012年《国家能源局关于印发生物质能发展“十二五”规划的通知》

生物质能是一种取之不尽、用之不竭的新型可再生能源，其在保护农村环境资源、缓解能源危机等方面具有明显的正外部性，加强生物质能法制建设是促进生物质能发展的重要保障，也是增强农村地区环境法制“正向构建”的重要方面。美国、欧盟、日本、巴西等国家和地区较早注重开发利用生物质能，并通过加强立法、采取优惠政策和激励措施促进生物质能的开发利用,他们的经验为我们提供诸多参考和借鉴。

第一节　生物质能开发利用:挑战与机遇并存

在全球能源危机和气候变暖的巨大压力下,各国纷纷把目光投向可再生能源的开发利用。尤其是2005年《京都议定书》正式启动后,全球环境保护运动掀起了新的高潮,同时也掀起了一场能源革命。在这场能源革命中,生物质能以其分布广、种类多、价格低、可再生、二氧化碳排放量低等优势受到各国青睐,目前已经成为世界第四大能源,仅次于煤炭、石油和天然气。生物质能的开发利用既是各国应对能源危机、保护环境的重要利器,又是改善农村环境、促进农民增收的重要手段。当然,生物质能的开发利用也面临着技术、资金、政策等多方面的障碍,这在我国尤为突出。

一、我国生物质能开发利用现状

生物质能是指直接或间接地通过绿色植物的光合作用,把太阳能转化为化学能后固定和贮藏在生物体内的能量。① 生物质是地球上分布最广泛的物质之一,它包括所有动物、植物和微生物及其排放、代谢的物质,因此,生物质能来源也非常广泛,包括薪柴、牲畜粪便、制糖作物、城市垃圾和污水、水生植物等。与传统能源相比,生物质能具有分布广、种类多、价格低、可再生、二氧化碳排放量低等优势。它是唯一可运输并储存的可再生能源,不但能够缓解能源危机、保护环境,还能够发展低碳经济、增加农村收入。

我国农村地区存在大量生物质能源,可以开发利用的类型主要包

---

① 刘志雄、何晓岚:“低碳经济背景下我国生物质能发展分析及比较”,载《生态经济》2012年第1期,第117页。

括以下几种:(1)农业生物质资源,包括玉米秸、高粱秸、麦秸、稻草、豆秸和棉秆等大量秸秆,以及农产品加工过程中产生的诸如麦壳、稻壳、谷壳等物质;(2)人畜粪便,包括鸡、猪、牛等畜禽养殖产生的粪便和垫草;(3)林业生物质资源,包括林业间伐产生的树枝、木材,林木加工过程中产生的锯末、木屑等;(4)乡镇企业的有机废水和生活污水。目前,我国农村地区生物质能主要应用于农村沼气、农作物秸秆发电、燃料乙醇、生物质可燃气、生物柴油等多个方面。与传统石化能源相比,生物质能源具有环境友好和可再生双重属性,在我国,发展潜力更是巨大。据统计,"全国农作物秸秆年产生量约6亿吨,大约3亿吨可作为燃料使用;林木枝桠和林业废弃物年可获得量约9亿吨,大约3亿吨可作为能源利用;甜高粱、小桐子、黄连木、油桐等能源作物(植物)可种植面积达2000多万公顷,可满足年产量约5000万吨生物液体燃料的原料需求;畜禽养殖和工业有机废水理论上可年产沼气约800亿立方米。"①

传统石化能源的开发利用不但造成能源危机,还会加剧环境污染,具有较强的负外部性。尽管生物质能源开发利用不当也会造成环境污染,并存在成本较高等缺陷,但与传统石化能源相比,生物质能源具有环境友好、可再生、便于储存运输等优势。因此,其开发利用具有明显的正外部性,对于新农村建设和资源节约型、环境友好型社会建设具有重要的意义。

二、国外生物质能开发利用现状

21世纪初,生物质能已经在世界可再生能源开发利用中占有很大比重(见图7-1)。

发达国家对可再生能源非常重视,特别是在生物质能开发利用技术、政策、立法保障等方面超前于我国,很多经验值得我们借鉴。据

① 国家发展和改革委员会:《可再生能源中长期发展规划》,2007年,第9~10页。

2012 年科技部发布的《生物质能源科技发展"十二五"重点专项规划》，生物燃气、生物液体燃料等生物质能源在德国、巴西、美国等国已实现规模化生产和应用。德国生物燃气的产量约为 20.7 亿立方米，占德国燃气产量的 14.5%；巴西生物液体燃料产量已达到 1750 万吨/年，燃料乙醇已替代 50% 的汽油，是世界上唯一在全国范围内不供应纯汽油的国家。①

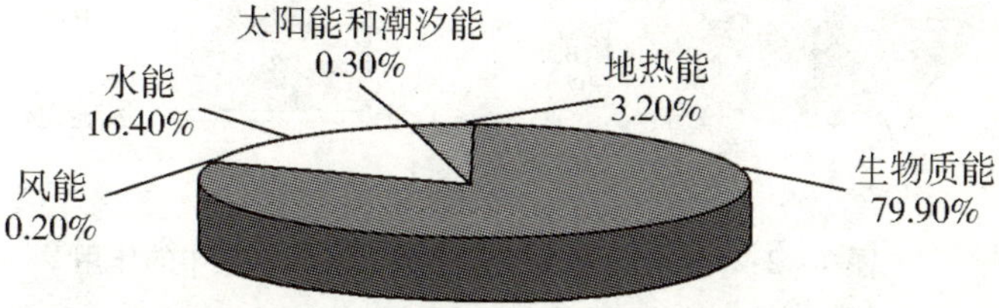

图 7－1：2001 年世界可再生能源开发利用量的构成②

（一）美国

目前，美国已成为世界上生物质能产业最发达的国家。20 世纪后半期，在石油缺口越来越大、能源危机迫在眉睫的情况下，美国开始寻求新能源的开发利用，其中之一便是生物质能。美国是农业大国，农业产能过剩，具有开发利用生物质能源的天然优势，大规模种植的能源作物大豆、玉米和向日葵成为生物质能的重要来源。因此，生物质能在美国成为超过水能的第一可再生能源（见图 7－2）。据估算，2006 年美国生物柴油年产量约为 90 万吨，其中超过 80% 的生物柴油是用大豆做原料生产。③ 美国生物质能利用包括乙醇、生物柴油、生物电能以及工业过程利用等。

---

① 科技部：《生物质能源科技发展"十二五"重点专项规划》，2012 年。

② 满相忠、王珊珊："国外开发生物质能优惠政策及其经验启示"，载《地方财政研究》2007 年第 8 期，第 58 页。

③ 寇建平、田宜水、张玉华："美国生物质能的发展状况及对我国的启示"，载《可再生能源》2007 年第 7 期，第 113 页。

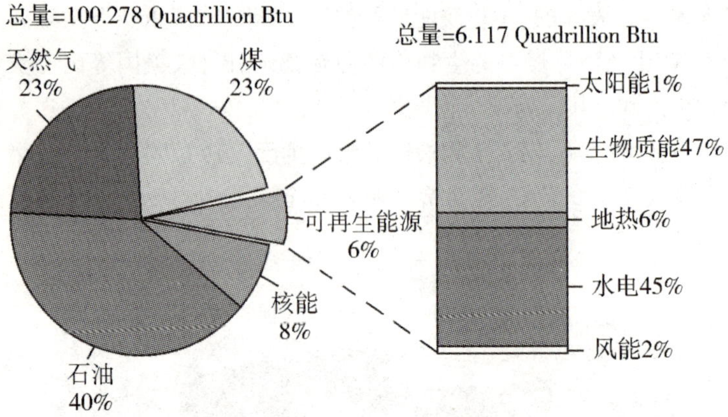

图7－2:2004年可再生能源在美国能源供应中的作用①

(二)欧盟

欧盟各国生物质能开发利用也较多。20世纪90年代,欧盟委员会便开始实施生物能源开发计划,这极大地促进了生物质能的开发利用。2002年,生物质能已经成为欧盟第一大可再生能源(见图7－3)。目前,欧盟已经确立了到2020年实现可再生能源占欧洲内部能源消耗的比重达20%的发展目标。“生物柴油是欧盟国家发展的重点,占生物燃料总产量的80%,其中,德国是欧盟最大的生物柴油生产国,2004年的生产能力达到了109.7万吨,占整个欧盟15国总生产能力50%以上。”②

① 张希良等:“国外生物质能开发利用政策”,载《农业工程学报》2006年增刊,第4页。

② 张颖:“欧美国家生物质能产业的发展思路对我国的启示”,载《知识经济》2010年第13期,第10页。

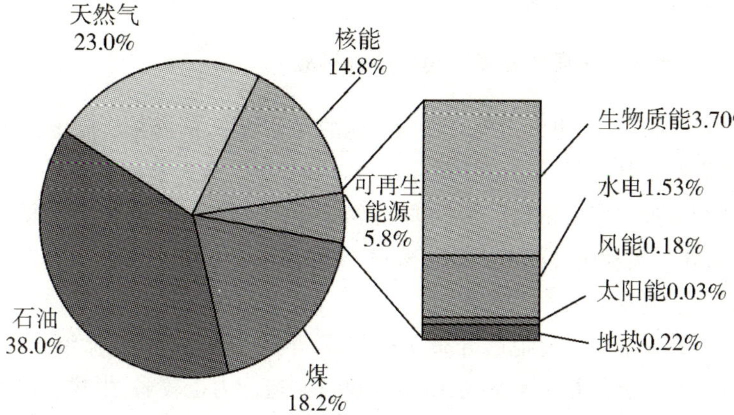

图 7－3:2002 年可再生能源在欧盟 25 国能源供应中的作用①

(三)日本

日本近年来把“节约能源”和“开发利用新能源”确立为未来能源发展的基本方针,大力发展节能和新能源开发利用技术。日本的生物质资源主要是农作物秸秆、畜禽粪便和食品垃圾。例如,2003 年,东京都江户区部分企业开始回收商场和饭店的食物垃圾,用发酵后生成的沼气发电。尽管总体数量有限,但其开发利用技术先进,发展进程也较快。

(四)巴西

巴西石油、煤炭资源非常贫乏,但农业发达,甘蔗产量居世界首位,这成为生物质能的重要来源。从 20 世纪 70 年代起,巴西便利用甘蔗生产燃料乙醇以替代石油。据巴西能源和矿业部下属的能源调查公司 2008 年 5 月 8 日公布的研究报告表明,甘蔗及其副产品在能源构成中占 16%,超过水力发电所占的 14.7% 而成为巴西第二大能源来源。②

① 张希良等:“国外生物质能开发利用政策”,载《农业工程学报》2006 年增刊,第 4 页。

② 赵焱、陈威华:《甘蔗成为巴西第二大能源来源》,载新华网,http://news.xinhuanet.com/newscenter/2008－05/09/content_8134619.htm,2008 年 5 月 8 日。

目前，世界可再生能源消费仅占总能源消费的14%，而巴西占45%。

三、我国生物质能开发利用面临的挑战

近年来，我国也大力推行生物质能的开发利用，国家先后制定了20多项农村秸秆、沼气综合利用的国家和行业标准，极大推动了农村生物质能的发展。但由于农村生物质能本身具有原料分散、能源密度低等弱点，在开发利用过程中也面临着很大的挑战。

（一）生物质能利用效率低

生物质能在农村地区分布比较分散，不利于集中利用，除沼气外，其他生物质能的技术水平还比较低，设备制造能力也较弱，生物质能生产产业化格局尚未形成。在很多农村地区，人们依然把秸秆、薪柴、粪便等生物质能当作固体废弃物对待，导致生物质能利用效率低下。据统计，"现阶段，只有12%的农户分散饲养动物粪便被转化为能源利用，不到1%的规模化畜禽饲养场粪便得到利用，包括秸秆在内的农作物废弃物可再生能源转化率也只有不到0.5%。"①在这些有限的生物质能开发利用中，由于受到技术条件、利用方式的限制，能源转化率也较低。例如，"我国秸秆资源的利用方式还是采用低效的直接燃烧为主，其热能转换效率仅为10%～20%，其余大部分的生物质能转化成为对环境的污染。"据统计，"至2008年年底，生物质发电装机容量315万千瓦，生物质液体燃料近200万吨，生物质能资源实际利用率明显不足。"②总体而言，我国农村地区的生物质能开发多是各种小型项目，规模小、分布分散、技术水平低、设备不够先进，无法达到充分利用生物质能的效果。

（二）利用不当造成环境污染

生物质能开发利用的优势之一是减少环境污染。但是，如果在生

---

① 谢冬生："中国农村生物质能发展的机遇、挑战与发展战略"，载《世界农业》2010年第12期，第28页。

② 王鸿："低碳经济背景下我国农村生物质能产业发展对策研究"，载《哈尔滨商业大学学报》（社会科学版）2011年第6期，第88页。

物质能开发利用中不加注意，也会给环境带来危害，造成二次污染。学者通过对北京郊区生物质能开发利用状况调查发现，“在北京郊区，生物质能生产过程中的副产品很少得到有效利用。如沼肥绝大多数被长时间堆放；大多数生物质气化站产生的焦油、木醋液等副产品由于产量低、规模小等原因尚未得到利用。”[①]这不仅影响到生物质能的持续发展，还会对环境造成严重的二次污染。

（三）保障机制不完善，市场空间狭小

我国生物质能发展缓慢的重要原因便是保障机制不够完善，缺乏足够的市场需求。由于受到运输条件、运费等因素限制，生物质能在农村地区一般是就地生产、就地消费，这导致难以形成连续稳定的生物质能市场。以生物质能发电为例，生物质能在很多偏远地区具有成本上的优势，但在这些地区，生物质电力的入网费用却很高，难以实现生物质能跨区域发展。目前这种自给自足的生产、消费方式阻碍了生物质能在市场上的自由流通，不利于生物质能的长远发展。

（四）总体发展规模较小，建设进度慢

尽管我国生物质能的发展势头良好，但由于起步比较晚，与发达国家相比，我国生物质能总体发展规模较小，建设进度慢。以林业生物质能的发展为例，“我国投入使用的生物质压缩成型设备约在 1000 台左右，年产生物质成型燃料不足 10 万吨；而目前美国每年生产成型燃料 60 万吨左右，日本 26 万吨左右，欧盟区域内约有 500 家木质颗粒工厂，生产量约为 730 万吨。我国还没有生产出以林业油料作物为原料的生物柴油，美国和欧盟国家生物柴油年产量超过 100 万吨和 250 万吨左右。”[②]

---

① 周中仁等：“京郊生物质能产业发展现状、存在问题与对策建议”，载《可再生能源》2010 年第 1 期，第 147 页。

② 韩乐悟：“我国林业生物质能源亟待开发正编制《全国林业生物质能源发展规划（2011～2020 年）》”，载《法制日报》2010 年 8 月 19 日。

第二节　国外促进生物质能开发利用的立法和政策

一、国外促进生物质能开发利用立法概况

伴随着世界性能源危机的到来，发达国家越来越重视可再生能源的开发利用，并通过制定相关法律规范促进可再生能源的开发。

（一）美国

近年来，美国制定了多部法律促进生物质能的开发利用。2000 年，美国制定了生物质能研究与开发计划、成立了生物质研发技术顾问委员会，并通过了《生物质研发方案》，鼓励生物质能技术发展和商业化进程。2002 年 10 月，生物质研发技术顾问委员会又提交了《美国生物质能和生物产品远景规划》（以下简称《规划》），设定了到 2020 年的研发路线和远景目标。《规划》表明，争取到 2020 年有 10% 的交通燃料，5% 的工业和各类设施所需的热电、18% 的化学品和材料来自国产生物质。① 为了具体落实生物质能研究与开发计划，美国 2003 年 1 月出台了《生物质技术路线图》，标志着生物质计划的正式实施。

为了促进生物质能源的开发利用，美国采取了加强宣传、加大资金投入等多种措施。《2002 年农业法案》中有若干条款促进生物提炼厂的发展，为原料生产者提供激励措施，并为农民、地方当局和民间社会提供教育计划，宣传生物燃料生产和利用的好处；《2007 年能源独立与安全法案》授权在 2008 ~ 2015 财年期间，每年拨款 5 亿美元用于生产高级生物燃料；相对于目前使用的燃料，至少要减少 80% 生命周期温室气体

---

① 石云：《论我国生物质能源开发利用的法律规制》，山东师范大学 2008 年硕士学位论文，第 22 ~ 23 页。

的排放。[1] 美国2009年制定了《美国清洁能源与安全法案》(American Clean Energy and Security Act),加大投资力度,资助乙醇燃料、混合燃料等生物质能源的研究开发。美国政府还通过提供补贴和政府采购的方式促进生物质能的发展。例如,1992年美国的《能源政策法》规定了一项优惠内容:通过国会年度拨款为免税公共事业单位、地方政府和农村经营的可再生能源发电企业,每生产1千瓦时的电能补助1.5美分。[2] 在政府采购方面,有关法律也要求政府必须采购绿色、清洁产品。

(二)德国

德国煤炭资源较为丰富,但是石油、天然气资源匮乏,因此,德国非常重视对可再生能源的开发利用。目前,德国是世界上可再生能源开发利用最先进的国家之一,并通过法制化促进生物质能源的开发利用。

2000年2月25日,德国议会通过了《可再生能源法》促进可再生能源的利用。该法适用于“水力、风力、太阳能、地热、垃圾堆气体、污水气体、矿井瓦斯或生物质生成的电力购买和偿付问题”,其中,关于生物质生成的电力偿付主要体现在第一章第五条的规定上,但是该法确定的优惠政策仅局限于生物质能发电。2001年,联邦政府又通过了《生物质能条例》,鼓励生产和消费生物柴油,为生物质能的利用创造了法制条件。德国还通过免除配额、免税(如免征纯生物燃料或与矿物燃料混用的矿物油消费税)等政策性立法鼓励生物柴油的生成。到2004年,德国消费的生物柴油已达110万吨,成为全球使用生物柴油最多的国家。[3]

德国还制定了《再生能源使用资助指令》、《农业领域生物动力燃料

---

① 闫献伟:《我国生物质能源立法研究》,浙江农林大学2010年硕士学位论文,第11页。

② 石云:《论我国生物质能源开发利用的法律规制》,山东师范大学2008年硕士学位论文,第24页。

③ 石云:《论我国生物质能源开发利用的法律规制》,山东师范大学2008年硕士学位论文,第21页。

资助计划》、《复兴信贷银行降低二氧化碳排放资助计划》、《农业投资促进计划》等政策法规促进生物质能的开发利用。在加强立法的同时，德国还成立了专门的管理机构——联邦再生能源部，专门负责可再生能源开发利用的管理、促进和协调等工作。此外，德国可再生能源的发展离不开德国的市场化运作，通过企业带动和政府扶持，德国的可再生能源得到迅速发展。

2009 年 4 月 29 日，德国政府审议通过了联邦农业部、环境部共同提交的《德国国家生物质能行动计划》（以下简称《计划》），明确了德国到 2020 年生物质能开发利用的总体战略目标及行动领域即“将通过重点扩大生物质能在发电、供热和燃油生产 3 个领域的利用，实现到 2020 年生物质能占全部能源生产比例翻一番的目标。”[①]此《计划》是贯彻落实德国政府 2007 年提出的《能源与气候保护一揽子计划》的重要步骤，也是履行 2005 年欧盟委员会在《欧洲生物质能行动计划》中提出的“各成员国编制各自国别行动计划”要求的重要体现，对于缓解德国能源压力、促进农村地区经济发展具有重要的意义。

（三）日本

日本在生物质能开发利用方面已经形成了完整的法律体系，既包括环境保护和循环经济的基本法律，如《环境基本法》（1993 年）和《建立循环型社会基本法》（2000 年）；又包括各单行法，如《废弃物处理法》（1970 年）、《新能源开发法》（1974 年）、《再生资源利用促进法》（1991 年、2001 年修订）、《容器和包装物的分类收集与循环法》（1995 年）、《食品废弃物再利用法》（2001 年）、《家用电器回收法》（2001 年）。这些法律用税收优惠、财政补贴等多种手段促进能源节约和太阳能、风力、地热、潮汐发电、沼气等新能源的开发。

---

① 列春：“德国出台国家生物质能行动计划”，载《工程机械》2009 年第 12 期，第 78 页。

（四）巴西

生物质能在巴西的开发利用离不开政府的大力扶持。早在1931年，巴西政府就通过立法强制推广乙醇汽油，是世界上最早立法支持生物能源的国家。第一次石油危机之后，巴西政府于1975年启动了“国家乙醇燃料计划”。该计划旨在增加政府投资、鼓励研发乙醇利用技术，改进乙醇发动机以提高乙醇在混合汽油中的比例，这为大规模发展蔗糖和乙醇产业创造了条件。至2007年，政府强制在传统汽油中把乙醇燃料的比例从23%提高到25%，对乙醇的使用起到了很大推动作用；此外，巴西完全使用乙醇作为燃料的汽车数量也增加了46%。[①] 据我国科技部2012年5月发布的《生物质能源科技发展“十二五”重点专项规划》介绍，巴西生物液体燃料产量已达到1750万吨/年，燃料乙醇已替代50%的汽油，是世界上唯一在全国范围内不供应纯汽油的国家。此外，巴西还以法令形式推出“清洁发展机制”等项目，有效地促进了巴西生物质能的飞速发展。例如，巴西政府2003年颁布法令，宣布2007年开始必须在矿物柴油中掺混2%的生物柴油，2012年增加到10%，以作为柴油汽车动力或发电动力。[②]

二、国外促进生物质能开发利用的政策和措施

为了促进生物质能的开发利用，各国结合自身实际采取了积极务实的鼓励政策和措施，主要有重视研发、配额制度、固定电价、减免税费、财政补贴等。

（一）重视研发，加大科研投入

生物质能的开发利用需要先进的技术作保障，因此发达国家纷纷

① 赵焱、陈威华：《甘蔗成为巴西第二大能源来源》，载新华网，http://news.xinhuanet.com/newscenter/2008-05/09/content_8134619.htm，2008年5月8日。

② 石云：《论我国生物质能源开发利用的法律规制》，山东师范大学2008年硕士学位论文，第26页。

加大科研投入，促进可再生能源的研究和开发。美国对生物质能的科研支持具有支持力度大、支持领域宽、资金来源广等特点，其不但加大政府投入，还通过私有化管理模式吸引社会资金加入，加快研究开发周期。例如，美国明尼苏达州立大学在2003～2007年间，共获得125个项目，大约2490万美元用于可再生能源开发，涉及领域包括基础研究和应用研究。[①] 尽管与其他可再生能源相比，生物质能的开发起步较晚，但2007年，美国政府对生物质能的补贴已经处于中等水平。英国政府近年来也加大资金资助，支持生物质能的研发。根据英国政府规定，“企业和研究机构开发新产品或从事创新技术的开发与研究，政府将提供其费用总额的70%进行资助。”[②]英国环境食品和农村事务部投资90万英镑用于“生物能源作物研发项目”，研究能源作物的基因改良和农村环境保护。

表7－1：2007年美国各能源发电补贴[③]

能源总类	补贴金额（＄/MWH）	能源总类	补贴金额（＄/MWH）
精煤	29.81	生物质能、生物燃料	0.89
太阳能	24.34	水能	0.67
风能	23.37	煤炭	0.44
核能	1.59	天然气、液体石油	0.25
填埋气体	1.37	城市固体废弃物	0.13
地热能	0.92		

---

① 寇建平等：“美国生物质能的发展状况及对我国的启示”，载《可再生能源》2006年第7期，第114～115页。

② 满相忠、王珊珊：“国外开发生物质能优惠政策及其经验启示”，载《地方财政研究》2007年第8期，第59页。

③ 刘志雄、何晓岚：“低碳经济背景下我国生物质能发展分析及比较”，载《生态经济》2012年第1期，第119页。

（二）采取税收优惠措施

税收优惠是各国促进生物质能发展的重要鼓励政策。各国采取的税收优惠政策主要包括：实施投资抵免、减免增值税、减免企业所得税和个人所得税等。例如，美国2005年8月通过的《国家能源政策法》规定，美国未来10年内将向全美能源企业提供146亿美元的减税额度。对于企业所得税的抵免，美国主要包括两种：[①]（1）技术开发抵税。开发利用太阳能、风能、地热和潮汐的发电技术，投资总额的25%可以从当年的联邦所得税中抵扣，同时其形成的固定资产免交财产税。（2）生产抵税。风能和闭合回路生物质能发电企业自投产之日起10年内，每生产1千瓦时的电能可享受从当年的个人或企业所得税中免交1.5美分的待遇。英国也通过对小企业实行研发税减免政策鼓励新兴中小企业参与生物质能源的研究与开发。

（三）提供财政补贴

由于生物质能的产业市场尚未成熟，开发利用生物质能需要大量资金和先进技术，这往往加重企业负担，不利于生物质能的发展。因此，各国政府纷纷加大资金支持力度，为企业提供各种补贴。例如，"瑞典从1975年开始，每年从政府预算中支出3600万欧元，用于生物质燃烧和转换技术研发及商业化前期技术的示范项目补贴；丹麦从1981年起，制定了每年给予生物质能生产企业400万欧元的补贴计划；意大利从1991年到1995年，对生物质利用项目提供了30%～40%投资补贴。"[②]从国外实践来看，各国的财政补贴政策主要有三种：一是对研究开发投资和建设投资提供补贴；二是提供产出补贴；三是提供销售补贴也即对消费

① 满相忠、王珊珊："国外开发生物质能优惠政策及其经验启示"，载《地方财政研究》2007年第8期，第59页。

② 郑玲惠、张硕新、王莹："国外发展生物质能政策措施对中国的启示"，载《商场现代化》2009年第6期，第13页。

者进行补贴。[1] 各种补贴政策为企业发展注入了新的活力和动力。

(四)推行政府绿色采购

从全球情况来看,世界各国政府采购在 GDP 中所占比例很大。政府采购节能、绿色产品成为各国推行环境保护政策的重要方式之一。目前,各国通过鼓励政府采购生物质能产品,促进生物质能产业的发展。例如,在英国,"如果可再生能源发电企业的配额有剩余,电力监管局可以收购剩余部分,收购价格为每配额 30 英镑,这相当于政府确定的可再生能源电力的底线价格。"[2]在美国,联邦政府有关法律要求政府必须购买国产高能效产品和"绿色"产品。

(五)实行配额制度

随着电力市场化改革逐步深入发展,欧洲等国家和地区广泛实施配额制度以促进可再生能源的发展。所谓配额制度,"主要是对电力生产商或电力供应商规定在其电力生产中或电力供应中必须有一定比例的电量来自可再生能源发电,并通过建立'绿色电力证书'和'绿色电力证书交易制度'来实现。"[3]绿色电力证书是可再生能源发电企业获得的政府颁发的销售绿色电力的证明,该证书可以进入市场交易。如果电力生产商或电力供应商自己的可再生能源发电量达不到政府的配额要求,其便可以通过购买"绿色电力证书"的方式来实现,可再生能源发电企业通过出卖"绿色电力证书",可以获得额外的收益。通过这样一种行政管理和市场交易相结合的方式,可以激发企业发展清洁电力的动力,促进可再生能源发电的发展。目前,瑞典、丹麦都在推行可再生能源配额制,配额要求呈现逐年增加的趋势。

---

① 满相忠、王珊珊:"国外开发生物质能优惠政策及其经验启示",载《地方财政研究》2007 年第 8 期,第 60 页。

② 满相忠、王珊珊:"国外开发生物质能优惠政策及其经验启示",载《地方财政研究》2007 年第 8 期,第 61 页。

③ 郑玲惠、张硕新、王莹:"国外发展生物质能政策措施对中国的启示",载《商场现代化》2009 年第 6 期,第 13 页。

第三节　我国生物质能法制现状及其完善

一、我国生物质能开发利用的法律规定

作为一种新型能源，我国生物质能开发利用起步较晚，相关法制建设也比较缓慢。目前，生物质能开发利用的法律依据主要包括《可再生能源法》和《节约能源法》。《可再生能源法》把可再生能源的推广和使用纳入法制化轨道，也促进了生物质能的开发利用。该法第16条明确规定“国家鼓励清洁、高效地开发利用生物质燃料，鼓励发展能源作物”。该法通过设立可再生能源发展专项资金、提供优惠贷款和税收优惠等措施促进可再生能源的开发利用。为了贯彻落实《可再生能源法》，国务院有关部门颁布了相关的配套政策：国家发改委发布的可再生能源发电管理有关管理规定，对可再生能源发电的行政管理体制、项目管理和发电上网等作了明确规定；《可再生能源上网电价及费用分摊管理试行办法》对上网电价和费用分摊制度做了具体规定；国家电力监管委员会发布的《电网企业全额收购可再生能源电量监管办法》再次重申了电网企业金额收购可再生能源电量和优先上网的政策；国家发展改革委价格司发布了《可再生能源点加法价收入调配暂行办法》，公布了三批可再生能源电价补贴和配额交易方案，落实了从2008年6月可再生能源发电企业的电价补贴。① 此外，《节约能源法》对包括生物质能在内的各种能源的节约利用进行了规定，该法明确指出：“国家鼓励、支持在农村大力发展沼气，推广生物质能、太阳能和风能等可再生能源利用技术。”该法规定的节能管理措施、节能技术、节能措施都适用于生物质能的开发利用。

---

① 高飞飞：《生物质能源产业法律问题研究》，东北林业大学2011年硕士学位论文，第12～13页。

国家通过制定相关规划、纲要等文件，推动生物质能的开发利用。例如，2006年出台的《国家中长期科学和技术发展规划纲要》、2007年出台的《可再生能源中长期发展规划》、2008年出台的《可再生能源发展"十一五"规划》都将生物能源的研究开发列为重点。2007年6月7日，国务院常务会议审议并通过了《可再生能源中长期发展规划》，制定了我国生物质能的中长期发展规划，明确了我国生物质能的发展目标。① 2012年8月6日，国家能源局发布了《可再生能源发展"十二五"规划》。同年12月底，国家能源局又发布《生物质能发展"十二五"规划》，提出到2015年，生物质能年利用量超过5000万吨标准煤，年销售收入超过1000亿元；同时，为了促使各地更加重视生物质能利用，《生物质能发展"十二五"规划》将生物质能利用量计入各地的节能减排量，并且不计入对各地设定的能源消费总量限额。② 2005～2012年，我国有关生物质能的法律和部门规章，见表7－2。

表7－2：我国生物质能法律、部门规章一览表（2005～2012）③

时间	法律、部门规章	有关生物质能的主要内容
2005年2月28日通过，2006年1月1日实施	《可再生能源法》	鼓励清洁、高效开发利用生物质燃料。
2005年11月	发展改革委《可再生能源产业发展指导目录》	对可以推广利用的生物质能项目制定优惠政策。

---

① 即到2020年，生物质发电装机达到3000万千瓦。液体燃料达到1000万吨。气年利用量达到400亿立方米，生物固体成型燃料达到5000万吨，生物质能年利用量占到一次能源消费量的4%。

② 张博：《生物质能——橘子红了》，载中国生物技术信息网，http://www.biotech.org.cn/information/104716，2013年2月4日。

③ 参见潘晓丽："我国生物质能政策及其问题分析"，载《科技向导》2010年第24期。笔者在其基础上进行了补充。

续表

时间	法律、部门规章	有关生物质能的主要内容
2006 年 1 月	发展改革委《可再生能源发电有关管理规定》、《可再生能源发电价格和费用分摊管理试行办法》和《可再生能源电价附加收入调配暂行办法》	生物质发电项目上网电价实行政府定价，由国务院价格主管部门分地区制定标杆电价，电价标准由各省（自治区、直辖市）2005 年脱硫燃煤机组标杆上网电价加补贴电价组成。
2006 年 5 月	财政部《可再生能源发展专项资金管理暂行办法》	发展专项资金（无偿资助和贷款贴息）重点扶持生物质能等的开发利用。
2006 年 9 月	财政部、发展改革委、农业部、税务总局、国家林业局近日联合印发《关于发展生物能源和生物化工财税扶持政策的实施意见》	通过四项财税政策扶持生物质能源的发展：建立风险基金制度、实施弹性亏损补贴、原料基地补助、项目示范补助以及税收优惠。
2007 年 4 月	国务院《节能减排综合性工作方案》	推进生物质能等能源利用以及可再生能源与建筑一体化的建设，加强资源调查评价。组织生物燃料乙醇及车用乙醇汽油发展专项规划，和乙醇试点项目。
2007 年 7 月	国家电力监管委员会《电网企业全额收购可再生能源电量监管办法》	重申了电网企业金额收购可再生能源电量和优先上网的政策。
2007 年 9 月	发展改革委《关于 2006 年度可再生能源电价补贴和配额交易方案的通知》	对 2006 年电价附加存在资金缺口的部分地区电网企业以及 123 个可再生能源发电项目进行电价和接网工程电费补贴。
2007 年 9 月	财政部《生物能源和生物化工原料基地补助资金管理暂行办法》	安排专项资金用于原料基地补助，明确了原料基地的条件、资金使用范围、补助标准。

续表

时间	法律、部门规章	有关生物质能的主要内容
2007年10月修订颁布，2008年4月1日实施	《节约能源法》	鼓励、支持在农村大力推广生物质能等可再生能源利用技术。
2007年11月	《国家林业局关于做好林业生物质能源工作的通知》	稳步推进林业生物质能源开发利用，加快林业生物质能源资源基地化培育，加快建立林业生物质能源资源培育开发科技服务体系。
2008年1月	林业局《中国林业与生态建设状况公报》	通过工业化利用途径，将林木生物质材料转化为能源产品和生物基产品。
2008年3月	《关于2007年1~9月可再生能源电价附加补贴和配额交易方案的通知》	对2007年电价附加存在资金缺口的部分地区电网企业以及123个可再生能源发电项目进行电价和接网工程电费补贴。
2008年8月29日颁布，2009年1月1日实施	《循环经济促进法》	鼓励和支持农业生产者和相关企业采用先进或者适用技术，开发利用沼气等生物质能源。
2009年7月6日	财政部《加快推进农村地区可再生能源建筑应用的实施方案》；财政部和城乡建设部《可再生能源建筑应用城市示范实施方案》	以县为单位，实施农村地区可再生能源建筑应用的示范推广；实施中央财政扶持政策，加快推进农村地区可再生能源建筑的应用；通过中央财政支持，加快可再生能源在城市建筑领域应用。
2011年10月	林业局组织《全国林业生物质能源发展规划（2011~2020）》	能源林面积规划将达到2000万公顷，每年转化的林业生物质能可替代2025万吨标煤的石化能源，占可再生能源的比例达3%。

续表

时间	法律、部门规章	有关生物质能的主要内容
2011 年 11 月	财政部《关于开展第一批绿色低碳重点小城镇试点示范工作的通知》	在试点绿色低碳重点小城镇开展生物质能等新能源的开发利用。
2012 年 5 月	科技部《生物质能源科技发展"十二五"重点专项规划》	以传统生物质集贮、新型生物质资源培育以及生物质高效转化气体、液体、固体燃料及热电能源为重点，提出"十二五"期间总体思路、发展目标和主要任务。
2012 年 8 月	国家能源局《可再生能源发展"十二五"规划》	"十二五"时期生物质能发展的目标、重点任务、保障措施、扶持政策、实施机制。
2012 年 12 月	国家能源局《生物质能发展"十二五"规划》	生物质能发展目标及促进措施。

农村新能源建设是新农村建设的重要组成部分。我国广袤的农村地区蕴含着丰富的生物质能源，但目前各种局部的、零散的立法已经难以适应生物质能开发利用的需求。尽管我国目前已有《可再生能源法》、《节约能源法》等单行立法，但两部法律只对可再生能源开发利用作出原则性规定，缺乏针对生物质能、太阳能、风能利用的专门性立法。国家环境保护部、财政部等部门规章也仅仅有一些保障性收购、资金支持等方面的规定，在实践中操作性不强。由于这些新能源开发利用具有高科技性、专业性等特点，需要进一步加强新能源开发利用法制建设。

二、生物质能开发利用政策和立法的完善

由于不同可再生能源的特征、发展状况各不相同，建议在《可再生能源法》和《节约能源法》的基本框架下，分别针对不同的可再生能源进行专门性立法。例如，可以针对生物质能、太阳能、风能分别制定相关行政法规，从政策和法律规范上为其发展提供激励和支持。在生物质

能开发利用政策和立法方面，需要注意以下几个问题。

(一)生物质能开发利用立法的基本原则

1."不与农业争地、不与人争粮"的原则

"不与农业争地、不与人争粮"是发展我国生物质能源产业的原则。发展能源农业要处理好能源与粮食的关系，妥善解决油料作物与农产品争地的问题，尽量使用陈化粮、木质纤维素、甜高粱等非食用性农产品，充分利用盐碱地、荒山、滩涂等种植油原料植物，避免给粮食安全带来危害。①

2. 维护生态安全的原则

生物质能开发利用不当也会造成环境污染等问题。秸秆、树叶、树枝等用于还田作为土壤补给的物质被强行生产生物质能源产品会导致耕地土壤有机物含量减少；盲目、大量种植生物质能作物往往会占用基本农田，破坏当地生物多样性和影响生态系统平衡。因此，生物质能的开发利用应该坚持维护生态安全的原则，坚持适度开发，在开发过程中注意维护土壤地力和生物多样性。

3. 政府扶持和市场化相结合的原则

生物质能开发利用初始投资大，但收益甚微，很多企业不愿意参与。这就要求政府的积极干预和扶持，在政策调控、技术支持、资金激励等方面发挥应有的作用。政府积极干预并非包办一切，我国生物质能的持续发展需要在政府引导、规范的基础上，逐渐走向市场化道路，运用市场机制、扩宽投资渠道、建立公平合理的市场交易平台。

(二)优化生物质能开发利用的产业化政策

由于总体技术水平不高、交易市场不够健全、融资困难等因素的存在，我国生物质能还没有实现产业化发展。国外立法和实践表明，通过技术开发、市场开拓及推广应用等方面的有利支持，促进生物质能开发

---

① 刘国涛、石岩："生物质能源及其政策立法重点"，载《中国地质大学学报》(社会科学版)2007年第2期，第26页。

利用的产业化是发展生物质能的重要途径。尤其是欧美发达国家，生物质能产业化水平逐步提高，在能源供给中的作用日益突出。我国生物质能开发利用的产业化需要从以下几个方面加以完善：①(1)根据我国国情选择合适的原料和技术路线。原料供应是产业发展的基础，国外绝大多数国家都采取了农业原料导向模式。例如，美国主要原料是玉米，德国是油菜籽。在我国人口众多、耕地资源有限的情况下，以粮食和油料作物为原料成本太高，还影响国家粮食安全。因此，我们需要遵循不争粮不争地的原则，因地制宜地培育各种能源作物，并不断研究先进的技术力争降低原料成本。(2)大力发展技术装备。尽管我国部分生物质利用技术达到了国际领先水平，但总体技术水平仍比较落后，需要突破技术瓶颈，尤其是第二代生物燃料和部分新生物化学品研发尤为重要。(3)增强政府支持力度。政府对生物质能源产业的支持是产业发展的根本动力，政府对生物质能源产业的支持主要体现在科学决策确立长期发展战略、制定并实施基于市场的激励和扶持政策、以立法形式保障战略和政策实施。(4)促进生物质能产业发展与国家多重发展目标的结合。发达国家发展生物质能源实现了与国家能源安全、生态环境以及未来发展竞争力等多重目标的结合。我国生物质能源产业的发展应该与我国能源安全、环境减压以及三农问题的破解等发展目标相结合。

(三)构建系统持续的激励政策和立法

根据《可再生能源法》等法律、法规的规定，我国对于生物质能的激励政策主要包括：补贴政策、税收政策、价格政策和低息贷款政策。其中，补贴政策包括中央政府补贴和地方补贴两种；价格政策主要是指可再生能源发电的电价问题；对于采用集资、中外合资以及外商独资等方式新建电厂，可以给予还本付息电价政策；低息贷款政策则主要应用于

---

① 参见张颖："欧美国家生物质能产业的发展思路对我国的启示"，载《知识经济》2010年第13期，第10~11页。

大中型沼气工程、省柴节能灶、蔗渣发电等项目。[①] 生物质能开发利用的成本较高,这些激励政策对生物质能的发展具有重要的促进作用。由于《可再生能源法》配套法规不健全、立法更新速度慢、配套产业发展不完善等因素的存在,目前很多政策多随项目而定,缺乏稳定性、连贯性和系统性,导致生物质能开发利用中,很多优惠政策得不到落实。以生物质能发电为例,目前《可再生能源法》缺乏相关税收优惠的实施细则或详细规定,地方政府管理部门也没有出台实施办法,导致生物质能发电项目难以得到税收优惠。按照财政部《国家税务总局关于部分资源综合利用及其他产品增值税政策问题的通知》(以下简称《通知》)(2001 年)的规定,对一些资源综合利用的增值税实行即征即退的政策,如利用城市生活垃圾发电。生物质发电主要是利用农村农业废弃物发电,这与城市生活垃圾发电是非常类似的,但由于《通知》中缺少针对生物质发电的优惠规定,税务部门也无法给予优惠。[②]

作为新兴绿色能源,生物质能的发展离不开政府激励政策的支持,但需要对现有的激励政策加以完善。首先,完善和补充相关法律、法规的规定。《可再生能源法》规定了可再生能源并网发电审批和全额收购、可再生能源上网电价与费用分摊等相关制度和税收、信贷等各种优惠措施,但总体而言,其仍然是一部政策框架法,很多规定在实践中难以落实,需要以行政法规、部门规章的方式加以完善和细化。例如,尽快制定可再生能源财政贴息和税收优惠办法,对《可再生能源发电价格和费用分摊管理试行办法》中关于电价补贴的规定进行修订等。其次,健全配套产业发展政策。例如,建立原料的专业化规模化收集、运输组织,推动关键设备的国产化,增强生物质能开发利用技术的研发等。最

① 陈霞:《我国生物质能产业发展研究》,天津商学院 2006 年硕士学位论文,第 27~28 页。

② 李艳芳、岳小花:"我国生物质发电行业存在的问题及对策",载《中国地质大学学报》(社会科学版)2009 年第 2 期,第 38 页。

后，加强宣传、实施绿色采购政策。生物质能和其他可再生能源的开发利用需要政府和社会的大力支持。《可再生能源法》也明确规定：国务院教育行政部门应当将可再生能源知识和技术纳入普通教育、职业教育课程。因此，政府、新闻媒体等单位应该加强对生物质能和其他可再生能源利用的宣传力度，增强社会公众的认可度。此外，政府还应该积极采购生物质能等可再生能源产品，成为绿色电力等产品的消费主体，发挥示范带头作用。

(四)完善生物质能管理体制

《可再生能源法》确立了我国可再生能源统一管理和分部门管理相结合的管理体制，根据该法第5条规定，国务院能源主管部门对全国可再生能源的开发利用实施统一管理。在2008年国务院机构改革中，我国的能源管理机构由新成立的国家能源委员会和国家能源局组成，其中，国家能源委员会是高层议事协调机构，国家能源局是行业管理机构。但目前的管理体制仍然存在很多问题，以生物质能源管理为例，生物质能源包含秸秆、薪柴、生活垃圾、污水、海洋生物等多种能源品种，在统管部门之外还涉及多个管理部门。例如，农业部、水利部、国家林业局、科技部、国土资源部、环保部等都设有专门的机构负责一部分工作，但却造成多头管理、职能交叉、宏观调控乏力、协调困难等问题。

从国外经验来看，成立专门的可再生能源管理机构，负责相关政策的制定和多部门间的协调是各国的普遍做法。例如，德国专门成立了联邦再生能源部；美国则由国家能源部负责建立和实施国家综合能源战略和政策；丹麦也成立了能源署，负责提出国家能源计划和执行政府的能源政策。借鉴国外相关经验，我国应该进一步加强国家能源局的综合统一管理能力。“国家能源局对可再生能源的统一管理不仅应当整合目前分散在各个部门的管理职能，而且还应当对可再生能源资源与可再生能源的管理进行整合，融合分散在同一部门不同司、局对可再生能源的管理职能。由国家能源局负责可再生能源资源的勘查、开发利用规划的拟订以及产业政策的制定等行业管理工作，为可再生能源的发展提供基础性条件。”①此外，在完善政府管理的同时，还要增强社会性管理在生物质能开发利用中的作用。

(五)健全促进生物质能发展的相关法律制度

1. 完善产品认证和市场准入制度

生物质能源企业具有规模小、分散性等特点。我国也缺乏电力、沼气等生物质能产品的产品标准、监测认证、市场准入等相关制度，相关产品难以得到市场认可，影响了生物质能的开发利用。以生物柴油为例，尽管2007年5月1日开始实施《柴油机燃料调和用生物柴油(BD100)》标准，但由于没有配套的具体规定，缺乏生物柴油的正常销售渠道，2007年可统计的生物柴油实际产量约37万吨，产品基本出口。② 因此，我国生物质能的发展需要建立完善的生物质能产品认证、监测、市场准入等法律制度，通过立法，明确相关责任主体(如供电企业、燃气公司等)收购合格的沼气电力等生态产品的义务。

2. 健全固定电价制度

固定电价制度要求电网公司有义务以政府定价购买可再生能源发电的全部电量，具有固定电价、强制上网、优先购买、电价分摊等特点。③ 根据《可再生能源发电价格和费用分摊管理试行办法》的规定，生物质发电项目上网电价实行政府定价。由于发电价格固定，生物质能发电商能够以确定的价格获得激励，因此这种规定在生物质能发展初期具有重要作用。但是，从长远来看，这种完全屏蔽市场介入、仅仅依靠政府保护性政策的制度在促进企业技术创新、扩大消费者规模等方面存在一定的缺陷，缺乏发展的可持续性。因此，在我国生物质能

---

① 李艳芳：“我国可再生能源管理体制研究”，载《法商研究》2008年第6期，第97页。

② 高飞飞：《生物质能源产业法律问题研究》，东北林业大学2011年硕士学位论文，第16页。

③ 王鹏：《论我国生物质能产业持续发展的法律制度完善》，郑州大学2010年硕士学位论文，第36页。

产业发展的初期,应该保持政策的持续性,但是随着该产业的壮大和成熟,应该逐渐运用市场机制调节电力价格。此外,在目前阶段,固定电价制度也需要加以完善,例如,针对不同生物质能技术、不同地区资源分别制定固定电价等。

第八章　生态农业和农业生态补偿法制的完善

劳动并不是它所生产的使用价值即物质财富的唯一源泉。正如威廉·配第所说,劳动是财富之父,土地是财富之母。①

——马克思

无论是发达国家还是发展中国家,都面临着既要充分利用自然资源、持续稳定发展农业,又要保护环境和农业生态平衡的问题。生态农业是破解这一难题的有效途径。因此,生态农业在国内外得到迅速发展,各国也通过加强生态农业立法和实践,为其发展保驾护航。与传统农业相比,生态农业具有生态保护、文化传承、景观提供等方面的正外部性。加强生态农业法制建设,是增强农村地区环境法制"正向构建"的重要方面。

第一节　生态农业及其正外部性解析

一、国外替代农业的类型

生态农业是欧洲、美国等发达国家针对石油农业、化学农业和工业

① 马克思:《资本论》(第1卷),人民出版社1995年版,第57页。

农业提出的替代农业的一种。在国外研究中，替代农业有多种形式，例如，有机农业、生物农业、生物动力农业、自然农业、可持续农业等。

（一）有机农业

20 世纪 20 年代，有机农业概念首先由欧美国家提出，但其起源和我国具有密切的联系。1909 年，美国农业部土地管理局局长 King 到中国进行考察后，于 1911 年写成《四千年的农民》一书，指出了我国传统农业中的一些有益经验，如用人蓄粪便、塘泥培养地力等。此后，英国植物病理学家霍华德在其基础上进一步研究和总结我国传统农业经验，并于 20 世纪 30 年代初开始提倡有机农业。1940 年，霍华德完成《农业圣典》一书，成为指导国际有机农业运动的经典著作之一。1945 年，美国罗代尔开始创办有机农场，进行有机农业生产。[①] 之后，日本、加拿大、欧洲等国也开始掀起有机农业运动，有机农业在世界各地获得较快的发展。

有机农业主张依靠农业生态系统本身的自然再循环能力进行农业生产，反对施用化肥、农药等物质。在欧洲，有机农业被描述为：一种通过使用有机肥料和适当的耕作措施，以达到提高土壤的长效肥力的系统；在美国，政府官员对有机农业的定义是：一种完全不用或基本不用人工合成的肥料、农药、生产调节剂和畜禽饲料添加剂的生产体系；国际有机农业运动联盟则指出，有机农业包括所有能促进环境、社会和经济良性发展的农业生产系统。[②]

（二）生态农业

作为替代农业的一种，生态农业兴起于 20 世纪 70 年代。美国土壤学家 Albreche. w 在 1970 年提出生态农业概念后，英国农学家 M. K. Worthington 于 1981 年进一步完善，并把生态农业定义为："在生态中可以自我维持低输入，在经济中附有生命力，在环境、伦理和审美上都可

① 杨小科：《国外的有机农业》，中国社会出版社 2006 年版，第 12 页。

② 杨小科：《国外的有机农业》，中国社会出版社 2006 年版，第 1~2 页。

以接受的小型农业,其目的是建立一个能自我维持土壤肥力、减少环境污染的持续发展的小型农业系统。"①

(三)自然农业

自然农业也称为玛雅农业,是对古代中美洲玛雅人农业方式的借鉴,其主张放弃对自然的征服、掠夺,改为与自然合作。例如,采用作物秸秆还田、绿肥和牲畜粪肥归田等作业方式。20 世纪 40 年代,日本农学家福冈正信正式提出自然农业发展模式的基本原则,并在自己的农场开展实验。总体而言,该种做法在世界范围内影响力不大,传播面积也较小。

(四)生物农业

生物农业在内容、宗旨和做法上与有机农业基本一致。生物农业(Biological Agriculture)由 20 世纪 20 年代奥地利哲学家 RudOlfSteiner 提出,并于 20 世纪 70 年代初在英国进行试验。生物农业的目的是要造成一个稳定的、持续的、相对平衡的农业系统,系统内部自身维持土壤肥力和控制病虫害,同时仅作适当的能量和资源输入使系统维持最高的生产力。②

(五)可持续农业

与有机农业相比,可持续农业并不完全排斥化学合成物投入,而是主张化学合成物的合理使用。20 世纪 80 年代中期以来,在可持续发展思想的影响下,人们开始思考农业的可持续发展模式。1987 年,美国农业部可持续农业研究与教育计划(SARE)正式提出了农业可持续发展的模式。1991 年 4 月,联合国粮农组织(PAO)在荷兰召开国际农业与环境会议,通过了著名的《可持续农业与农村发展的丹博斯宣言和行动纲领》,提出了可持续农业和乡村发展(SARD)的定义和 3 大目标。该

---

① 孙晋:《构建生态农业法律制度的理论探讨》,湖南农业大学 2011 年硕士学位论文,第 9 页。

② 李金才:《生态农业标准体系与典型模式技术标准研究》,中国农业科学院 2007 年博士学位论文,第 26 页。

宣言指出,农业可持续发展是采取某种使用和维护自然资源的基础方式,以及实行技术变革和机制性变革,以确保当代人类及其后代对农产品需求得到满足。这种可持续的发展(包括农业、林业和渔业)能够维护土地、水、动植物遗传资源,是一种环境不退化、技术上应用适当、经济上能生存下去以及社会能够接受的农业。①

二、我国的生态农业及其实践

尽管我国生态农业的兴起与发展受到外国替代农业的影响,但与我国传统农业基础和发展的现实需要具有更加密切的联系。从历史上看,我国具有发展生态友好型农业的传统。中国传统哲学中朴素的生态学思想,例如,"五行"相生相克观、"二十四节气"在我国古代农业发展中得到应用,使我国古代农业在保持土壤肥力、物质循环利用等方面积累了丰富的经验,其中很多做法至今在农村地区大量应用。从现实需要来看,20 世纪六七十年代以后,农药、化肥的过量使用以及毁林开荒等现象使我国农业生态环境日益恶化,发展生态农业成为农场可持续发展的必然选择。与国外生态农业相比,我国生态农业内涵更加丰富、范围更加广泛、类型更加多样,除了追求生态效益外,更注重经济效益与生态效益的同步提高。

我国近代意义上的生态农业兴起于 20 世纪 80 年代。1980 年,我国学者在银川召开的全国农业生态经济学术讨论会上第一次使用"生态农业"的概念。1981 年,学者马世骏总结了我国生态农业遵循的最基本的原理:整体、协调、循环、再生。马克思在论述农业生产基本特点时已经指出:"经济的再生产过程,不管它的特殊的社会性质如何,在这个部门(农业)内,总是同一个自然的再生产过程交织在一起。经济的再生产过程就是人对生物及其环境的劳动生产和技术改造过程,自然的

① 彭珂珊:《可持续农业发展的作用和意义》,载 http://edu7.teacher.com.cn/tkc129a/show.aspx?id=880&page=2,2001 年 10 月 24 日。

再生产过程就是在生态系统中生物与环境、生物与生物之间进行的能量转化和物质循环。”①因此，农业生产本身体现出经济和生态两个子系统的交叉与融合。而生态农业正是以生态学原理为基础发展起来的新型农业发展模式，它强调农业生态系统的整体性，利用物种之间的“相生相克”原理，通过物质的循环、再生，实现经济效益和环境效益的统一。

我国生态农业经过几十年的发展，在理论基础、发展模式等各方面取得很大的成就。但是，从其研究范围来看，学者的界定还不一致，也存在有机农业、绿色农业等多种类型。在此，笔者把其称为狭义的生态农业和广义的生态农业。

(一)狭义的生态农业

目前多数学者认为，我国的生态农业是按照系统工程原理，根据生态学、经济学和生态经济学等理论，运用现代科学技术成果和现代管理手段以及传统农业的有效经验建立起来，以期获得较高的经济、生态和社会效益的现代化农业发展模式，以整体、协调、循环、再生为特点②。这是狭义的生态农业，其与发达国家强调低投入或绝对排斥使用农用化学品的“生态农业”不同，从本质上讲是一种典型的可持续农业。我国目前广泛开展的生态农业县、生态农业乡和生态农业村建设等属于狭义的生态农业。

(二)广义的生态农业

广义的生态农业泛指各种注重生态、经济和社会协调发展的农业模式，包括学者提出的生态农业、有机农业、绿色农业、环保农业等各种类型，涉及种植业、养殖业、加工业等子系统。本书主要是从广义生态

---

① 转引自闫硕：“统筹城乡发展：生物质能绿色模式与解决三农问题研究”，载《学理论》2011年第13期，第55~56页。

② 卞有生：《国内外生态农业对比——理论与实践》，中国环境出版社2000年版，第69页。转引自王小利等：“替代农业研究综述”，载《首都师范大学学报》(自然科学版)2004年第2期，第94页。

农业角度进行研究。

三、生态农业的正外部性

传统意义上，人们一般强调农业所具有的产品、市场等经济方面的贡献。生态农业则是运用现代科学技术成果和现代管理手段以及传统农业的有效经验建立起来的，以期获得较高的经济、生态和社会效益的现代化农业发展模式，其发展除了为其他产业提供基本物质支持，为国民经济发展提供产品、积累资本外，在生态保护、文化传承、景观提供、社会服务等方面也具有明显的正外部性。

生态农业具有重要的生态保护功能。传统农业的发展建立在大量依赖化肥、农药等化学投入品的基础上，是一种单纯强调农业产量提高的粗放型农业发展模式，带来农业生产环境污染和破坏、农产品质量下降等一系列问题。而生态农业是一种替代传统农业的有效尝试，其不使用或少用化学合成品，尽量施用有机肥或长效肥，通过生物防治、轮作或间作等方式达到生态效益、经济效益和社会效益的统一。因此，生态农业在改善农村生态环境中具有重要的作用，它不但能够涵养水源、保护生物多样性、净化空气、保护植被，还能够有效维护农业生态平衡、保持地力、提供安全优质的农产品。

生态农业具有重要的景观、文化功能。一直以来，农业都被当做物质资料生产的对象，很少有人注意到农业景观的审美等各项功能。随着生态农业的发展，各种农家乐、生态体验园活动应运而生，给人们带来新的休闲娱乐方式，也使人们日益关注农业景观的多重价值。

农业景观是包含了土地、动植物和聚落在内的地域综合体，属于文化景观的一种类型。Scherr 和 McNeely 在 2008 年提出了生态农业景观（ecoagriculture landscapes）的概念。他们指出生态农业景观是由自然/

本土生境和农业生产用地共同构成的景观镶嵌体[①]。目前,以农业景观为基础的农业生态旅游为人们提供了"采菊东篱下,悠然见南山"的休闲活动,实现了生产性与审美性的统一,具有观赏价值、体验价值、教育价值、文化传承价值等多方面的功能。

生态农业具有重要的社会价值。社会价值是指个人及社会组织通过自身的自我实践活动发现、创造社会或他人物质、精神发展的规律及内在矛盾的贡献。[②] 生态农业的发展不但为社会公众提供清洁、安全的农产品和清洁的生活能源(如沼气),还能够节约农村劳动力,将剩余劳动力转移到第二、三产业,增加农民收入,创造出更多的社会价值。

综上所述,生态农业具有多元的价值体系,其中,部分生态、景观、文化、社会价值可以通过市场交易的方式得以体现。例如,消费者通过购买旅游门票、绿色产品进行交易,并一定程度上补偿了生态农业带来的正外部性。但是,其中绝大多数正外部性是由社会和公众无偿享用,难以通过市场交易的方式实现内部化,例如,生态农业涵养水源、保护生物多样性的生态功能、农业文化遗产的文化传承功能等。如果这样的现象长期存在,将降低人们发展生态农业的积极性,也不利于实现社会公平正义。因此,需要通过加强政府管理和法制建设,制定合理的法律制度和法律措施激励、促进和补偿生态农业的发展,实现正外部性的内部化。

---

① Scherr S. J. ,McNeely J. A. Biodiversity conservation and agricultural sustainability: towards a new paradigm of "ecoagriculture" landscapes[J]. Philosophical Transactions of the Royal Society B: Biological Sciences,2008,363(1491): 477 - 494. 转引自刘云慧、张鑫、张旭珠等:"生态农业景观与生物多样性保护及生态服务维持",载《中国生态农业学报》2012 年第 7 期,第 821 页。

② 李恩、兰欢:"循环农业在农村生态社会建设中的价值分析",载《经济研究导刊》2010 年第 13 期,第 38 页。

第二节　国外生态农业和农业生态补偿法制建设及其借鉴

生态农业在国外发达国家开展较早,其发展离不开国家法律政策的支持。农业生态补偿制度对生态农业的发展发挥了重要的促进作用。本书将对此进行介绍和评析,以期对我国生态农业的发展提供借鉴。

一、美国生态农业和农业生态补偿的立法与实践

目前,生态农业在美国主要是指有机农业。从 20 世纪 40 年代,美国开始从事生态农业生产;20 世纪 80 年代之后,在生态农业的基础上,美国开始大力发展有机农业。根据美国农业部(USDA)的定义,有机农业是一种完全不用或基本不用人工合成的化肥、农药、生长素和牧畜饲料添加剂的生产体系,在这一体系中尽可能地在最大可行范围内依靠作物轮作、秸秆、畜禽粪肥、豆科作物、绿肥、农场以外的有机废料和生物防治病虫害的方法来保持土壤生产力和耕作。① 目前,美国是世界上最大的有机产品市场。为了保障生态农业的发展,美国制定了相关的法律和政策,形成了生态农业保护的完整体系。

(一)有机农业法律

早在 1983 年,美国就制定了有机农业法规,对有机农业进行界定。1990 年,美国又制定了《有机食品产品法案 1990》(Organic Food Production Act of 1990),对国家有机食品的生产程序、国家标准、认证

---

① Dimitri C. ,Greene C. Recent Grow the Patter s in the U. S. Organic Foods Market. U . S. Department of Agriculture, Economic Research Service, Market and Trade Economics Division and Resource EconomicsDivision [R] . Agriculture Information Bullet in No . 777: 1 -4(2002) . 转引自唐其展:"美国有机农业的发展和启示",载《广西农业科学》2004 年第 6 期,第 517 页。

程序等作了规定。除该法案外,2000 年 12 月 21 日,美国联邦农业部制定了美国《有机农业标准》①,对“农产品”、“有机制造”等相关概念进行界定,对有机农产品的生产和经营要求、认证过程、认证费用、认证标准等做出了详细规定,列出了有机农产品中允许和禁止使用的物质,促进了新鲜食品或有机制成的加工食品的发展。根据该标准,有机农作物生产标准包括以下几个方面:②(1)有机农作物收获前,至少 3 年内没有向土壤中施用过国家有机标准禁止使用的物质,实行作物轮作;(2)禁止使用转基因技术、辐射技术以及污水、淤泥;(3)采用耕作和栽培措施改善土壤肥力和作物营养,辅之以动植物废物和允许使用的合成物质;(4)优先选用有机种子和有机苗木等繁殖器官,但在特殊情况下,农民可使用非有机种子和非有机苗木等繁殖器官;(5)主要采用物理措施、机械措施和生物措施等防治作物病、虫和杂草。如果这些措施的防治效果有限,则可采用生物制剂、植物制剂或国家有机标准允许使用的合成物质进行防治。由于该标准是强制性的,所有出口到美国的有机农产品必须接受美国农业部认可的认证机构的检查和认证。根据该标准,美国有机农产品的标识分为 4 级即 100% 有机、有机(有机含量大于 95%)、含有机(有机含量 70% ~95%)和非有机(有机含量小于 70%)。

(二)农用地环境保护和补偿法律

20 世纪 70 年代以来,美国在农业环境保护方面,围绕恢复土地植被、减少水土流失、增强土地肥力、改善耕作方法、控制种植面积等目标制定了相关法律并采取了补偿措施。例如,《1956 年农业法》规定了“土壤银行计划”(Soil Bank Program),鼓励农场主短期或长期退耕一部分土地,存入土壤银行,银行付给其一定的补助,并对按照此计划退耕土地的农场主给予农产品价格补贴。“土壤银行计划”又包括两个子

---

① 标准于 2001 年 2 月 20 日开始试用,2002 年 8 月正式施行。

② 唐其展:“美国有机农业的发展和启示”,载《广西农业科学》2004 年第 6 期,第 518 页。

计划:一是耕地面积储备计划(Acreage Reserve Program)。该计划为期3年,要求农场主停耕一部分土地,并同政府签订为期一年的合同,则农场主可以从政府取得相当于停耕土地租金的补贴。二是土壤保护储备计划(Conservation Reserve Program)。该计划要求农场主在1956~1960年间同政府签订土地退耕计划,合同有效期3~5年不等,则农场主每年按合同取得每英亩土地的租金和每年采取保护措施的成本分摊费用。[①] 该计划取得了良好的效果,据统计,1959年到1968年10年间,根据“土壤银行计划”退耕的土地每年就有445万~1174万公顷。[②]

《1970年农业法》除继续实施《1956年农业法》规定的“耕地面积储备计划”和“土壤保护储备计划”外,还将计划的规模维持在每项计划每年开支1000万美元的水平上。同时,该法还规定了一项新的土壤保护计划即“绿地计划”,要求联邦政府协助州政府和地方政府取得永久性退耕的耕地,用于包括空地、野生动物保护用地、休闲设施用地在内的各种非种植业用途。[③] 1972年,在“土壤银行计划”结束后,随着世界性粮荒的出现,美国谷物和薯类播种面积大量增加,水土资源问题再次恶化。因此,美国农业部于1976年颁布了《基本农田、牧场和林地宣言》,宣称农业部的目标是减少基本农田流失,鼓励联邦部门采取措施,保护基本农田。国会也于1977年制定了《土壤和水资源保护法》,进一步明确了农业部的农业环保计划,要求农业部解决最紧迫的生态、经济问题,组织和完善《水土保持实施大纲》。但在实际工作中,由于行动所需费用较高并且人们对此争议比较大,直到20世纪80年代中期,美国除了农产品计划中要求的在退耕土地上做好水土保护措施以外,几乎没有实施其他特殊的保护措施。

---

① 参见王庆国:《美国的农业环境问题及其治理》,苏州大学2010年硕士学位论文,第26页。

② 李静云:“中国构建生态补偿机制法律机制探讨——以美国农业生态补偿为例”,载《绿色视野》2007年第10期,第34页。

③ 权昌会主编:《美国农业立法》,经济科学出版社1997年版,第51页。

1985 年,为了解决水土流失问题,美国政府又实施了"耕地保护性储备计划"(Land Retirement Programs)。在容易发生土壤侵蚀、水土流失以及荒漠化的地区,实行有计划的退耕还草、还林以及休耕,政府对退耕的农民进行补偿。相关研究表明,从 1985 年到 2002 年,已有 1360 万公顷耕地退出农业生产活动,涉及 37 万农户。①

2002 年 5 月,美国总统签署了《2002 年农业保障和农村投资法》②,决定在 1996 年农业法案规定的 666 亿美元农业补贴的基础上,新增 519 亿美元农业补贴。该法案主要包括 10 项内容:农产品计划、生态保护、农业贸易和援助、营养计划、农业信贷、农村发展、农业研究、林业、能源、杂项(原产国标识、家庭农场主破产保护等)和其他条款。其中,用于生态保护的补贴和投资达到 171 亿美元,主要涉及领域和项目分别是:自然保护保护区计划(CRP)、湿地保护区计划(WRP)、草原保护区计划(GRP)、农田保护计划(FPP)、野生生物栖息地激励计划(WHIP)、环境质量激励计划(EQIP)、水资源保持计划、自然保护安全计划(CSP)、小流域复原计划以及为保护沙漠边缘湖泊提供资金。这些生态保护项目进一步扩大了保护区域的范围,例如,自然保护保护区计划(CRP)将面积上限从 3640 万英亩增加到 3920 万英亩并保留优先地域;湿地保护区计划(WRP)将面积上限增加到 227.5 万英亩。此外,该项目还支持对重要生态区域进行生态恢复,例如,为修复 50 年以上小型蓄水设施提供了 2.75 亿美元的基础资金。③

(三)美国农业生态补偿的补偿机制

总体而言,美国农业生态补偿机制可以分为以下三种:④(1)自愿性

---

① 李静云:"中国构建生态补偿机制法律机制探讨——以美国农业生态补偿为例",载《绿色视野》2007 年第 10 期,第 34 页。

② 实施期限为 2002 年 6 月到 2007 年 6 月。

③ 中欧农技中心:《美国 2002 农业法解读(一)》,http://www.cafte.gov.cn/ggzcfg/guobiediaoyanbaogao/20041010/18.asp,2002 年 8 月 14 日。

④ 张宏艳、刘平养著:《农村环境保护和发展的激励机制研究》,经济管理出版社 2011 年版,第 163 页。

补偿机制。指政府从生态环境保护的需求出发,对愿意加入项目中的农民提供一定标准的补偿以及各种技术支持和服务等。政府也可以购买土地的产权,以强化其提供生态服务的能力。此类项目主要包括环境质量激励项目(EQIP)、野生生物栖息地激励项目(WHIP)、湿地保护项目(WRP)、土地休耕项目(CRS)等。(2)强制性补偿机制。也就是说,政府以法案的形式限定特定区域内人类行为以确保生态环境安全,同时根据法律规定的"占有"标准向土地所有者提供补偿。涉及的法案包括《濒危物种法》、《清洁水法》、《清洁大气法》等。(3)自愿性和强制性相结合的补偿机制。由于美国政府的收入补贴占农民收入的30%~40%,此类措施实质上是强制性要求生态脆弱区域从农业生产中退出,从而实现农业生态环境保护的目标。

二、日本生态农业和农业生态补偿的立法与实践

日本非常重视农业的生态环境保护功能,其发展生态农业的思想起源比较早。1935年,日本宗教哲学领袖冈田茂吉就倡导建立一个不依赖人造化学剂和稀有自然资源的农业生态系统也即自然农法。自然农法和当前的生态农业相似,均主张农产品应该以"无农药、无化学肥料"的方法生产,以确保农产品的安全和健康。由于资源匮乏,从20世纪60~70年代开始,随着农业现代化的推进,日本农业环境受到化学制品污染越来越严重。因此,日本在20世纪70年代就大力倡导生态农业,其重点是减少农田盐碱化、农药化肥污染等问题,提高农产品质量安全。20世纪80年代以后,日本生态农业发展迅速,政府对生态农业的监管力度大量增加,相关生态农业立法也逐渐完善。

目前,日本生态农业发展和农业生态补偿方面的立法主要包括:《农药取缔法》、《土壤污染防止法》、《食物、农业、农村基本法》、《可持续农业法》、《堆肥品质管理法》、《食品废弃物循环利用法》等。其中,1999年颁布的《食物、农业、农村基本法》是在对1961年实施的《农业基本法》进行评估后制定的具有新理念的法律。它特别强调发挥农业及

农村在保护国土、涵养水源、保护自然环境、形成良好自然景观等方面所具有的多种功能,其核心思想在于实现农业可持续发展与农村振兴、确保食物的稳定供给、发挥农业和农村的多种功能。它是21世纪日本发展生态农业的基本方针。1999年实施的《可持续农业法》是促进可持续农业生产方式规范性的法律。该法明确规定了"农业生产使用的堆肥和其他有机质生产资料,使用农林水产省令规定的高效减量的农药、化肥。"①此外,各都道府县还根据该法制定了实施细则,包括生产方针、实施措施以及其他必要事项。2001年颁布实施的《堆肥品质法》是与《可持续农业法》相配套的单项专业性法规。根据该法,堆肥属于特殊肥料,应受到严格的管理。2000年制定的《食品废弃物循环利用法》建立了食品循环资源肥料、饲料化处理业者注册制度,有效促进了食品循环资源的再生利用。2000年颁布的《针对山区、半山区地区的直接支付制度》规定,农户与地方政府签订协议,按照协议规定从事环保型农业生产便可以领取相应补贴。此外,日本还从以下几方面对实施农业生态保护的农户提供政策支持:对从事环境保护型农业的农户提供农业专用资金无息贷款,对有机资源再生利用推进事业项目、土壤改造农业项目进行建设资金补贴和税款的返还,对农业生产综合对策事业中增进自然循环功能的事业的生态农业者给予金融、税收方面的优惠政策。②

三、德国生态农业和农业生态补偿的立法与实践

德国生态农业立法比较丰富,主要包括:《生态农业法案》、《生态标识法》、《种子法》、《土地资源保护法》、《物种保护法》、《植物保护法》、

---

① 姜达炳:"日本生态农业考察的启示",载《农业环境与发展》2002年第4期,第43页。

② 邵江婷:《基于社区发展的我国农业生态补偿法律问题研究——以湖北省为例》,华中农业大学2010年硕士学位论文,第22页。

《肥料使用法》、《自然资源保护法》、《垃圾处理法》和《水资源管理条例》等。此外，根据欧盟的规定，德国还公布了种植业（1991年）和养殖业（1994年）的生态农业管理规定。其中2001年的《生态标识法》把生态农产品和传统农产品加以区别，对生态农产品保护起了重要推动作用。2002年的《生态农业法案》对生态农业提出了更严格的标准和要求。根据该法规定，生态农业必须具备以下条件："（1）不使用化学合成的除虫剂、除草剂，使用有益天敌或机械除草方法；（2）不使用易溶的化肥，而是有机肥或长效肥；（3）利用腐殖保持土壤肥力；（4）采用轮作或间作方式种植；（5）不使用化学合成的植物生长调节剂；（6）控制牧场载畜量；（7）动物饲养采用天然饲料；（8）不使用抗生素；（9）不使用转基因技术。"①通过发展生态农业，德国对土壤、地下水等资源进行了较好的保护。

为了保护农业生态环境，德国政府大力推广生态农业并对农民进行补贴。早在1987年，农民按照政府要求使用化肥和农药便可以获得每公顷310马克的政府补贴。德国农业补偿采取自愿参加、至少5年、遵守有关环境保护规定的原则。② 德国农业生态补偿的对象主要包括三种：有机农业、对多年生作物放弃使用除草剂以及使用粗放型草场。德国生态补偿的方式主要包括直接补贴、生态补贴以及其他方式，例如，根据欧盟的农业环境政策，德国对休耕土地（5～20年）提供补贴。总体而言，德国农业生态补偿具有以下四个方面的特点：③（1）政策主要通过补偿实施，鼓励农民采取环境友好的生产方式实现农业生产方式和生产结构的转变，从而达到保护生态环境的目的；（2）补偿通过项目的方式进行，政府通过某一项目的实施支付给农场主，并且该项目具备

---

① 黄维礼："德国对生态农业的要求"，载《福建农业》2005年第3期，第36页。

② 邢可霞、王青立："德国农业生态补偿及其对中国农业环境保护的启示"，载《农业环境与发展》2007年第1期，第2页。

③ 万晓红、秦伟："德国农业生态补偿实践的启示"，载《环球瞭望》2010年第3期，第73页。

一定延续性;(3)补偿一般都与相应的环保措施挂钩,并且这些环保政策均为实质性环保措施;(4)保护项目的实施通过政府与农户签订协议的方式实现。

四、国外生态农业和农业生态补偿立法与实践的主要启示

尽管国内外农业发展的具体标准和要求不同,各国立法传统、农业生产环境也各不相同,但是,国外发达国家先进的管理理念和立法实践仍有很多值得我们借鉴的地方。考察上述发达国家的立法和实践,可资借鉴的经验主要包括:(1)建立完善的农业法律法规体系。国外的农业立法涉及面较广,例如,除了专门性生态农业立法外,美国的《有机农产品法案1990》、日本的《可持续农业法》,还包括农地保护立法、农业补偿立法等。通过构建全面的法律、法规体系,为生态农业的发展提供法律依据和支持。(2)构建科学合理的生态农业管理模式。目前,我国生态农业的管理主要依赖政府的行政命令,对各种市场手段和经济手段重视不够。生态农业的发展源于人们对农业生态安全的关注和生态农产品的需要,社会公众的内需动力较强。因此,我国生态农业管理应转变政府管理职能,从过去单一的行政管理模式转变为行政管埋与市场调节、公众参与相结合的综合性管理模式,建立新型国家的农业生态环境保护管理体制。(3)加强农业补贴,政府承担绝大多数责任。农业发展具有多重功能,不但能为社会公众提供安全、优质的农产品,还能够提供优美景观,进行文化传承。考查国外立法和实践可以发现,国外生态补偿的主要出发点都是保护农业生态环境、促进农业发展。例如,美国、日本等国家都通过政府补贴、税收优惠、财政支持等手段加强对农业发展的支持,平衡农业和社会其他产业、农户和其他群体之间的利益关系。在此过程中,政府承担绝大多数补偿责任。(4)完善农产品认证制度。我国目前的农产品认证体系、认证机构还比较混乱,各种不同质量的农产品充斥市场,影响了消费者的选择和购买。而国外通过良好、完善的农产品认证制度可以给消费者吃下定心丸,即使生态农产品

价格较高,消费者也乐于接受。因此,我国应该逐渐完善相关农产品认证标准和程序,扩大生态农产品认证范围,加大违规生态农产品生产者和销售者的法律责任,为生态农产品的发展提供一片净土。

第三节　生态农业法制的完善重点

一、我国生态农业法制的发展历程和完善建议

20 世纪 80 年代初,我国进行了小规模的生态农业试点工作。在此阶段,相关法律、法规体现出对生态农业和农业生态环境的关注。1981 年,我国农业生态环境保护协会召开了“开创农业新局面”的讨论会,提出“发展生态农业,开创农业环境保护工作新局面”的倡议书。1982 年,农业部等部门发布了《农药登记规定》、《农药安全使用规定》、《农药登记规定实施细则》等相关规定,通过规制农药的合理使用保护农业生产环境。

20 世纪 80 年代中期以后,我国开始进行大规模的生态农业试点工作,生态农业法制建设逐步展开。1985 年 3 月,农牧渔业部、国家环境保护局向国务院上报了《关于发展生态农业的报告》。1985 年 6 月,国务院环委会发布了《关于发展生态农业,加强农业生态环境保护工作的意见》,指出发展生态农业是改善农业生态环境的重要途径。1986 年颁布(1988 年、2004 年两次修正)的《土地管理法》对各级政府提出了农业生态环境保护的要求①,为生态农业发展奠定基础。20 世纪 90 年代以后,中央和地方各级政府把生态农业建设作为农业和农村经济发展的重要战略任务,并制定了相关发展规划和法律规范。1993 年颁布的《农业法》在第七章“农业资源与环境保护”中,对化肥、农药的合理使用,生

---

① 第 35 条规定:“各级人民政府应当采取措施,维护排灌工程设施,改良土壤,提高地力,防止土地荒漠化、盐渍化、水土流失和污染土地。”

态环境的保护，农业资源的合理使用，土壤污染、地力衰退防止等做了规定。1994 年，《中国21 世纪议程》提出“大力发展生态农业，保护农业生态环境”的要求；农业部发布了《关于颁布〈生态农业示范区建设技术规范（试行）〉的通知》，对生态农业示范区的设置、生态农业的调查与评价、生态农业建设总体规划的实施、示范区建设的评价与验收等方面作出了详细规定。2002 年，《农业法》修订时又明确规定“发展生态农业，保护和改善生态环境”。

随着人们对农产品质量安全的关注，《农产品质量安全法》、《无公害农产品管理办法》、《无公害农产品标志管理规定》、《绿色食品标志管理办法》、《绿色食品认证及标志使用收费管理办法》、《绿色食品产地环境质量现状调查技术规范（试行）》、《绿色食品产品抽样技术规范（试行）》、《绿色食品标志市场监察实施办法（试行）》、《绿色食品企业年度检查工作规范》、《有机产品认证管理办法》、《有机产品标准》、《有机产品认证实施规则》等农产品管理的法律、法规、规范性文件和环境标准逐渐出台，构成了生态农业发展的法律法规体系。此外，2014 年《环境保护法》、《农药管理条例》、《基本农田保护条例》等法律法规也从生态环境保护、农药使用等方面提出了发展生态农业的要求。

与国家有关生态农业的法制建设进程比较缓慢相比，地方立法为农业生态环境和生态农业发展给予了重要保障和支持。1993 年颁布的《黑龙江省农业环境保护条例》规定，县级以上人民政府农业行政主管部门农业环境监督管理的主要职责之一是“推广生态农业，开发无污染农副产品，发展农业环保产业”。1994 年颁布的《山东省农业环境保护条例》也规定县级以上人民政府农业部门的主要职责之一便是“组织开展农业环境建设，推广生态农业，发展农业环境保护产业”，此后，1996 年颁布的《河北省农业环境保护条例》①，1996 年颁布、2004 年修订的

① 第 10 条规定：“县级以上人民政府主管农业的部门在农业环境保护方面的职责之一是：组织建设生态农业，发展农业环境保护产业，开发无公害农产品。”

《辽宁省农业环境保护条例》[①],2006 年通过的《湖北省农业生态环境保护条例》[②]也作出了类似的规定。这些规定把生态农业和农业结构调整、改善农业生产条件和生态环境、发展无公害农产品有机结合起来,有效地促进了农业增效、农民增收和农村生态环境的改善。

随着生态农业实践的发展,生态农业立法不断增多,但是,目前的规定主要表现为政府政策、行政命令和红头文件,相关法律、法规规定较少。在已有的法律法规中,也主要是宏观上的原则性规定,在具体实施中面临不够细致、可操作性较差的问题。目前,我国农业生态环境恶化日益严重,生态农业发展也亟须法律制度的保障和规范。因此,加强生态农业法制建设势在必行。宏观上的生态农业法制建设可以从以下几个方面展开:(1)开展生态农业法制的理论研究。例如,生态利益考量和平衡的理论研究、生态农业法哲学研究、生态农业立法理论研究等。(2)构建生态农业发展的法律体系。在法律体系上,从《环境保护法》、《农业法》等"基本法"角度确立生态农业发展的基本原则和基本制度;同时,从土壤保护立法、农产品质量安全立法、清洁生产和循环经济立法等各方面为生态农业发展提供法律保障。(3)完善生态农业发展的法律制度。主要包括生态农业规划制度、生态农产品认证制度、生态农业激励制度、生态农业监管制度、生态农业产业化制度等。

二、生态农业法制目标的扩展:促进生态农业发展和生物多样性保护的双赢

传统意义上的生物多样性保护强调对生物多样性热点地区及自然保护区的保护,但是这种保护方式具有面积有限、过于隔离以及管理不

---

① 第 10 条规定:"县级以上人民政府农业行政主管部门在农业环境保护工作中的主要职责包括:组织开展生态农业建设工作,推广生态农业技术。"

② 第 24 条规定:"县级以上人民政府应当采取措施,扶持开发无公害农产品、绿色食品和有机农产品,建立生态农业保护区,发展生态农业。"

善等问题。近年来,生态农业发展与生物多样性保护成为国际生态农业研究的重点内容。从全球范围来看,农业生产区域分布广泛,约占地表土地面积的25% ~30%,但传统农业生产方式对生物多样性有着显著的破坏,进而对粮食安全产生重要的影响。据联合国粮农组织估计,20世纪全球在6300个动物品种中,有1350个品种濒临危险或者已经灭绝;目前人类的大多数食物供应是仅仅从12种农产品物种和14种动物中获取的。[①] 而生态农业恰好可以弥补传统农业的不足,对于促进农业生态环境改善和农业生态系统多样化具有重要意义,为生物多样性保护提供支持。与此同时,生物多样性具有重要的农业生态环境价值和经济价值,生物多样性保护为提高农产品质量和调整农业结构提供良好的生态环境和丰富的种质资源。因此,通过发展生态农业促进生物多样性保护是一种双赢的结果。

生态农业在协调农业和生物多样性保护方面包括土地管理和资源管理两种管理模式,具体包括:在农用土地范围内把无耕作的小块土地作为野生动物的生境;建立新的保护区,使当地的农民直接受益(增加野生或种植产品的流动,增强当地有价值的环境服务,或增加农业的可持续性);建立生境网络和无农耕土地通道;通过营养物和害虫管理以及农场和排水道过滤器等新方法减少农业污染;改变土壤、水和自然生态植被的管理以提高生境质量;改变农产品的配比和结构来模仿自然植被的结构和功能。[②] 在内容方面,生态农业对生物多样性的保护包括生境多样性、物种多样性和遗传多样性三个层次。其中,生境多样性可以通过建立多样性的人工生境和野生生境来实现,物种多样性主要通过合理的农业生态系统管理和生境多样性的建立来实现,遗传多样性

① 杨爱国、丁莹:《联合国粮农组织总干事呼吁保护生物多样性》,新华社网站,2004年10月19日。

② 朱文玉:《我国生态农业政策和法律研究》,东北林业大学2009年博士学位论文,第65页。

主要通过在一定的区域合理混合种植（如传统农作制度中的间作、混作以及新开发的混播等）不同基因型品种来实现。①

以生态农业促进生物多样性保护已经在各国开展实践并取得良好效果。据统计，至少有60多个来自世界不同地区和不同种类耕作制度的例子已表明，生态农业对野生动物种群数量、农产品产量和农民收入有显著的积极影响。② 在此基础上，各国立法中也开始注重生态农业发展和生物多样性保护的紧密联系。美国《2002年农业保障和农村投资法》便通过实施野生生物栖息地激励计划（WHIP）对生物多样性进行有效保护。在我国面临生物多样性锐减和发展生态农业的双重压力下，实现两者的密切结合不失为一个科学的选择。因此，在生态农业法制建设中，应该明确生物多样性保护的内容，通过保护土地、提高土壤水分、控制水土流失提高野生动物的栖息率，实现生态农业发展和生物多样性保护的双赢。

三、生态农业标准体系的国外借鉴与完善建议

（一）国外生态农业标准体系借鉴

发达国家生态农业的发展离不开其完善的农业标准体系。国外生态农业标准体系主要是指有机农产品生产的标准体系即以产品生产为核心对有机农产品生产的产前、产中、产后建立完整的标准，包括产品标准、生产技术标准、管理标准、监督监控标准等。③

国外生态农业标准包括联合国标准、国际非政府组织标准和国家标准三个层次。联合国层次的标准由联合国粮农组织（FAO）与世界卫

① 陈欣、唐建军、王兆骞："农业生态系统中生物多样性的功能——兼论其保护途径与今后研究方向"，载《农业生态环境》2002年第1期，第40页。

② 朱文玉：《我国生态农业政策和法律研究》，东北林业大学2009年博士学位论文，第65页。

③ 邱建军等："我国生态农业标准体系基本框架探讨"，载《中国生态农业学报》2008年第5期，第1265页。

生组织(WHO)共同制定,目前尚属于建议性标准。国际性非政府组织标准主要由国际有机农业运动联盟(IFOAM)制定,其基本标准是一个总的原则,是认证机构的最低要求;国家标准以欧盟、美国和日本为代表。

欧盟在1991年开始实施欧盟2092/91农产品有机生产法令,从而统一了有机生产的农产品和食品的生产、加工、标签和监控标准。该法令共16章、6个附录和25条修正条款,内容涉及专门术语的界定、有机食品标示、生产要求、监控系统、私营认证机构的认证条件等。根据该法令,所有有机产品或相关产品必须获得认证,非欧盟成员国进口到欧盟的有机产品必须符合欧盟要求。美国生态农业标准主要是2000年美国联邦农业部制定的美国《有机农业标准》(2006年修订)。该标准包括有机农作物生产标准要求、有机畜产品生产标准要求和农产品加工生产标准三个方面。从要求上来看,美国的有机标准基本上与欧盟类似,区别在于美国把检查、认证等内容也进行了规定。日本在2000年推出了有机农业标准(JAS),并于2001年3月9日正式取代了之前适用的欧盟2092/91标准。日本标准多数内容与欧盟标准类似,但也有以下几点区别:(1)JAS标准仅限于作物产品及其加工品,动物产品、肉类、生活用品、蛋类等产品不适用JAS标准;(2)与欧盟2092/91标准不同,JAS要求食品加工者有一个好的卫生条件,并且提出必须保持原材料物产品的高质量;(3)最大的不同在于JAS标准要求建立一个正式的"分级程序",也即在产品贴上标签并卖到其他公司或者直接出口到日本之前,"分级管理者"必须检查是否已经按照要求的那样执行了有机标准和内部规定。①

(二)我国生态农业标准体系的完善

生态农业标准体系是由生态农业领域内产前、产中、产后过程中的

① 杨小科:《国外的有机农业》,中国社会出版社2006年版,第137、145~146页。

若干标准及其子标准按内在联系构成的相互关联、相互依存的有机系统。[①] 在内容上,农业标准体系包括种植业和养殖业产品标准,农业生产资料标准,农业水利建设及生产设施标准,农业环境保护及资源合理利用标准,动植物保护、病虫害防治、卫生防疫与检验、检疫标准,种养殖技术规程,各类农产品加工技术规范等[②]。在层次上,包括国家标准、行业标准、地方标准和企业标准。

目前,我国在生态农业标准建设方面取得的成就主要包括:《农业标准化管理办法》(1991 年)、国务院《关于发展高产、优质、高效农业的决定》(1992 年)、国家质量技术监督局、农业部和国家科委联合发布的《关于加强农业标准和农业监测工作,促进高产、优质、高效农业发展的意见》(1996 年)等行政法规和规范性法律文件。此外,为了规范农产品质量安全,我国针对无公害农产品、绿色食品、有机产品分别制定了环境标准。例如,国家质量技术监督局于 2001 年颁布了 8 项无公害农产品国家标准,每类均包括"安全要求"和"产地环境要求";针对绿色食品和有机产品,国家制定了《绿色食品产地环境质量标准》(2000 年)、《有机产品认证标准》(2011 年)等环境标准。

总体而言,我国生态农业标准很不完善,存在以下问题:(1)标准数量少、水平低。由于标准的缺乏,在我国上市销售的 1000 多个农产品中,有近 60% 农产品无国家标准,而且同一种产品的质量标准、生产技术规范和产地环境标准也往往不配套。[③] 此外,我国农产品及其加工品质量安全标准普遍低于国外先进标准,尤其与发达国家标准存在较大差距。(2)标准不统一。"据农业部统计,目前我国现有的生态农业

---

① 李金才:《生态农业标准体系与典型模式技术标准研究》,中国农业科学院 2007 年博士学位论文,第 66 页。

② 邱建军等:"我国生态农业标准体系基本框架探讨",载《中国生态农业学报》2008 年第 5 期,第 1264 页。

③ 金发忠:《我国农业标准化存在的主要问题. 农机质量与监督》2004 年第 2 期,第 20 ~ 22 页。

模式或技术体系有370种之多,各个模式标准又是千差万别,同样是'四位一体',在辽宁是一个标准,在河北又是另一个标准。模式多,标准不统一造成农民在应用时更加不便,在具体操作时不知道如何选择。"[①](3)监控、监测措施不完善。完善有效的监控、监测措施是环境标准实施的重要因素。我国主要对粮、棉、油等农产品及其制品进行监督,对种子、种苗、种畜、鱼苗等种植业和养殖业产品的监督力度不够,影响了环境标准的实施效果。

生态农业标准体系并不完全等同于生态农产品标准体系,其完善应该结合我国生态农业的特点。我国区域条件差异大,生态农业模式种类丰富。根据学者研究,我国现有的生态农业模式主要包括物质多层利用型、生物互利共生型、资源开发利用与生态环境整治型、旅游观光型4大类型,每种类型又包括不同的亚类型。[②] 无论哪种生态农业模式,生产过程都包括了环境控制、组织管理、技术要求、物质循环利用、产品评价等多个环节。因此,生态农业标准的制定应该坚持"求同存异"的原则。无论哪种生态农业模式,都应该体现基本的"整体、循环、协调、再生"的特点,遵循生产环境、产品品质、包装储运、检验检疫等各方面的规范约束。针对不同类型的生态农业模式,要分别制定不同的技术规程,最大程度形成适用于相同类型生态农业模式的技术标准或规范。

按照上述思路,我国生态农业标准体系框架的核心内容主要包括以下四个层次:[③]第一层次为基础层,表明生态农业标准体系是农业标准体系的有机组成部分,有关农业法律和法规、国家标准和技术规程,

---

① 李金才:《生态农业标准体系与典型模式技术标准研究》,中国农业科学院2007年博士学位论文,第33页。

② 李金才:《生态农业标准体系与典型模式技术标准研究》,中国农业科学院2007年博士学位论文,第50页。

③ 邱建军等:"我国生态农业标准体系基本框架探讨",载《中国生态农业学报》2008年第5期,第1266页。

以及标准制定的规程草案是构成生态农业标准体系的依据和基础。第二层次为共性层，是生态农业标准体系的共性层（基础通用）即根据资源可持续利用和食品安全要求，从各种生态农业模式中提取共性的内容，构建更高层次的标准，为生产管理、监督、评价提供指导。体现我国生态农业标准体系是以生态农业模式为核心，包括技术标准、生态环境控制标准、组织管理规程、信息服务标准、产品标准、评价方法、物质循环利用规程等。第三层次为个性层，体现我国生态农业模式的分类特点，把我国现有的生态农业模式分为物质多层利用型、生物互利共生型、资源开发利用与生态环境整治型、旅游观光型四大类型。第四层次为细化层，按照过程控制具体细化各种生态农业模式、各主要环节的关键技术规程和标准，体现生态农业标准体系以技术标准为主体的特点。

第四节　农业生态补偿法律机制的重构

在城乡二元社会经济结构下，农业和农民都处于弱势群体地位。通过农业生态补偿来改善农业环境、促进农业可持续发展是维护农民合法权益、实现社会公平正义的有效途径。农业生态补偿是我国生态补偿体系的重要组成部分。本节通过分析农业生态补偿实践和立法中存在的问题，借以探讨我国生态补偿机制的完善。

一、农业生态系统服务功能与生态补偿的界定

作为一种典型的经济——自然——社会复合型生态系统，农业具有重要的生态系统服务功能。“农业的生态系统服务功能主要是指支撑和帮助完成人类生命过程的来自农业生态系统的物流、能量流和信息流，也就是说人类能从农业生态系统中获得的直接和间接利益，包括农业生态系统提供的各种产品和生态过程中形成的维持生命系统的环

境条件和效用。"[1]农业生态系统服务功能具有多样性。有的学者把农业生态系统服务功能分为经济服务价值、社会服务价值和生态服务价值三类[2];有的学者分为使用价值和非使用价值两类,其中使用价值又包括直接使用价值和间接使用价值,非使用价值又包括选择价值、遗产价值和存在价值[3]。由于本书分析农业生态系统服务功能是为了探讨农业生态补偿机制的完善,笔者按照国外学者 Wossink 和 Swinton 的观点,将农业生态系统服务分为可市场化的直接产品服务与不可在市场上直接买卖的服务,如调节气候、净化水源、美学价值等[4]。

农业生态系统服务功能为社会提供的生态效益具有明显的正外部性,由于很多情况下难以在市场上量化和买卖,农业生态系统服务功能对很多人而言还是"免费的午餐"。因此,需要通过一定的手段实现农业生态保护正外部性的内部化,让生态保护的"受益者"支付相应的费用。目前,我国农业生产发展中,农业生产与环境保护、农民群体和社会其他群体、短期经济利益和长期环境利益的矛盾日益突出。如果不通过一定的激励措施对农业发展中的利益受损者进行弥补,不但有失社会公平,也难以平衡农民利益、促进农业的可持续发展,因此,构建科学合理的生态农业补偿制度具有必要性。

国内环境法学界对生态补偿这一概念主要在三种意义上使用:第一种观点认为生态补偿包括对人的补偿和对自然的补偿两个方面,这

---

① 刘向华:"我国农业生态系统核心服务功能体系构建",载《当代经济管理》2010年第12期,第37页。

② 祝文烽、王松良、Claude D. Caldwell:"农业生态系统服务及其管理学要义",载《中国生态农业学报》2010年第4期,第891页。

③ 焦洁、任顺邦、时斌、尹晓波:"农业生态系统服务功能价值评价应用研究——基于生态补偿",载《现代商贸工业》2011年第10期,第47页。

④ Wossink A. ,Swinton S. M. Valuation with supply tools: Willingness - to - accept - payment for ecosystem services from agriculture[J]. Version,2006,22: 1 - 22. 转引自祝文烽、王松良、Claude D. Caldwell:"农业生态系统服务及其管理学要义",载《中国生态农业学报》2010年第4期,第890页。

是从最广泛的意义上对生态补偿进行界定。例如,有的认为生态补偿包括"从事对生态环境有影响的行为时对生态环境自身的补偿"以及"开发利用环境资源时对受损的人们的补偿"。① 第二种观点认为生态补偿主要是对人而言的,这里的人既包括环境资源的开发利用者,也包括环境资源的保护恢复者。例如,有的认为,"生态补偿是指国家或社会主体之间约定对损害资源环境的行为向资源环境开发利用主体进行收费或向保护资源环境的主体提供利益补偿性措施,并将所征收的费用或补偿性措施的惠益通过约定的某种形式转达到因资源环境开发利用或保护资源环境而自身利益受到损害的主体以达到保护资源的目的的过程。"②第三种观点认为生态补偿主要指对环境资源的保护恢复者进行补偿,这是最狭义的生态补偿概念。例如,"环境法学意义上的生态补偿是指环境资源受益人、国家、社会、其他组织对因生态保护而利益受到损害或者付出经济代价的人给予适当的经济补偿。"③

我们认为,针对各种负外部性行为,已经有排污收费、环境资源税费等制度予以规制,不宜再把其纳入生态补偿范围。环境法学领域的生态补偿主要是指运用各种激励手段促进人们对生态环境的维护和保育,调整各种正外部性行为主体或者利益受损主体在环境利益(经济利益)上的分配关系,解决利益外溢问题的法律制度。农业生态补偿是生态补偿的一种具体形式,两者在本质上是一致的,农业生态补偿的范围更小、更具有针对性和特定性。

二、农业生态补偿立法困境

农业生态补偿实践在我国已经开展多年,目前主要以生态建设工

① 王清军、蔡守秋:"生态补偿机制的法律研究",载《南京社会科学》2006 年第 7 期,第 73 ~ 74 页。

② 杜群:"生态补偿的法律关系及其发展现状和问题",载《现代法学》2005 年第 3 期,第 186 页。

③ 曹明德:"森林生态效益补偿制度简论",载《政法论坛》2005 年第 1 期,第 135 页。

程（或项目）的形式实施，其中，退耕还林、退牧还草和退田还湖是最主要的三种方式。此外，水源保护区、生态公益林、自然保护区等领域的生态补偿也为农业生态补偿的开展提供了借鉴。但是，在农业生态补偿立法方面，仍然存在以下缺陷。

（一）农业生态补偿立法缺乏系统性

在生态补偿立法方面，我国确立了森林生态补偿①、水环境生态保护补偿②、退耕还林还草补助③、流域和区域生态补偿④等法律制度，但是对于农业生态补偿，还缺乏法律的系统规定。国家政策中第一次明确规定农业生态补偿的是《中共中央关于推进农村改革发展若干重大问题的决定》（2008 年）（以下简称《决定》）。该《决定》提出“要健全农业生态环境补偿制度，形成有利于保护耕地、水域、森林、草原、湿地等自然资源和物种资源的激励机制。”在国家立法和政策方面，《农业法》规定了退耕还林还草补助制度；《水土保持法》规定了水土流失治理补偿制度；农业部制定了《农村沼气建设国债项目管理办法（试行）》，对农户沼气建设进行补贴；水利部拨划了“小型农田水利和水土保持补助费”专项资金，资助农民防治水土流失。此外，《土地复垦规定》、《基本农田保护条例》、《河道管理条例》、《自然保护区条例》等行政法规也有一些内容涉及农业生态补偿。尽管这些规定对于农业生态补偿工作都具有一定的指导意义，但却存在适用领域狭窄、规定不够细致、缺乏系统性等问题，影响农业生态补偿实践的开展。

---

① 《森林法》第 8 条规定：“国家设立森林生态效益补偿基金，用于提供生态效益的防护林和特种用途林的森林资源、林木的营造、抚育、保护和管理。”

② 《水污染防治法》第 7 条规定：“国家通过财政转移支付等方式，建立健全对位于饮用水水源保护区区域和江河、湖泊、水库上游地区的水环境生态保护补偿机制。”

③ 《草原法》第 35 条规定：“在草原禁牧、休牧、轮牧区，国家对实行舍饲圈养的给予粮食和资金补助，具体办法由国务院或者国务院授权的有关部门规定。”

④ 《自然保护区条例》第 23 条规定：“管理自然保护区所需经费，由自然保护区所在地的县级以上地方人民政府安排。国家对国家级自然保护区的管理，给予适当的资金补助。”

地方生态补偿立法近年来有重大突破。2006年,《湖北省农业生态环境保护条例》首次以立法形式明确提出建立农业生态补偿机制,规定:“对畜禽养殖废弃物和农作物秸秆的综合利用、农业投入品废弃物的回收利用、生物农药和生物有机肥的推广使用等,逐步实行农业生态补偿。”此外,甘肃[①]等省也相继通过立法确立了农业生态补偿制度。但是,综观这些规定,大多内容空洞、相互抄袭,既缺乏上位法的指导,也没有下位法的贯彻实施,使得各省的农业生态补偿制度形同虚设。因此,在生态补偿立法日益增多的同时,农业生态补偿立法却正视不够、实施无力,难以为各个地区农业生态补偿实践提供支持和保障。

(二)生态补偿法律内容缺乏完整性和明确性

农业生态补偿法律制度是生态补偿法律制度的重要组成部分,但是,我国目前的有关立法在具体内容上存在很多缺陷。

1.补偿主体不够明确

目前立法对农业生态补偿主体主要有三种规定[②]:第一种是只规定国家补偿,不明确规定补偿机关,例如《水土保持法》[③]、《农业法》[④]的相关规定;第二种是规定国家补偿,由某级政府负责补偿,例如《防沙治沙

① 《甘肃省农业生态环境保护条例》(2008年)第6条规定:“县级以上人民政府应当将农业生态环境保护经费纳入财政预算,并根据当地经济社会发展需要,增加对农业生态环境保护的投入,逐步建立和完善农业生态补偿机制。”

② 参见陈晓勤:《生态补偿法律制度研究》,中国政法大学2010年硕士学位论文,第23页。

③ 该法第23条规定:“国家鼓励水土流失地区的农业集体经济组织和农民对水土流失进行治理,并在资金、能源、粮食、税收等方面实行扶持政策,具体办法由国务院规定。”

④ 该法第62条规定:“对在国务院批准规划范围内实施退耕的农民,应当按照国家规定予以补助。”

法》①、《野生动物保护法》②的相关规定；第三种是规定国家补偿，由作出具体行政行为的机关进行补偿的，例如《防沙治沙法》③的相关规定。其中，第一种规定尤其多见，后两种规定较少。从上述规定可以看出，目前的生态补偿立法对于补偿主体规定的不够明确，在实践中难以操作实施。

2. 补偿标准不够科学

目前立法对农业生态补偿标准主要有三种规定④：第一种是未加以明确规定，例如《水土保持法》没有规定补偿标准；第二种是标准规定模糊不清，以“适当”、“合理”、“按照国家规定”等过于抽象的词语表述，例如《防沙治沙法》和《自然保护区条例》的规定⑤；第三种是对补偿标准的内容进行具体规定⑥。其中，第一种和第二种情况尤其多见。这种补偿标准的模糊化导致生态补偿在实践中难以操作，往往为补偿义务主体推脱责任或者滥用行政权力提供了机会，不利于受偿者合法权益

---

① 该法第25条规定：“采取退耕还林还草、植树种草或者封育措施治沙的土地使用权人和承包经营权人，按照国家有关规定，享受人民政府提供的政策优惠。”第33条规定：“国务院和省、自治区、直辖市人民政府应当制定优惠政策，鼓励和支持单位和个人防沙治沙。县级以上地方人民政府应当按照国家有关规定，根据防沙治沙的面积和难易程度，给予从事防沙治沙活动的单位和个人资金补助、财政贴息以及税费减免等政策优惠。”

② 该法第14条规定：“因保护国家和地方重点保护野生动物，造成农作物或者其他损失的，由当地政府给予补偿。补偿办法由省、自治区、直辖市政府制定。”

③ 该法第35条规定：“因保护生态的特殊要求，将治理后的土地批准划为自然保护区或者沙化土地封禁保护区的，批准机关应当给予治理者合理的经济补偿。”

④ 参见陈晓勤：《生态补偿法律制度研究》，中国政法大学2010年硕士学位论文，第30页。

⑤ 《防沙治沙法》第35条规定：“因保护生态的特殊要求，将治理后的土地批准划为自然保护区或者沙化土地封禁保护区的，批准机关应当给予自然保护区或者沙化土地封禁保护区的合理的经济补偿。”《自然保护区条例》采用的则是“适当”补偿的提法，第23条规定：“管理自然保护区所需经费，由自然保护区所在地的县级以上地方人民政府安排。国家对国家级自然保护区的管理，给予适当的资金补助。”

⑥ 例如，《关于进一步完善退耕还林政策措施的若干意见》规定：“长江流域及南方地区，每亩退耕地每年补助粮食(原粮)150公斤；黄河流域及北方地区，每亩退耕地每年补助粮食(原粮)100公斤。每亩退耕地每年补助现金20元。”

的维护。而在明确规定补偿标准的规范性文件中,也存在主要补偿农户直接损失、忽视间接损失,补偿标准过低等问题。

3. 补偿方式较为单一

目前农业生态补偿立法规定的生态补偿方式主要有资金补偿、实物补偿和政策补偿。其中,政策补偿主要包括优惠贷款、税费减免、技术援助、帮助受损地区发展经济和进行异地开发以及安排就业、进行培训等方式。但从各种方式的实施情况来看,主要以资金补偿为主,智力补偿、多种方式组合的补偿较少。例如,《防沙治沙法》主要提到政策补偿,《草原法》中仅提到实物和资金补偿。在资金补偿成为主导方式的情况下,也存在资金来源渠道单一的问题。目前的资金来源主要依靠政府,尚缺乏社会、市场等多元化筹资机制,导致政府负担过重、转移支付缺乏稳定性,影响生态补偿实施效果。

(三)农业生态补偿立法中农民参与缺失

生态补偿事关农民切身利益,但是目前各种生态补偿政策和立法多由政府直接制定,是一种"上令下行"的单项流程。由于政策和各种法律制定、执行、评估和监督等整个过程中,缺乏农民参与的各种制度和措施,农民知情权、参与权和救济权等权利难以得到保障和维护,农民利益诉求难以得到体现,因此,在实践中很多农民的利益损失得不到合理补偿,农民退耕积极性降低,影响了生态补偿的实施效果。以农民退耕还林为例,在实践中,很多退耕农户只是被动地接受政府下达的任务,对国家政策法律的认知度较低,参与度也会受到影响。此外,尽管农民最了解当地的生态状况,但目前退耕农民在具体问题上,例如,退耕地块的确定、树种的选择、造林方式等方面均没有参与决策。这些措施都是由上级林业部门决策,影响了退耕还林的效益,更有甚者可能导致生态灾难。①

① 金京淑:《中国农业生态补偿研究》,吉林大学2011年博士学位论文,第73~74页。

三、农业生态补偿法制的完善

（一）构建多层次的农业生态补偿法律体系

农业生态补偿的实施离不开生态补偿立法的完善，构建全方位、多层次的生态补偿立法已成为当务之急。目前，我国《生态补偿条例》正在研究制定中，该条例的起草按照“谁开发谁保护，谁受益谁补偿”的思路，对生态补偿的主体、标准、对象、资金来源、申报程序等议题进行论证。该条例的出台将填补我国生态补偿专门性立法的空白，对于农业生态补偿实践的开展具有重要的指导意义。此外，在《生态补偿条例》对生态补偿主要内容作出基本规定的基础上，还需要在《农业法》、《水土保持法》、《防沙治沙法》、《基本农田保护条例》、《自然保护区条例》等法律法规中细化农业生态补偿的内容和程序，形成多层次的农业生态补偿法律体系。

（二）农业生态补偿法律机制的具体构建

1. 补偿主体的重构

生态补偿主体是补偿义务的承担者，从各国立法和实践来看，农业生态补偿主体主要包括国家、地方和生态利益的获得者。例如，日本《环境基本法》就明确规定“国家和地方公共团体应当采取必要的措施，使在自然环境保全上特别有必要的区域内因实施自然环境保全事业而得到显著利益者，在其受益限度内适当且公平地负担实施该事业所需的全部或部分费用”。①

由于生态环境和部分资源在产权界定上存在较大困难，我们一般把其作为公共物品对待。提供公共物品、维护公共利益是国家职责所在，当农民通过自己的付出或牺牲对环境利益的维护和实现做出贡献时，国家理应对其进行补偿。与国家补偿原理相一致，地方也应当成为生态补偿的主体。目前，我国在区域和流域生态补偿中，已有地方作为

---

① “日本环境基本法”，汪劲译，载《外国法译评》1995 年第 4 期，第 91 页。

补偿主体,这为农业生态补偿提供了借鉴和参考。例如,2007年,福建省开始实施流域范围内的森林生态效益补偿,由下游地区筹集森林生态效益补偿金,通过省林业局发放给上游各行政区划主管部门。从理论上分析,包括企业法人、社会组织、区域集团以及个人在内的生态受益者也应该成为农业生态补偿主体,但由于生态利益界定和区分上的困难性,以及我国市场机制不够完善等因素的存在,上述生态受益者补偿在操作上还存在一定困难。

在确定农业生态补偿主体时,还应该对补偿主体和具体补偿机关加以区分,并进行明确规定。我国现行立法多是规定"国家"或"地方"作为补偿主体,对于具体的补偿机关往往缺乏明确规定。从理论上分析,补偿机关应该是政府或政府部门,并且从实践经验来看,补偿机关最好是一级政府,原因是政府相较于其部门而言,财政能力较强,有利于生态补偿的实现。①

2. 补偿模式的选择与农民参与的增强

从国内外农业生态补偿实践来看,农业生态补偿模式主要包括以下几种②:一是政府主导型即以政府财政转移为补偿资金主要来源,以国家为主要管理机构。二是社会组织主导型即以非行政组织,例如,环保组织、社区等为主要管理机构。例如,墨西哥并没有建立官方的生态补偿机制,其农业生态补偿主要来自农民社区和社会的支持。三是混合型即以政府和其他社会组织,例如,环保组织等为主要管理机构。在欧盟地区,非政府组织和地方政府在生态补偿实践中发挥着相当大的作用,企业与地方政府、企业与农场主之间为保护环境而达成的诸多契约构成了生态补偿的基本框架。

---

① [英]伊凡·邦德著:《生态补偿机制:市场与政府的作用》,李小云、靳乐山、左停译,社会科学文献出版社2007年版,第17页。

② 邵江婷:《基于社区发展的我国农业生态补偿法律问题研究——以湖北省为例》,华中农业大学2010年硕士学位论文,第3页。

我国现有的农业生态补偿主要在政府主导下进行,主要采用行政管理的制度和措施,通过直接补贴、转移支付等形式实现对农民因生态保护造成的损失进行直接补偿。这种"输血型补偿"方式具有便于操作和执行等优势,但也具有财政投入不足、补偿额度偏低、补偿标准单一、管理成本高、效率低等问题。在反思这种补偿模式的基础上,"造血型补偿"模式的研究和应用开始兴起,该种补偿模式强调市场机制的利用和社会公众的参与,强调自然资源的可持续开发利用和补偿地农民的发展。

我国农业生态补偿模式的选择应该结合我国社会现实,随着我国市场机制的健全和完善,市场机制在农业生态补偿中的作用会日益明显。与此同时,还要增强补偿地区农民的参与,尤其是随着我国农村社区的发展和壮大,加强以农村社区为代表的农民群体的参与,保障他们的"话语权"和维护他们的合法权益是我国农业生态补偿制度完善的重要途径。

现代意义上的农村社区是指一定地域范围内,以小城镇为中心地,具有一定互动关系和共同文化维系力的人口群体,并进行一定的社会活动的社区类型。其具有人口密度低、同质性强、流动性强、风俗习惯和生活方式受传统势力影响较大、社区成员血缘关系浓厚等特点。[①] 农村社区的发展对于农民权益的维护具有重要意义。我国多数农民在文化程度、知识储备、参与意识等各个方都处于弱势地位,其权益的个人表达机制往往难以实现,但在农村社区的参与和帮助下,借助这一集体性的表达渠道,农民的各种利益更容易得到维护。作为农民利益的代表主体,社区给农民带来的不仅是短期的经济利益,还包括长远的整体利益和个人利益。因此,农业生态补偿应该在政府的组织和安排下,借助于农村社区这一载体,在农民和社区之间形成互惠互利的共同体,完

① 参见李长健、李伟、薛报春:"我国农民权益保护与农村社区发展基本法律问题研究综述",载《广西政法管理干部学院学报》2007 年第 3 期,第 49 页。

善农民参与的途径和措施，实现社会利益的平衡与共进。

3. 补偿范围的扩展

从国外立法和实践来看，农业生态补偿范围非常广泛。例如，美国的土地休耕计划；欧盟对有机农业、生态农业、传统水土保持措施，甚至地边田埂生物多样性的保护措施等；巴西在恢复退化林地和增加保护区面积的进程中实施生态增值税、建立永久性私有自然遗产保护区等。[①] 我国目前农业生态补偿制度的范围还比较狭窄，主要是对退耕还林还草、农业废弃物的回收利用和综合利用进行补偿；对于农村新能源建设、水土保持补贴和农田保护的补偿刚刚起步；对发展生态农业、绿色农产品等行为还缺乏激励，而这些领域都是促进农业可持续发展的重要方面，在现实中也产生明显的正外部性。因此，农业补偿的范围应该逐渐扩展，为更多农业生产正外部性的行为提供激励和促进。

4. 补偿标准的优化

补偿标准的优化是实现生态补偿公平价值的关键。补偿标准的确定需要考虑两个方面的因素：一是受益者得到的生态利益；二是受偿主体丧失的利益。由于生态利益的经济价值衡量较为困难，在生态补偿实践中，一般根据后者确定补偿标准。对于受偿主体丧失的利益，应该包括直接损失和间接损失两部分：直接损失如退耕还林项目中退耕地的损失；间接损失如丧失发展机会、转变生活方式的成本等。

5. 补偿方式的多元化

多元化的生态补偿方式对于农业生态补偿的持续性具有重要意义。在各种补偿方式中，资金补偿必不可少也非常关键。我国目前资金补偿主要依靠中央和地方政府财政转移支付，但转移支付的涵盖面还有待于扩展。因此，建议增加对生态农业和农业示范园区的补助资金，增加对中西部地区农业的财政转移支付，同时也可安排农业环境专

---

① 莱斯特·R. 布朗著：《生态经济：有利于地球的经济构想》，林自新、戢守志译，东方出版社 2002 年版，第 53、98 页。

项资金用于农作物主产区或农业环境敏感区生态保护，建立农业生态建设重点地区经济发展、农民生活水平提高和区域社会经济可持续发展的长效投入机制。[①] 在完善政府转移支付的基础上，还要不断探索、建立多渠道的融资渠道，尤其是积极探索运用市场手段补偿生态效益的各种可能途径。例如，通过税收等优惠措施，激励私人企业参与到生态农业投资中，建立绿色基金、发行各种环境保护彩票等。

在完善资金补偿方式的基础上，需要更加重视各种政策补偿方式的综合运用，这是生态补偿从“输血”功能向“造血”功能转变的重要途径。例如，进行异地开发、把补偿资金转为技术项目、为受偿主体提供各种智力服务等。

---

① 王清军：“论农业生态补偿法律制度”，载《中国地质大学学报》(社会科学版) 2008 年第 6 期，第 10 页。

第九章　农业文化遗产的法律保护

加大各经济体农业文化遗产的保护力度，支持联合国粮农组织在全球重要农业文化遗产方面所作的努力。

——2014 年《亚太经合组织粮食安全北京宣言》

农业文化遗产并不是一个被人们熟识的概念，其保护也常常被人忽视。在现代化和科技化不断向农村渗透的社会大环境下，很多重要的农业文化遗产面临着破坏、失传和丢弃的危险。农业文化遗产不但是人类文明得以延续的文化命脉，还是现代生态农业的基础。它着眼于生物多样性的保护和人与自然和谐的追求，既可以满足当地社会经济与文化发展的需要，又有利于促进区域可持续发展。由于农业文化遗产的保护工作刚刚起步，相关法制建设基本处于空白状态；因此，需要我们充分认识农业文化遗产保护立法的必要性、紧迫性和可行性，为农业文化遗产保护提供有效的法律支持。

第一节 国内外视野下的农业文化遗产保护

一、国内外农业文化遗产保护概况

（一）国际社会对农业文化遗产的保护

国际社会对农业文化遗产保护也只是近十几年的事情。2002 年 8 月，联合国粮农组织（FAO）在多家机构[①]的支持下，开始着手全球重要农业文化遗产项目（Conservation and Adaptive Management of Globally Important Agriculture Heritage Systems，GIAHS）的准备工作。经过近两年的准备，GIAHS 项目于 2004 年 4 月正式启动。该项目的目的是建立全球重要农业文化遗产及其有关的景观、生物多样性、知识和文化保护体系，并在世界范围内得到认可与保护，使之成为可持续管理的基础。[②]截至 2014 年 5 月，共有 13 个国家 31 项农业文化遗产被联合国粮农组织选为全球重要农业文化遗产[③]，包括秘鲁的安第斯高原农业体系，智利的智鲁岛屿农业系统，菲律宾的伊富高稻作梯田系统，阿尔及利亚、突尼斯和摩洛哥的绿洲农业系统，肯尼亚和坦桑尼亚的草原游牧系统等具有典型性和代表性的传统农业系统。按照 GIAHS 项目计划，联合国粮农组织计划在未来几年内选出 100 ~ 150 项全球重要农业文化遗产给予重点保护。

---

① 包括联合国开发计划署（UNDP）、全球环境基金（GEP）、联合国教科文组织（UNESCO）、国际文化遗产保护与修复研究中心（ICCROM）、国际自然保护联盟（IUCN）、联合国大学（UNU）等 10 余家国际组织或机构以及一些地方政府。

② “GEF 项目：全球重要农业文化遗产动态保护与适应性管理”，载《资源科学》2009 年第 6 期。

③ 《我国已有 11 项全球重要农业文化遗产》，载中国经济网，http://district.ce.cn/newarea/roll/201405/04/t20140504_2757114.shtml，2014 年 5 月 4 日。

(二)我国对农业文化遗产的保护

我国拥有悠久灿烂的农耕文化历史,不同地区自然与人文存在巨大差异,使中国农民创造了种类繁多、特色明显、经济与生态价值高度统一的重要农业文化遗产。作为一种新的遗产类型,农业文化遗产蕴含几千年来人与自然和谐共处的知识和技术,为人们提供丰富的农作物和良好的景观,为生态、经济的可持续发展提供重要借鉴。与一般文化遗产不同,农业文化遗产是一个开放的、动态的系统,可以称为"活着"的文物,其核心目的是通过保护文化来保护农业生物多样性,促进区域可持续发展。截至2014年5月,我国全球农业文化遗产保护试点数达11个,居全球第一①。

1. 浙江青田县的"稻鱼共生系统"(2005年)

2005年4月,浙江青田得到联合国粮农组织批准,成为首批全球重要农业文化遗产保护试点。青田"稻鱼共生系统"位于浙江省青田县龙现村,其稻田养鱼历史可以追溯到1200年前。这种独特的传统农业模式,具有生态和经济的双重收益:通过水稻生产保障粮食安全、预防疟疾等疾病、保护生物多样性、控制害虫、维持系统中的碳循环和养分循环。该种稻田养鱼模式不但使得稻米和田鱼产量大大提高,还带动了当地休闲观光渔业的发展。

2. 云南红河州的"哈尼稻作梯田系统"(2010年)

云南哈尼梯田分布于哀牢山脉中下段的红河流域,距今约1300年历史,拥有森林、村寨、梯田、河流"四度共构"的独特生态景观。在长期耕作过程中,红河哈尼族产生了大量与稻谷有关的礼仪、祭祀及节庆活动,例如,梯田农事历法、三大农耕节日和《哈尼多声部音乐》、《哈尼族

① 《我国已有11项全球重要农业文化遗产》,载中国经济网,http://district.ce.cn/newarea/roll/201405/04/t20140504_2757114.shtml,2014年5月4日。

四季生产调》等古歌以及众多口传民间知识。①

3. 江西万年县的“稻作文化系统”(2010 年)

江西万年位于鄱阳湖东南岸，据测定为是世界上迄今所知年代最早的栽培稻遗存地之一。原产于万年县的万年贡米是带有显著野生稻特性的原始栽培稻品种，从而在该区域形成“野生稻——人工驯化——过渡到万年贡米——发展为目前栽培稻”这一水稻形成与发展的历史脉络。在长期农业生产中，万年人围绕稻谷派生出清明果、青稿果等多种产品，更创造出耘禾歌、南溪跳脚龙灯、乐安河流域“哭、嫁、吟、唱”等文化艺术形式。②

4. 贵州从江的“侗乡稻鱼鸭系统”(2011 年)

从江县位于贵州省东南部，隶属黔东南苗族侗族自治州。当地侗族人民长期保留着“饭稻羹鱼”的生活传统，稻鱼鸭系统距今已有上千年的历史。该种农业模式最早源于溪水灌溉稻田，随溪水而来的小鱼生长于稻田，侗人秋季一并收获稻谷与鲜鱼，长期传承演化便形成了稻鱼共生系统，后来又在稻田择时放鸭，同年收获稻鱼鸭。③

5. 云南的“普洱古茶园和茶文化系统”(2012 年)

该系统位于云南省普洱市，包含完整的古木兰和茶树的垂直演化过程，证明了普洱市是世界茶树的起源地之一。这里具有多样的农业物种栽培，农业生物多样性及相关生物多样性丰富；涵盖了我国布朗族、傣族、哈尼族等少数民族茶树栽培利用方式与传统文化体系，具有良好的文化多样性与传承性。④

---

① 贾楠:《我国新增两项全球重要农业文化遗产保护试点》，载新华网，2010 年 6 月 14 日。

② 贾楠:《我国新增两项全球重要农业文化遗产保护试点》，载新华网，2010 年 6 月 14 日。

③ 秦京午:《从江侗乡稻鱼鸭系统成为农业文化遗产地》，载人民网，http://news.cntv.cn/20110611/104451.shtml，2011 年 6 月 11 日。

④ 刘标:《我国“普洱古茶园与茶文化系统”和“敖汉旱作农业系统”获全球重要农业文化遗产保护试点》，载 http://blog.sina.com.cn/s/blog_441c08130101ab0p.html，2012 年 11 月 8 日。

6. 内蒙古“敖汉旱作农业系统”(2012 年)

内蒙古敖汉旗是中国古代农业文明与草原文明的交汇处，在此发掘的碳化粟和黍粒距今已有 8000 年历史。据专家推断，这里是粟和黍的起源地。其旱作农业系统历史悠久，具有丰富的生物多样性、典型的旱作农业景观特征、独特的农耕技术和知识体系以及丰富的传统文化。①

7. 浙江绍兴会稽山古香榧群系统(2013 年)

浙江绍兴会稽山古香榧群系统是陡坡山地高效农林生产体系。目前，会稽山古香榧群拥有香榧大树 10.5 万株，其中，树龄百年以上的香榧有约7.2 万株，千年以上的有数千株，古树之密集与众多，堪称华夏一绝。②

8. 河北宣化城市传统葡萄园系统(2013 年)

河北宣化葡萄已有 1300 余年的栽培历史，至今仍沿用传统的“漏斗形”栽培方式，也是目前全世界唯一“漏斗形”栽植葡萄的地区。③

9. 江苏兴化垛田传统农业系统(2014 年)

江苏兴化由于地势低洼，湖荡纵横，历来饱受洪涝侵害。当地先民在沼泽高地之处垒土成垛，渐而形成一块块垛田，发展出一种独特的土地利用方式。垛田因湖荡沼泽而生，每块面积不大，形态各异，大小不等，形同海上小岛。兴化共有 6 万多亩这样的耕地。至今，垛田还保存着传统的农耕方式，用天然生态的肥料种植蔬菜。④

10. 福建福州茉莉花和茶文化系统(2014 年)

茉莉花在汉朝时传入福州，目前已有 2000 年的栽培历史。1000 多

---

① 刘标:《我国“普洱古茶园与茶文化系统”和“熬汉旱作农业系统”获全球重要农业文化遗产保护试点》，载 http://blog.sina.com.cn/s/blog_441c08130101ab0p.html，2012 年 11 月 8 日。

② 绍兴市林业局:《浙江绍兴会稽山古香榧群系统列入我国首批农业文化遗产》，载 http://www.yuanlin365.com/news/242859.shtml，2013 年 5 月 24 日。

③ 陈晓东、常世荣:《宣化城市传统葡萄园入选全球重要农业文化遗产保护试点》，载 http://news.hexun.com/2013-06-05/154865315.html，2013 年 6 月 5 日。

④ 《江苏兴化垛田传统农业系统》，载 http://finance.china.com.cn/roll/20130522/1489953.shtml，2014 年 8 月 15 日。

年前,福州先人将茉莉花香与天然茶香交织在一起,制作出了著名的福州茉莉花茶。当地人民充分利用自然资源,在江边沙洲种植茉莉花,在海拔 600～1000 米的高山上发展茶叶生产,逐渐形成了茶园(山地)的循环有机生态农业系统,既保持了生态系统生物多样性,又提高了单位面积生产效益。①

11. 陕西佳县古枣园系统(2014 年)

陕西佳县古枣园总面积 36 亩,现存活各龄古枣树 1100 余株,是我国目前面积最大、株数最多、保存最完好的古枣树群落,也是迄今为止发现的世界上栽培历史最悠久、面积最大、品质最好的原始枣林。②

二、农业文化遗产概念辨析

自联合国粮农组织 2002 年启动全球重要农业文化遗产项目以来,农业文化遗产(agricultural heritage systems)的概念便传播开来。但是,经过十余年的研究和实践,学者们对农业文化遗产的概念仍然是众说纷纭。

第一,在名称上,"agricultural heritage systems"存在不同的中文翻译。有的译为"全球重要农业文化遗产"或"农业文化遗产"③;有的认为应是"全球重要农业遗产系统,而不是全球重要农业文化遗产"④;有

① 练仁福:《福州茉莉花种植和茶文化系统申遗成功》,载东南网,http://fj.sina.com.cn/news/m/2014-04-30/071956421.html,2014 年 4 月 30 日。《农业文化遗产 16:福建福州茉莉花种植与茶文化系统》,载中国农业新闻网,http://www.farmer.com.cn/sh/wh/whxw/201305/t20130522_844900.htm,2013 年 5 月 22 日。

② 吴莎莎、艾青、田庚:《佳县古枣园入选国家重要农业文化遗产》,载陕西传媒网,http://www.sxdaily.com.cn/n/2013/0606/c266-5148424.html,2013 年 6 月 6 日。

③ 闵庆文、孙业红:"农业文化遗产的概念、特点与保护要求",载《资源学科》2009 年第 6 期,第 914 页。

④ 熊礼明、李映辉:"农业文化遗产概念探讨——与闵庆文等学者的商榷",载《长沙大学学报》2011 年第 4 期,第 19 页。

的认为，从语言翻译的角度来看，应译为“全球重要农业遗产”①。笔者认为，由于 GIAHS 项目还处于探索和发展阶段，随着 GIAHS 项目的深入发展，相关名称可能也会出现修正，其内涵和外延也会随之变化。目前，按照国内多数学者的意见，称其为“农业文化遗产”和“全球重要农业文化遗产”是比较合适的。

第二，在概念上，学者有不同的理解。按照粮农组织的定义，全球重要农业文化遗产是指：“农村与其所处环境长期协同进化和动态适应下所形成的独特的土地利用系统和农业景观，这些系统与景观具有丰富的生物多样性，而且可以满足当地社会经济与文化发展的需要，有利于促进区域可持续发展”。② 我国学者则是众说纷纭，有的认为，农业文化遗产在概念上等同于世界文化遗产，除一般意义上的农业文化与技术知识外，还包括历史悠久、结构合理的传统农业景观和农业生产系统。③ 有的学者从文化的角度指出，与其他遗产一样，农业文化遗产同样包括物质性文化遗产和非物质性文化遗产，并广泛地存在于社会土壤中。④ 有的认为农业文化遗产至少应包括狭义农业文化遗产和广义农业文化遗产两个概念：“狭义农业文化遗产是指人类在历史上创造并传承、保存至今的农耕生产经验。如开荒的经验、育种的经验、播种的经验、防治病虫害的经验、收割储藏的经验等；而广义的农业文化遗产则是指人类在历史上创造并传承、保存至今的各种农业生产经验和农

① 韩燕平、刘建平：“关于农业遗产几个密切相关概念的辨析——兼论农业遗产的概念”，载《古今农业》2007 年第 3 期，第 112 页。

② GIAHS 的中文表述，见联合国粮食及农业组织网站：http://www.fao.org/nr/giahs/whataregiahs/definition/zh/，访问日期：2014 年 8 月 8 日。

③ 闵庆文、孙业红、成升魁等：“全球重要农业文化遗产的旅游资源特征与开发”，载《经济地理》2007 年第 5 期，第 856 ~ 857 页。

④ 王衍亮、安来顺：“国际化背景下农业文化遗产的认识和保护问题”，载《中国博物馆》2006 年第 3 期，第 31 页。

业生活经验。"①

目前，根据多数学者的观点，农业文化遗产只是农业遗产的一部分，农业文化遗产更强调对生物多样性的保护，除一般意义上的农业文化和技术知识以外，还包括历史悠久、结构合理的传统农业景观和农业生产系统。② 2012年，《农业部关于开展中国重要农业文化遗产发掘工作的通知》对中国重要农业文化遗产的界定与大多数学者的观点一致，即中国重要农业文化遗产是指人类与其所处环境长期协同发展中，创造并传承至今的独特的农业生产系统。这些系统具有丰富的农业生物多样性、传统知识与技术体系和独特的生态与文化景观等，对我国农业文化传承、农业可持续发展和农业功能拓展具有重要的科学价值和实践意义。

农业文化遗产是包括了物质文化遗产（如农业景观、农业村落）和非物质文化遗产（语言、精神信仰、艺术等）两方面内容的综合性遗产。农业文化遗产中的传统文化是符合生物多样性保护和农业可持续发展的知识内容，不包含所有的非物质文化遗产内容。③

农业文化遗产包括广义和狭义两个方面：广义的农业文化遗产等同于一般的农业遗产，包括遗址类、工程类、工具类、景观类、技术类、民俗类、文献类、品牌类、村落类等十种类型。狭义的农业文化遗产更加强调对农业生物多样性和农业景观的保护，强调遗产的系统性和活态性，两者的区别见表9-1。本书研究的农业文化遗产主要是指狭义的农业文化遗产。

---

① 苑利："农业文化遗产保护与我们所需注意的几个问题"，载《农业考古》2006年第6期，第168~169页。

② 熊礼明、李映辉："农业文化遗产概念探讨——与闵庆文等学者的商榷"，载《长沙大学学报》2011年第4期，第20页。

③ 吴莉：《农业文化遗产的法律保护》，华中科技大学2011年硕士学位论文，第15页。

表 9－1：农业文化遗产和一般农业遗产的区别①

广义的农业文化遗产（一般的农业遗产）		狭义的农业文化遗产（农业文化遗产）	
编号	类型	编号	类型
1	农业遗址类遗产 （河北南庄头遗址、河南裴李岗文化遗址、河北磁山文化遗址等）	1	复合农业系统（基塘系统、稻田养鱼等） 典型代表②：浙江青田稻鱼共生系统、贵州从江稻鱼共生系统
2	农业工程类遗产 （坎儿井、都江堰、吴塘陂、芍陂等）	2	水土保持系统（淤地坝、梯田等） 典型代表：云南哈尼梯田、广西龙脊梯田
3	农业景观类遗产 （旱作梯田、稻作梯田等）	3	农田水利系统（坎儿井、郑国渠、浦塘制等） 典型代表：新疆坎儿井
4	农业文献类遗产 （《齐民要术》、《农政全书》、《中国农学书录》、《中国古农书联合目录》等）	4	抗旱节水系统（砂石田） 典型代表：西北地区砂石田
5	农业技术类遗产 （土壤肥力保持技术、有害生物控制技术、农业防旱技术、游牧技术等）	5	特定农业物种（野生稻、大豆、猪、牛、羊、食用菌等） 典型代表：江西万年稻作文化
6	农业物种类遗产 （地方农作物品种、地方畜禽品种等）		
7	农业民俗类遗产 （社日、二十四节气、壮族的“舞春牛”习俗等）		

① 闵庆文、孙业红：“农业文化遗产的概念、特点与保护要求”，载《资源科学》2009年第6期，第915页。

② 农业文化遗产典型代表是指已被联合国粮农组织列为全球重要农业文化遗产试点以及将要考虑列入试点的农业系统。随着项目的推进，农业文化遗产的类型还会继续增加。

续表

广义的农业文化遗产(一般的农业遗产)		狭义的农业文化遗产(农业文化遗产)	
编号	类型	编号	类型
8	农业工具类遗产 (如刀、镰、耙、犁等)		
9	农业品牌类遗产 (东北响水大米、京西大米、天津小站稻、宁夏枸杞等)		

解决了农业文化遗产的名称和概念,还有一个问题便是农业文化遗产属于现有世界遗产中的哪种类型。1972 年,联合国教科文组织在巴黎举行的大会上通过了《保护世界文化与自然遗产公约》(以下简称《世界遗产公约》),确定了文化遗产(包括物质文化遗产和非物质文化遗产)、自然遗产、文化与自然双重遗产三种类型。后来屡经修改的《实施世界遗产公约的操作指南》(Operational Guidelines for the Implementation of the World Heritage Convention,以下简称《操作指南》)于 1992 年提出了"文化景观"这一新的遗产类型。从联合国粮农组织的定义来看,"全球重要农业文化遗产与文化景观十分相似,二者都强调对生物多样性的保护,自然与人类生活的协同进化以及人类对自然环境的适应。"①但同时,两者又存在本质上的区别:"文化景观强调遗产的地域性,而农业文化遗产则更强调对某种传统农业知识和农业技术的保护,对这些知识和技术的地域要求并不十分严格。"②

---

① Altieri,M. A.,Koohafkan,P. Globally Important Ingenious Agricultural Heritage Systems (GIAHS): extent,significance,and implications for development. FAO. 2007. ftp://ftp. fao. org/sd/SDA/GIAHS/backgroundpaper_altieri. pdf,2009 - 04 - 08. 转引自闵庆文、孙业红:"农业文化遗产的概念、特点与保护要求",载《资源学科》2009 年第 6 期,第 916 页。

② 闵庆文、孙业红:"农业文化遗产的概念、特点与保护要求",载《资源学科》2009 年第 6 期,第 916 页。

目前，在国际组织的努力下，许多新的遗产类型也纳入人类保护和管理的范围内。例如，世界生物圈保护网络、国际重要湿地、世界地质公园、全球重要农业文化遗产、世界纪念性建筑遗产等。虽然目前的《世界遗产公约》并没有明确规定农业文化遗产这一类型，但该公约也同样支持农业文化遗产的保护。近年来，以世界遗产公约为主题的国际会议就专门讨论了农业文化遗产的相关内容。联合国粮农组织实施GIAHS 项目的目标之一也是使农业文化遗产列入世界遗产中，并得到相关资助。

三、农业文化遗产的特点

（一）活态性

活态性也称为动态性。农业文化遗产被称为“活的文物”，具有活态性，这是其与其他静态类遗产的最大区别。农业文化遗产不是被封存起来进行保护，而是以传承、创新、发展的形态存在。尽管历史悠久，但这些农业系统至今仍然具有较强的生产与生态功能，是农民生计保障和乡村和谐发展的重要基础。在农业文化遗产中必须有农民的参与，无论是“稻鱼共生系统”、“哈尼稻作梯田系统”，还是“稻作文化系统”和“侗乡稻鱼鸭系统”，都离不开当地居民的生活和生产活动，因此，农民是农业文化遗产的重要组成部分。此外，农民还是农业文化遗产的传承者和保护者。农业文化遗产处于不断发展、变动之中，各种农业生产知识和技能、农民生产方式和生活方式并非一成不变，而是随着时代发展作出相应的改变，但这种改变并非本质上的。因此，在农民的参与下，农业文化遗产呈现出活态性的特征。

（二）适应性

农业文化遗产“随着自然条件变化、社会经济发展与技术进步，为了满足人类不断增长的生存与发展需要，在系统稳定基础上因地、因时地进行结构与功能的调整，充分体现出人与自然和谐发展的生存智慧"①。

（三）复合性

正如前文所述，农业文化遗产除了包含农业文化和技术知识以外，还包括历史悠久、结构合理的传统农业景观和农业生产系统；除了包括生产工具、动植物资源等各种物质遗产，还包括农业生产知识和技能、民俗歌舞等非物质遗产。这些物质遗产和非物质遗产并非单独、零散的存在，而是形成一个相互影响的整体。因此，与一般意义上的自然或文化遗产相比，农业文化遗产是社会—经济—生态相结合的复合系统，具有自然和人文双重属性。

（四）战略性

农业文化遗产不是关于"过去"，而是一种关乎人类"未来"的遗产。农业文化遗产所保护的农业生物多样性、传统农业知识、技术和农业景观一旦消失，其独特的、具有重要意义的环境和文化效益也将随之消失。因此，保护农业文化遗产不仅是保护一种传统，更重要的是保护未来人类生存和发展的一种机会②。从这个意义上来看，保护农业文化遗产是一种战略行为。

四、农业文化遗产的内容

农业文化遗产是一个包含农业景观、生物多样性、可恢复的生态系统和传统知识和文化的复合系统，其内容包括：③(1)农业景观。农业景观是农业文化遗产作为一个系统整体呈现的景观，不仅包括了农业生产活动本身形成的景观，还包括农业村落，以及与农业活动相关的自然生态系统。例如，稻田养鱼系统农业景观，不仅包括稻田景观，还包括

---

① 农业部：《中国重要农业文化遗产认定标准》，载 http://www.gov.cn/gzdt/2012-03/13/content_2090758.htm，2012 年 8 月 21 日。

② 闵庆文："农业文化遗产的特点及其保护"，载《世界环境》2011 年第 1 期，第 18 页。

③ 吴莉：《农业文化遗产的法律保护》，华中科技大学 2011 年硕士学位论文，第 10～11 页。

周围的森林、村落。(2)可恢复的农业生态系统。当地居民为了满足生存所需,有意识地在原有的生态系统基础上对动植物品种进行改进,并选择合适的品种进行培育,形成了农业文化遗产系统中有别于原来生态系统中的生物多样性。这种独特的农业生物多样性是农业文化遗产系统中非常重要的资源,对遗产地居民生存和科学研究具有重要的价值。(3)传统知识和文化。传统知识和文化是农业文化遗产得以维系和发展的重要基础。其内容具有多样性,包括传统的水土资源管理制度、传统农业生产技术、传统价值体系、语言和口头传统、艺术等方面。

第二节　农业文化遗产保护法律体系及存在的问题

一、农业文化遗产保护的国际法律体系

根据《全球重要农业文化遗产系统和地点的选择标准》的要求,GIAHS 项目入选地所在国必须批准以下四个公约:《联合国生物多样性条约(CBD)》、《联合国防治荒漠化公约(CCD)》、《联合国气候变化框架公约(FCCC)》和《粮食和农业植物遗传资源国际条约植物遗传资源国际条约(ITPGR)》。因此,农业文化遗产的保护首先应当遵守这些条约。

此外,涉及农业文化遗产保护的国际公约还包括:《保护世界文化和自然遗产公约》(Convention Concerning the Protection of the World Cultural and Natural Heritage)、《保护非物质文化遗产公约》(Convention for the Safeguarding of the Intangible Cultural Heritage)、《粮食和农业植物遗传资源国际条约》(International Treaty on Plant Genetic Resources for Food and Agriculture)、《关于特别是作为水禽栖息地的国际重要湿地公约》(Convention on Wetlands of International Importance especially as Waterfowl Habitat)、《华盛顿公约》(CITES,又称为《濒临绝种野生动植

物国际贸易公约》)、《土著和部落人民公约》(Convention Concerning Indigenous and Tribal Peoples in Independent Countries)。涉及农业文化遗产保护的国际宣言和决议包括:《21世纪议程》(Agenda 21)《关于森林问题的原则声明》(The Forest Principles)、《约翰内斯堡可持续发展宣言》(Johannesburg Declaration on Sustainable Development)、《世界文化多样性宣言》(Universal Declaration on Cultural Diversity)、《联合国土著人民权利宣言》(UN Declaration on the Rights of Indigenous Peoples)、《联合国千年宣言》(United Nations Millennium Declaration)。

从这些国际公约、宣言和决议的内容来看,关于农业文化遗产保护的法律问题主要包括四个部分:农业文化遗产地农民和社区对土地的占有权及其人权、农业文化遗产本身的法律保护、农业文化遗产的知识产权法律保护与农业文化遗产有关的贸易的法律保护①。

二、我国农业文化遗产保护的法律体系

由于农业文化遗产保护工作起步较晚,目前我国并没有关于农业文化遗产保护的专门性立法,相关法律、法规、规章中也没有明确提及农业文化遗产保护,只是在有关立法中涉及农业文化遗产的某种要素(例如,生物多样性、农业传统文化等)或体现出农业文化遗产保护的精神和理念。笔者将此都纳入农业文化遗产保护的法律体系。具体包括:(1)宪法中关于环境与资源保护、文化遗产保护的原则性规定。例如,《宪法》第22条规定:"国家保护名胜古迹、珍贵文物和其他重要历史文化遗产。"(2)环境保护法和非物质文化遗产法的相关规定。《环境保护法》、《森林法》、《野生动物保护法》等单行自然资源保护法中的关

---

① 参见 Professor Stuart R. Harrop. Globally Important Ingenious Agricultural Heritage Systems—An Examination of Their Context in Existing Multilateral Instruments。资料来源:ftp://ftp.fao.org/sd/SDA/GIAHS/Harrop_GIAHS_report_August_05.pdf,访问日期:2009年4月15日。转引自吴莉:《农业文化遗产的法律保护》,华中科技大学2011年硕士学位论文,第24页。

于各自然要素保护、生物多样性保护的规定;《文物保护法》、《非物质文化遗产法》中对物质文化遗产和非物质文化遗产保护的规定。(3)《野生植物保护条例》、《自然保护区条例》等行政法规的相关规定。例如,《野生植物保护条例》中"保护生物多样性,维护生态平衡"的立法目标正是农业文化遗产保护的核心。(4)《中国生物多样性保护行动计划》、《全国生态环境保护纲要》、《中国水生生物资源养护行动纲要》、《中国国家生物安全框架》、《全国生物物种资源保护与利用规划纲要》等规范性法律文件。(5)地方关于农业文化遗产和非物质文化遗产保护的相关立法。2006 年,新疆维吾尔自治区颁布了《新疆维吾尔自治区坎儿井保护条例》,对坎儿井的保护、利用和监督管理作了明确规定,这是直接针对农业文化遗产保护的地方立法。此外,河南、陕西、贵州、云南、新疆、广东等地方制定了专门的非物质文化遗产和民族传统文化保护的地方性法规(见表 9-2),内容涉及非物质文化遗产和民族传统文化的调查、传播、利用、保护、管理等方面,在某种程度上为农业文化遗产传统知识的保护提供了相应的法律支持。

表 9-2:地方关于非物质文化遗产和民族传统文化保护的法规
(截至 2014 年 12 月)

省份(直辖市)	法规名称	实施日期
云南	云南省民族民间传统文化保护条例	2000 年 9 月 1 日
广西	广西壮族自治区民族民间传统文化保护条例	2006 年 1 月 1 日
江苏	江苏省非物质文化遗产保护条例	2006 年 11 月 1 日
浙江	浙江省非物质文化遗产保护条例	2007 年 6 月 1 日
新疆	新疆维吾尔自治区非物质文化遗产保护条例	2008 年 4 月 1 日
广东	广东省非物质文化遗产条例	2011 年 10 月 1 日
贵州	贵州省非物质文化遗产保护条例	2012 年 5 月 1 日

续表

省份（直辖市）	法规名称	实施日期
重庆	重庆市非物质文化遗产保护条例	2012年12月1日
湖北	湖北省非物质文化遗产条例	2012年12月1日
山西	山西省非物质文化遗产条例	2013年1月1日
河南	河南省非物质文化遗产保护条例	2014年1月1日
陕西	陕西省非物质文化遗产条例	2014年5月1日

在上述法律法规中,2011年6月1日开始实施的《非物质文化遗产法》对于农业文化遗产保护具有重要意义。农业文化遗产中与农耕活动有关的节庆娱乐、礼仪、工艺技术、禁忌习俗等,都属于非物质文化遗产的范畴。因此,《非物质文化遗产法》中的很多规定也都适用于农业文化遗产的保护。例如,该法规定的"保护非物质文化遗产,应当注重其真实性、整体性和传承性"的要求。此外,《非物质文化遗产法》中很多有效措施和制度对于农业文化遗产保护也具有重要的借鉴意义。例如,保护非遗"传承人"并引入退出机制,规范非遗"重申报轻保护"现象并引入非遗退出机制,对非遗保护不力的依法追究主管部门及责任人,立法为非遗提供财政保障等。①

随着社会对农业文化遗产保护的重视,农业部于2012年3月13日下发了《农业部关于开展中国重要农业文化遗产发掘工作的通知》(以下简称《通知》),正式启动了我国重要农业文化遗产的发掘和保护工作。《通知》指出了开展中国重要农业文化遗产发掘工作的目标任务即"中国重要农业文化遗产发掘工作要以挖掘、保护、传承和利用为核心,以筛选认定中国重要农业文化遗产为重点,不断发掘重要农业文化遗

① 李铁柱:《专家解读〈非物质文化遗产法〉立法亮点》,载正义网,http://news.jcrb.com/jxsw/201106/t20110601_550490.html,2011年6月1日。

产的历史价值、文化和社会功能，并在有效保护的基础上，与休闲农业发展有机结合，探索开拓动态传承的途径、方法，努力实现文化、生态、社会和经济效益的统一，逐步形成中国重要农业文化遗产动态保护机制”。还规定了我国重要农业文化遗产的认定标准、申报程序、监督管理等内容。

三、我国农业文化遗产保护立法存在的问题

（一）缺乏专门性的农业文化遗产保护立法

这是农业文化遗产保护面临的重大障碍。农业文化遗产和自然遗产、文化遗产、文化景观等遗产类型存在诸多联系，但却难以归入任何一种。可以说，农业文化遗产是和上述遗产并列的一种类型。我国现有法律、法规都没有明确提及农业文化遗产的保护、开发和管理问题。例如，作为促进农业发展的基本法律《农业法》主要涉及农林牧渔业的发展，对于农业文化遗产保护只字未提。出现这种现象的重要原因就是国内对农业文化遗产的价值认识不足。我国具有悠久的农业耕种历史，农耕文化和农耕知识极其丰富。但是长期以来，在近现代西方科技观和工业化发展观的影响下，我们对传统农业系统中蕴含的实践经验、技巧知识和多样的农业文化没有足够重视，最终导致农业文化遗产保护立法的滞后。

立法的缺失为农业文化遗产保护带来了诸多障碍，例如，农业文化遗产保护中当地农民利益和遗产开发公司利益如何分配，经济利益和生态利益如何协调，农业文化遗产地传统知识、遗传资源产生的知识产权利益如何分配等问题都在现实中难以解答。虽然有些地方制定了相关政策乃至地方规章，但由于受到适用范围、效力等级等问题的限制，我国绝大多数农业文化遗产保护处于“无法可依”的状态。因此，需要通过国家立法的形式对农业文化遗产保护和管理中的各种问题进行规定，对相关各方的权利、义务和责任进行合理安排。

(二)基本概念和认定标准、认定程序缺乏统一

《农业部关于开展中国重要农业文化遗产发掘工作的通知》从历史性、系统性、持续性和濒危性四个方面指出了我国重要农业文化遗产认定标准。但是,对于一般的农业文化遗产,其具体认定标准是什么呢?该通知并未提及。对于何为农业文化遗产?其内涵和外延分别是什么?学者们众说纷纭、莫衷一是。因此,在农业文化遗产的认定上,目前还没有统一的标准和程序。这就需要通过立法明确农业文化遗产的概念和认定标准、认定程序,确定农业文化遗产的保护范围,制定相关的保护措施和保护制度。

(三)管理体制和管理部门不够明确

由于缺乏立法对农业文化遗产保护做出专门性规定,农业文化遗产的管理体制和管理部门尚不明确,导致出现利益时各部门蜂拥而上、解决问题时相互推诿的现象时常发生。从《农业部关于开展中国重要农业文化遗产发掘工作的通知》来看,目前农业部门负责农业文化遗产的保护、发掘等工作,但是这种缺乏明确规定的方式使得农业部门的上述职责并不那么名正言顺。仅仅一个通知也难以告诉我们,农业部门是不是农业文化遗产的主管部门。如果是,是否还存在相关分管部门?分管部门又包括哪些?农业部门如何处理农业文化遗产保护和开发的关系?因此,希望尽快加强相关立法,明确农业文化遗产的管理体制和管理部门,从政策、人文、自然、社会等各个角度切实开展农业文化遗产的保护,以规范、标准、科学的方式方法把我国农业文化遗产保护工作切实推动起来。

第三节　农业文化遗产保护的立法构想

一、农业文化遗产法律保护的必要性和紧迫性

我国是一个农业大国,拥有丰富的农业文化遗产,除了列入联合国

粮农组织 GIAHS 项目的六处农业文化遗产外，大量的农业生产经验、文化景观、农业生态系统存在于我国广大农村地区。它们是我国劳动人民凭借独特而多样的自然条件和勤劳智慧创造出的农业文化典范，蕴含天人合一的哲学思想，具有较高的历史文化价值。但是，随着城市化和现代化进程的加快，这些宝贵的农业文化遗产正面临着破坏、遗忘、消失的危险。即使列入 GIAHS 项目的遗产也是危机重重，令人担忧。例如，由于年轻人大量外出打工，浙江青田县的"稻鱼共生系统"主要依靠当地中老年人来实践；由于受到杂交水稻、外来文化等影响，贵州从江县的"稻田养鱼养鸭系统"中传统农业耕作面积越来越小；由于近年来连续干旱以及农村劳动力外移，云南哈尼地区的农民开始将水田改旱田，并放弃传统水稻种植的农作方式，而更多不知名的农业文化遗产处于被人遗忘的角落。因此，通过立法加强对农业文化遗产的保护迫在眉睫。

二、农业文化遗产保护的立法模式

（一）国外农业文化遗产保护立法模式

从全世界范围来看，农业文化遗产保护引起人们的关注也仅有十余年时间。由于认识较晚，相关专门性立法也比较缺乏。从国外立法实践来看，对于农业文化遗产保护，主要是在文物保护法、文化遗产保护法（包括物质文化遗产法和非物质文化遗产法）、知识产权法的大框架下进行。

1. 文化遗产保护法模式

日本是采用文化遗产保护法保护包括农业文化遗产在内的文化遗产的典型国家。目前，大多数国家的文化遗产保护法中都没有涉及非物质文化遗产保护，而日本是少数几个文化遗产保护法中直接对非物质文化遗产做出规定的国家之一。早在明治初期，日本政府就颁布了保护工艺美术品的《古器物保护法》（1871 年）；1897 年，日本又颁布了《古寺庙保护法》，对古寺庙文化遗产进行保护。此后，日本又在 1919

年和1929年先后制定了《史迹、名胜、自然纪念物保护法》、《国宝保护法》,使得文化遗产保护方面的法律体系初步得以完善。1950年,日本政府颁布了《文化财[1]保护法》并经过了6次修改,现行的《文化财保护法》主要由指定、保护和运用三个部分组成。该法是一部综合性的文化遗产保护法,第一次对非物质文化遗产保护进行了专门规定,涉及"无形文化财"、"无形民俗文化财"、"文化财保持技术"等非物质文化遗产的保护。这些规定成为农业文化遗产保护的重要法律依据。

2. 文物保护法模式

该模式以法国为代表,法国没有专门的非物质文化遗产保护立法,其从文物保护入手,带动了包括农业文化遗产在内的非物质文化遗产的保护。早在1793年,法国就制定了《共和二年法令》,明确规定法国领土内的任何一类艺术品都应受到保护。1830年,法国政府专门设置了文化古迹保护机构——"历史古迹处";1840年,颁布了世界上第一部关于文物保护的法律《历史建筑法案》,开启了文物保护的立法先河。此后,法国又先后颁布了《纪念物保护法》(1887年)、《历史文物建筑及具有艺术价值的自然景观保护法》(1906年)、《保护历史古迹法》(1913年)、《考古发掘法》(1941年)、《历史街区保护法》(1962年)和《城市规划法》(1973年)等一系列文物保护法律。其中,《保护历史古迹法》是世界上第一部现代文物保护法。该法旨在保护具有历史价值和艺术价值的动产和不动产的历史文化遗产,对历史文化遗产进行登记造册,重要的历史文化遗产被列入保护名录。[2]

3. 知识产权保护法模式

农业文化遗产的知识产权问题主要有两个:与农业文化遗产相关

---

① 日语中的"文化财"就是我们所说的"文化遗产"。

② 李墨丝:《非物质文化遗产保护法制研究——以国际条约和国内立法为中心》,华东政法大学2009年博士学位论文,第90页。

的传统知识的保护问题以及与农业文化遗产内的生物资源相关的知识产权保护问题，包括生物专利授权中涉及的生物海盗等问题。[①] 目前，通过知识产权对农业文化遗产进行法律保护的典型国家是意大利和美国。这些国家本身的知识产权制度比较完善，其价值观念又更加趋向于保护所有人的权利。采用知识产权模式对非物质文化遗产进行保护，一般不需要单独另行制定法律，只需对现行的知识产权制度进行相关解释即可。意大利是世界上第一个运用知识产权法保护民间文化遗产的国家，它除了制定《文学艺术版权法》（1889 年）外，还制定了关于文化遗产及传统手工业保护的法律。意大利对非物质文化遗产的保护主要是通过知识产权中的著作权进行保护，并且“民间文学作品的著作权享受无限期”，“如果以营利为目的而使用民间文化的，不仅要征得文化行政部门的许可，还要缴纳一定的使用费，把收来的使用费以基金的形式进行管理。”[②]与意大利不同，美国对非物质文化遗产的保护主要采用了知识产权中的专利和商标制度。除了采用知识产权模式进行直接保护外，美国还设立了民俗保护中心，对民俗资料实行数字化；并且由于本土原住民族印第安人的关系，美国也在处理传统文化与非物质文化遗产方面进行了多方面的尝试，并取得了一定成效。[③]

（二）我国农业文化遗产保护立法模式的选择

目前，我国已经颁布实施了《文物保护法》、《非物质文化遗产保护法》、《文物保护法实施条例》等法律法规，对物质文化遗产和非物质文化遗产分别进行了立法保护。对于农业文化遗产保护的立法形式，较

---

① 吴莉：《农业文化遗产的法律保护》，华中科技大学 2011 年硕士学位论文，第 42 页。

② 周婷：《我国非物质文化遗产法律保护问题探析》，中国社会科学院研究生院 2011 年硕士学位论文，第 9 页。

③ 邓薇：《非物质文化遗产国际保护法律问题研究》，西南政法大学 2011 年硕士学位论文，第 16 页。

为合适的就是国务院以行政法规的形式制定《农业文化遗产保护条例》。之所以采取此种立法模式，主要基于以下几点考虑：一是农业文化遗产的范围比较狭窄，采用法律的形式立法不太现实，对比较单一的问题用条例的形式立法更好①。二是农业文化遗产保护在我国和世界其他国家都属于新生事物，国内外立法实践经验尚显不足，目前不具备制定单行法律的各种条件，在此情况下，制定一部行政法规更加合适。三是我国已经分别制定了保护物质文化遗产和非物质文化遗产的基本法律——《文物保护法》和《非物质文化遗产保护法》，而农业文化遗产保护既包括物质文化遗产，又包括非物质文化遗产。因此，可以说上述两部法律是农业文化遗产保护的上位法，在上述两部基本法律的框架下，制定一部农业文化遗产保护的行政法规是目前我国的合适选择。

三、农业文化遗产保护立法应确立的基本原则

（一）保护优先、合理开发的原则

对于遗产保护和开发的关系，目前存在两种非常极端的论点："一是'绝对保护派'即地方经济发展要完全让步于遗产保护，甚至在条件不成熟的情况下，以牺牲当地的发展为代价进行保护，这类观点主要为具有浓郁的地方文化心理的文物界、文化界人士和部分当地居民所持有；另一是'优先发展派'即遗产保护要尽可能服务于当地经济发展，这类观点主要为当政府和相当部分的基层群众所持有。"②当然，既然是极端观点，必存在不合理和不可取之处。对于农业文化遗产，应该坚持"保护优先、合理发展"的原则，正如李文华院士指出的：

---

① 李刚："浅议农业文化遗产的法律保护"，载《北京农学院学报》2007年第4期，第48页。

② 徐嵩龄：《第三国策：论中国文化与自然遗产保护》，科学出版社2005年版，第162页。转引自李文华、闵庆文、孙业红："自然与文化遗产保护中几个问题的探讨"，载《地理研究》2006年第4期，第562～563页。

“保护和发展是一对相辅相成的对立统一体，保护是首要和基本的任务。”①

尽管现阶段农业文化遗产的发掘工作十分重要，《农业部关于开展中国重要农业文化遗产发掘工作的通知》也指出：“中国重要农业文化遗产发掘工作要以挖掘、保护、传承和利用为核心”。但是，作为人类文明的历史积淀，农业文化遗产不是关乎“过去”，而是关乎人类“未来”的。因此，在对待农业文化遗产保护和利用上，保护是宗旨、是利用的前提。农业部《中国重要农业文化遗产认定标准》指出，中国重要农业文化遗产的特点之一便是“濒危性”。长期以来，人们对农业文化遗产的重要性认识不足，对其缺乏系统有效的保护，一些重要的农业文化遗产正面临着被破坏、被遗忘、被抛弃的危险。一旦这种危险发生，人类的农业文化损失将无法弥补。此外，随着社会的发展，很多地方的年轻人开始走出去闯荡外面的世界，从事农业生产的年轻人越来越少，各种农业生产经验和知识也面临失传的危险。对于这些区域，保护和传承下来是首要任务。因此，在发掘、开发农业文化遗产的过程中，应该坚持保护优先的原则。但是，如果采取不顾经济社会发展的绝对保护措施，势必影响当地社区居民参与农业文化遗产保护的积极性，甚至会产生抵触情绪，最终也难以达到保护的目的。因此，在保护优先的情况下，还要做到合理开发。正如2002年世界遗产委员会在《世界遗产布达佩斯宣言》中指出的，应当“努力在保护、可持续性和发展之间寻求适当而合理的平衡，通过适当的工作，使世界遗产资源得到保护，为促进社会经济发展和提高社区生活质量做出贡献”。

(二)就地保护原则

在农业遗产保护方面，闵庆文教授首次提到对农业遗产实施就地

① 闵庆文、孙业红：“全球重要农业文化遗产保护需要建立多方参与机制——‘稻鱼共生系统多方参与机制研讨会’综述”，载《古今农业》2006年第3期，第118页。

保护的重要性,他认为"农业遗产地不能在空间上发生大的迁移,农业遗产系统不能脱离其形成的原生自然环境和人文环境"。农业遗产是包含物质文化遗产和非物质文化遗产的综合系统,其中的农耕传统、节庆娱乐、礼仪、工艺技术、禁忌习俗等非物质文化遗产具有明显的地域性,已经和当地的生产环境、自然条件紧密相连、融为一体,脱离了当地的自然环境和人文环境,则失去了其本来的意义,因此对其应该实施就地保护。农业文化遗产中的物质文化遗产,例如,稻田、粮仓、打谷场、各种农具等,很多也具有不可移动性,也需要实施就地保护。总体而言,农业文化遗产"已经不再是某一单一的农业生产技术,而是某个各种传统农业生产技术保持得都非常之好的特定'区域'"。[①] 对于这样的区域,就地保护才是最好的选择。

(三)活态保护原则

活态是和静态相对应的概念,是指事物的鲜活状态或活动的形态。因此,活态保护也称为动态保护,或者称之为适应性管理。活态保护原则,"就是指让农民继续采用当地传统农业生产方式,将传统农业生产技术与技能,知识与经验原汁原味传承下来,而不是将农民迁走,对农业遗产地实施博物馆式的空地保护"。[②]

活态保护和就地保护具有密切的联系。就地保护需要当地农民的积极参与,需要当地农民肩负起应用、传承和发展农业文化遗产的责任,而这也是活态保护的体现。活态性不但是农业文化遗产的重要特征,也是农业文化遗产保护和管理的基本要求。农业文化遗产保护是一种综合性的生产技术、生活方式和生态景观。农业生产经验、农业技术知识、农业民俗风情等非物质文化遗产通常都是以鲜活的状态存在

---

① 苑利、顾军、徐晓:"农业遗产学学科建设所面临的三个基本理论问题",载《南京农业大学学报》(社会科学版)2012 年第 1 期,第 130 页。

② 苑利、顾军、徐晓:"农业遗产学学科建设所面临的三个基本理论问题",载《南京农业大学学报》(社会科学版)2012 年第 1 期,第 131 页。

于民间社会，其传承的基本形式就是当地农民世世代代的农业生产活动。对其保护不是把农民迁走、把知识和经验记录下来，而是需要当地农民、社区的积极参与和政府部门的有效管理。当地农民是农业文化遗产的主体，离开了他们的参与，农业文化遗产便失去了生命力。当地农民要尽量把自己所知道的一切农业生活经验与生产经验原汁原味地保存并传承下来。这就需要通过法制建设保障和完善农民和社区的参与权，保障农民对土地、林地、水体和海域的使用权。需要当地政府部门尊重农业文化遗产的原生环境，通过政策、法律、资金等各方面为农业文化遗产的保护提供支持，使农业文化遗产在发展中实现保护。

（四）真实性和完整性原则

真实性和完整性是衡量世界遗产价值的两个基本原则，也是世界遗产保护和管理的基本原则，《世界遗产公约实施行动指南》（以下简称《行动指南》）对其有明确的规定。在《行动指南》适用的早期，真实性一般用来评价文化遗产，完整性一般用来评价自然遗产。但随着认识的发展，人们发现，把上述两个原则截然分开评价世界遗产是不合适的，因此，现阶段，人们开始运用真实性和完整性双重原则评价和保护自然遗产和文化遗产。

何为真实性？根据《奈良文件》（Nara Document，1994 年）的解释，“真实性包括遗产的形式与设计，材料与实质，利用与作用，传统与技术，位置与环境，精神与感受。有关‘真实性’翔实信息的获得和利用，需要充分地了解某项具体文化遗产独特的艺术、历史、社会和科学层面的价值。”文化遗产真实性的保持还在于，“不同的文化和社会都包含着特定的形式和手段，它们以有形或无形的方式构成了某项遗产。”①世界

① KANEFUSA MASUDA. The notion of authenticity in relation to the world heritage convention[A]. Report of the Global Strategy Natural and Cultural Heritage Expert Meeting [C]. Amsterdam. The Netherlands. 1998：39. 转引自张成渝、凝高：“‘真实性和完整性’原则与世界遗产保护”，载《北京大学学报》（哲学社会科学版）2003 年第 2 期，第 63 页。

遗产委员会也在《行动指南》(第10版,1997年)中指出,"列入《世界遗产名录》的文化遗产应符合《世界遗产公约》所说的具有突出的普遍价值的至少一项标准和真实性标准"。[①] 例如,2012年,"红河哈尼梯田文化景观"被确定为我国2013年世界文化遗产申报项目,有关申报文本也已通过世界遗产中心预审并正式提交联合国教科文组织世界遗产中心。这说明农业文化遗产中的部分要素属于文化遗产的范畴,甚至农业文化遗产本身也符合文化遗产的特征。因此,对于农业文化遗产的保护应该适用真实性原则。

完整性意味着应该保持原有的完整状态。完整性早期用于评价和保护自然遗产,近年来,对于文化遗产的评价和保护也开始适用完整性要求。《行动指南》就明确提出过"保护文化遗产的完整性"。《国际古迹遗址理事会意见书》也指出,"作为一个概念,'完整性'适用于自然遗产,它同样平等地适用于文化遗产"。[②] 对于农业文化遗产的保护而言,就是保护农业文化和技术知识、传统农业景观和农业生产系统等各部分及其周边的空间范围共同构成一个完整的统一整体。

(五)公众参与原则

农业文化遗产保护和当地居民的生产、生活和发展具有密不可分的联系。在农业文化遗产地区,当地居民是农业文化遗产的传承者和实践者。他们对于当地的气候、环境、土地、农作物及其生长规律非常了解,其生产、生活本身构成了农业文化遗产的重要组成部分。离开了当地居民的参与和实践,农业文化遗产将难以存在和延续。因此,在农

① "世界遗产公约实施行动指南(第10版)"(1997年),载北京大学世界遗产研究中心:《世界遗产法律文件汇编》(内部资料)。转引自张成渝、凝高:"'真实性和完整性'原则与世界遗产保护",载《北京大学学报》(哲学社会科学版)2003年第2期,第63页。

② Icomos Position Paper. Report of the Global Strategy Natural and Cultural Heritage Expert Meeting[C]. Amsterdam. The Netherlands. 1998:44 - 45. 转引自张成渝、凝高:"'真实性和完整性'原则与世界遗产保护",载《北京大学学报》(哲学社会科学版)2003年第2期,第64页。

业文化遗产保护立法中，应当通过法律保障当地居民和社区在农业文化遗产保护中享有的知情权、决策权、参与权以及相关合法权益，调动当地居民和社区参与农业文化遗产保护的积极性，激发他们的创新性，使农业文化遗产在继承中得到发展。

四、农业文化遗产保护立法应解决的几个关键问题

（一）明确农业文化遗产的权属

目前，如何确定农业文化遗产的权属，我国缺乏立法的明确规定。农业文化遗产是物质文化遗产和非物质文化遗产的结合体，其自然景观和自然生态具有一定的地域性，但其文化传承和技术知识又缺乏明显的地域性。此外，农业文化遗产往往是某一区域众多居民集体创造的结果，其对外具有一定的区分性，对内又具有一定的集体性。因此，应该借鉴物质文化遗产和非物质文化遗产的保护方法，对于农业文化遗产中的物质文化遗产部分，通过建立自然保护区等形式，确立自然景观和自然生态的集体权属。对于农业文化遗产中的非物质文化遗产部分，可以按照知识产权保护立法的相关规定进行保护。例如，符合商标法相关规定、可以作为注册商标使用的，相关部门应该在国内外进行保护性注册。

（二）构建农业文化遗产保护的多方参与机制

农业文化遗产的保护和管理需要全社会的积极参与。根据联合国大学环境与可持续发展部专家梁洛辉和联合国粮农组织、荷兰瓦格宁根大学农业文化遗产保护项目专家 F. H. J. van Schoubroeck 的研究，GIAHS 项目的组织管理最好在全球、国家、地方和社区四个水平上展开（详见表 9 - 3 和表 9 - 4），每个水平都任务明确，并且互相支持。我国农业文化遗产的保护和管理，也应该积极借鉴上述经验。在国际社会的参与和支持下，国家和地方政府为 GIAHS 项目的实施提供战略指导和法律、政策、财政支持。通过上级部门的授权和支持，包括地区企业、地方居民在内的社区应该成为农业文化遗产保护的主要力量。

表 9-3:GIAHS 适应性保护不同水平上的活动①

水平	主要任务	所需支持	可能的利益相关者
全球	·开发 GIAHS 国际认可的概念框架和评选标准 ·管理国家水平的(也可能是地方水平的)GIAHS 质量	·对 GIAHS 进行定义和评选 ·来自于所启动国家的反馈意见	FAO、全球环境基金(GEF)、其他赞助者、自然保护国家非政府组织等
国家	·开发 GIAHS 适应性保护的国家政策框架和机制支持 ·支持地方政府启动 GIAHS 项目	·国际公认的 GIAHS 概念框架 ·国家的政策支持 ·项目资金支持	国家有关部委、粮农组织国家办事处、GEF 国家秘书处、学术机构、国际非政府组织
地方	·开发 GIAHS 适应性保护的支持机制	·GIAHS 的评选标准 ·支持国家政策 ·启动国际认可的 GIAHS 保护行动 ·项目资金支持	地方政府机构、地方非政府组织、学术机构、地方企业等
社区	·建立与 GIAHS 适应性保护有关的各种联系(农业生产、自然保护、文化传承、旅游发展、环境服务、产品贸易等)	·促进补偿机制的建立 ·明确 GIAHS 评选标准 ·在将来机制设置上重新利用传统生产方式的技术支持	当地社区、地方企业、学术机构

① 梁洛辉、F. H. J. van Schoubroeck:"全球重要农业文化遗产项目实施的机制建设问题",载闵庆文、钟秋毫主编:《农业文化遗产保护的多方参与机制——"稻鱼共生系统"全球重要农业文化遗产保护多方参与机制研究会文集》,中国环境科学出版社 2006 年版,第 70~71 页。

表9-4:中国的项目实施组织机构(以浙江省青田县为例)①

水平	主要任务	所需支持	可能的利益相关者
国家	·开发GIAHS适应性保护的国家政策框架和机制支持 ·制定GIAHS国家评选、命名和监督指南 ·建立国家农业文化遗产研究网络 ·支持浙江省和青田县政府在项目试点龙现村建立可持续的农业文化遗产系统	·国际认可的框架,包括GIAHS的评选标准 ·国家的政策支持 ·项目资金支持	国内:农业部、文化部、GEF国际秘书处、中国科学院、其他合作者、非政府组织 国际:FAO、FAO北京办事处、联合国发展计划署(UNDP)北京办事处、联合国大学(UNU)/人口、土地管理与环境变化项目(PLEC)
省级	·动员省里对青田县在龙现村建立GIAHS可持续管理系统的支持 ·协调农业部和青田县的联系	·GIAHS的国家评选与监督标准 ·省里的政策支持 ·项目资金支持	浙江省农业厅 浙江大学
县级	·开发龙现村进行GIAHS适应性管理的支持机制 ·编制并实施龙现村GIAHS适应性管理规划 ·支持社区提高龙现村GIAHS的多重价值,并提供替代性生产方式	·GIAHS的国家评选与监督标准 ·支持国家和省的政策 ·学术机构的技术支持 ·启动GIAHS保护行动 ·项目资金支持	地方政府机构: 县农业局 县旅游局 县水利局 地方企业等

① 梁洛辉、F. H. J. van Schoubroeck:"全球重要农业文化遗产项目实施的机制建设问题",载闵庆文、钟秋毫主编:《农业文化遗产保护的多方参与机制——"稻鱼共生系统"全球重要农业文化遗产保护多方参与机制研究会文集》,中国环境科学出版社2006年版,第71~72页。

续表

水平	主要任务	所需支持	可能的利益相关者
社区	·实现龙现村GIAHS的适应性管理(有机/观光农业、农产品认证、产品贸易等) ·发展龙现村的替代性生产方式(自然、文化、旅游、生态补偿等)	·促进补偿机制的建立 ·明确的GIAHS评选标准 ·在将来机制设置上重新利用传统生产方式(有机农业)的技术支持	龙现村村民 华侨网络 地方企业

(三)合理确定农业文化遗产保护的利益分配机制

农业文化遗产保护和管理的主体具有广泛性,既包括当地居民、社区、地方政府和国家,也包括各种开发公司、社会组织以及国际组织;既包括集体力量,也包括个人智慧。其中,当地居民和社区是农业文化遗产保护的主要力量。但是,从社会现实来看,目前的利益分配机制还很不完善,上述主体间的利益分配非常不合理。农业文化遗产保护中的利益分配主要涉及经济利益和生态利益两种,在处理两者关系时,应该按照以下原则进行:第一,遵循生态利益优先的原则。农业文化遗产的保护对于维护生物多样性、提供生态景观、维护生态平衡、追求人与自然和谐具有重要意义,其产生的生态利益远远大于对其开发所带来的经济利益。由于生物多样性、生态景观等一旦遭受损害便具有不可逆性,因此,在生态利益和经济利益产生冲突时,应该坚持维护生态利益优先的原则。第二,经济利益的分配,应该按照公平、公正的原则。农业文化遗产具有活态性,其产生于一定区域内世世代代居民的共同努力;其延续和发展也离不开当时居民的广泛参与和实践;其保护不但包括当地的自然生态系统,更包括当地的人文理念和文化传承。因此,当地居民应该成为农业文化遗产开发经济利益的最大受益者。但是,在现实生活中,农业文化遗产开发的巨大经济利益往往被开发公司赚取。

以云南哈尼梯田为例,2009年,哈尼梯田的开发单位云南世博集团开始“围景点、收门票”。该公司在梯田核心区入口设收费处,居住在景区内的当地农民进出景区需要出示证件,不但为他们的生活带来了不便,而且旅游收入归于世博集团。这种严重不公平的利益分配机制引起了当地群众的极大不满。因此,应该按照公平、公正的原则,使当地居民充分享受到农业文化遗产开发带来的经济利益。

（四）增强农业文化遗产中文化遗产的保护

农业文化遗产是物质文化遗产和非物质文化遗产的综合体。但是,从目前的保护实践来看,存在注重保护物质遗产部分,轻视保护非物质文化遗产部分的倾向。以新疆“坎儿井”保护为例,“坎儿井”不仅包括被称为“地下长城”的坎儿井工程和丰富的农业遗传资源,还包括建造、维护坎儿井的传统知识和农业文化。然而,目前的《新疆维吾尔族自治区坎儿井保护条例》更加关注作为文物形式存在、发挥水利功能的坎儿井物质实体的保护,忽略了对农业文化遗产中的文化内容的保护。① 与物质文化遗产相比,非物质文化遗产更容易流失和遭到破坏,因此,在农业文化遗产保护中应该更加重视非物质文化遗产的保护。

---

① 吴莉:《农业文化遗产的法律保护》,华中科技大学2011年硕士学位论文,第18页。

下 篇

农村环境“法制体系协调”的负向构建

第十章　农村地区内源性环境问题的法律控制

在当今能源价格不断飙升的背景下，垃圾正在成为一种国际热门商品。①

——瑞典国家环保顾问奥斯伦

谁都不是一座孤岛，可以自成一体，每个人都是那广袤大陆的一部分。

如果海浪冲刷掉一个土块，欧洲就少了一点。

如果一个海角、你朋友或者你自己的庄园被冲掉，也是如此。

任何人的死亡，使我受到损失，因为我包孕在人类之中。

所以别去打听丧钟为谁而鸣，它为你敲响。②

——[英]约翰·堂恩

根据农村地区环境问题产生原因的不同，可以分为内源性环境问题和外源性环境问题。内源性环境问题是指农村地区生产、生活本身

---

① 艾敛菲："瑞典的垃圾争夺战"，载《世界博览》2012年第22期。

② [美]海明威著：《丧钟为谁而鸣》，程中瑞、程彼德译，上海译文出版社1982年版。

造成的环境问题;外源性环境问题是指城市环境问题向农村转移。内源性环境问题具有多样性,包括农药、化肥、地膜污染,秸秆焚烧、畜禽水产养殖污染,乡镇企业环境污染和资源破坏、生活污染等。本章笔者将结合农村地区典型的内源性环境问题,剖析相关法制完善的重点内容。

第一节 秸秆禁烧和综合利用中农民权益维护和法制的完善

一、农村地区秸秆禁烧和综合利用面临的挑战

受传统观念和生活习惯的影响,在广大农村地区,大多数农作物产生的秸秆并没有实现综合利用,而是被焚烧,成为农村地区大气污染的重要原因。据统计,仅国内秸秆类每年有 7 亿吨以上在田间直接燃烧[①]。焚烧秸秆不但严重污染环境,危害人体健康,还造成资源浪费,引发火灾影响交通安全。很多农民甚至是执法干部对秸秆焚烧的危害性认识不足;很多地区对秸秆禁烧工作的认识、管理、措施均不到位,禁烧工作流于形式,违法焚烧问题突出;有些地方甚至出现了因秸秆焚烧引发机场跑道草坪失火影响飞机正常起飞的现象。

在秸秆禁烧的同时,我国积极推广秸秆综合利用并取得一定成绩。据统计,2010 年,我国秸秆综合利用率达到 70.6%,利用量约 5 亿吨,秸秆综合利用取得明显成效。目前,秸秆综合利用仍然面临一些问题:一是秸秆用之为宝、弃之为害的理念还没有深入人心,资源化、商品化程度低,区域间发展不平衡;二是国家已出台的一些鼓励秸秆综合利用的政策,农民直接受益的不多,有待进一步完善;三是秸秆综合利用企业

---

① 浮爱青、焦红光:“生物质型煤燃烧特性概述”,载《洁净煤技术》2006 年第 2 期,第 63 ~66 页。

规模小,缺乏龙头企业带动,综合利用产业化发展缓慢。①

二、秸秆禁烧和综合利用法制现状及存在的问题

在法律层面,秸秆禁烧和综合利用的立法主要体现在2014年《环境保护法》和2015年《大气污染防治法》中。例如,《环境保护法》第49条指出,各级人民政府及其农业等有关部门和机构应当指导农业生产经营者科学处置农用薄膜、农作物秸秆等农业废弃物,防止农业面源污染。2015年《大气污染防治法》规定了政府鼓励秸秆利用、禁止露天焚烧以及相应的法律责任。

针对农村地区秸秆焚烧问题,国家环境保护总局等六个部门联合制定了《秸秆禁烧和综合利用管理办法》(1999年4月12日发布),规定了各级环境保护行政主管部门会同农业等有关部门负责秸秆禁烧的监督管理,以及禁止焚烧秸秆的区域、秸秆的综合利用等内容。2002年3月,国家环境保护总局发布的《全国生态环境保护"十五"计划》提出了"开展秸秆禁烧,促进综合利用"的任务,并规定了禁止秸秆焚烧的区域以及秸秆综合利用的途径。② 2008年,国务院发布了《国务院办公厅关于加快推进农作物秸秆综合利用的意见》,明确了推进秸秆综合利用的指导思想、基本原则和主要目标,提出了通过"大力推进产业化"和"加强技术研发和推广应用"促进秸秆综合利用。为落实该意见,2011年11月29日,国家发展改革委员会、农业部、财政部印发了《"十二五"农作物秸秆综合利用实施方案》,分析了我国秸秆综合利用的现状、面临的形势及存在问题,指出了秸秆综合利用的指导思想、基本原则和总

① 参见国家发展改革委、农业部、财政部2011年11月29日发布的《"十二五"农作物秸秆综合利用实施方案》。

② 即在机场、高速公路、重要铁路干线和高压输电线以及人口集中区禁止焚烧秸秆。大力推广秸秆还田、过腹还田、秸秆气化和其他综合利用措施,开辟工业利用秸秆新途径。

体目标,明确了秸秆综合利用的五大重点领域[①]、六项重点工程[②]和四项保障措施[③]。上述规范性法律文件对于控制秸秆焚烧、促进秸秆综合利用发挥了一定作用,但是仍然存在以下问题。

(一)立法效力较低

从上述规定可以看出,除了《环境保护法》和《大气污染防治法》对于秸秆焚烧和利用做出原则性规定外,关于控制秸秆焚烧、加强综合利用的具体规定主要是各种规范性法律文件和部门规章,其法律效力较低。

(二)立法内容主要关注禁烧,对综合利用的规定过于笼统

秸秆禁烧和综合利用是紧密相连的两个方面,只有积极扩展秸秆综合利用的具体途径和措施,使农村群众便于开展综合利用,并且能够从中切实得到收益,农村群众才不会焚烧秸秆。但是,目前的法律法规对于综合利用的规定过于笼统,在现实中难以具体落实。例如,2014年《环境保护法》仅规定了要"科学处置"农作物秸秆。《秸秆禁烧和综合利用管理办法》的主要内容是"禁烧",关于"综合利用"只有一条概括性的描述,并且没有设定法律责任,因此,在综合利用方面基本成为"一纸空文"。对此,2015年《大气污染防治法》进行了完善,规定了政府对秸秆"进行肥料化、饲料化、能源化、工业原料化、食用菌基料化等综合利用",要加大对秸秆还田的财政补贴力度。此外,对于露天焚烧秸秆规定了更严格的法律责任,即被相关部门"责令改正,并可以处五百元以上二千元以下的罚款"。

(三)秸秆禁烧执法难度大

在很多农村地区,秸秆焚烧犹如"星星之火",虽然单个焚烧行为影

---

① 分别是:秸秆肥料化利用、秸秆饲料化利用、秸秆基料化利用、秸秆原料化利用和秸秆燃料化利用。

② 分别是:秸秆循环型农业示范工程、秸秆原料化示范工程、能源化利用示范工程、棉秆综合利用专项工程、秸秆收储运体系工程、产学研技术体系工程。

③ 分别是:加强组织领导、完善政策措施、加快技术创新、强化宣传引导。

响不大,但却存在点多面广的特点。此外,还有很多农民选择在夜间焚烧,这使得本身执法力量相对薄弱的农村环境保护监管部门执法难度更大,难以追究相关人员责任。

(四)秸秆综合利用优惠政策和激励机制缺失

目前的各种政策和规范性法律文件,多是采取措施控制农民焚烧秸秆,而缺乏激励秸秆综合利用的措施和制度。从社会现实来看,这种立法思路并没有取得成功。尽管有些地方政府尝试通过回收再利用的方法帮助农民处理秸秆,但由于收益甚微,农民的积极性难以调动起来,各地政府依然无法解决秸秆焚烧这一"历史性难题"。

三、秸秆禁焚、综合利用中农民权利的维护和法制的完善——从"秸秆放倒证"说起

据《法制日报》(2007 年 10 月 30 日)报道,2007 年 9 月 15 日,河北省成安县委、县政府印发成安县委〔2007〕18 号文件,即"县委县政府关于秋季秸秆还田和禁烧工作的实施意见",明确规定"确需放倒、撂倒玉米秸秆的农户,需持有成安县秸秆还田和禁烧指挥部统一印制的《秸秆放倒证》,并做到当天放倒,当天清运。否则,按影响农机统一作业论处"。9 月 24 日,河北省成安县漳河店镇朱庄村年逾 70 的张振岭由于以先割倒的方式收玉米时没有县里发的《秸秆放倒证》,就遭到镇政府负责"秸秆还田和禁烧"工作人员的打骂。当地派出所到场后以"双方没有受伤"为由未作处理。张老汉的女儿到漳河店镇政府质问父亲被打一事时,镇委书记公开说:"如果你私自放倒(指秸秆)没有放倒证,派出所查后进行处罚,这是上面的规定。"农民是站着掰玉米还是割倒秸秆掰玉米,难道政府还要管?河北成安县法制办对成安县委〔2007〕18 号文件逐字逐句进行审定后宣布废止。沸沸扬扬的"秸秆放倒证事件"告一段落。

该事件暴露出地方政府行政管理水平、法律意识,农民权利维护等方面的诸多问题,笔者将对这些问题进行深层剖析并探讨完善的对策

和建议。

第一,"秸秆放倒证"体现出基层政府对法律的无知和管理水平的低下。根据我国《行政许可法》第17条的规定,除法律规定外①,其他规范性文件一律不得设定行政许可。因此,"秸秆放倒证"严重违反了《行政许可法》的规定,是一种典型的滥设行政许可的行为,这种行为严重侵犯了当地农民的合法权益。根据相关报道显示,当地政府出台"秸秆放倒证"的初衷也许是好的,因为"《秸秆放倒证》是免费发放,为的是区分情况,以确定是否补贴,属于鼓励引导性质的一项措施,不具有强制性。"②但这项措施的背后却反映出基层政府行政水平的低下和管理智慧的缺乏。当地农民延续了几千年的玉米收割习惯在"秸秆放倒证"面前显得难以适从,站着掰玉米又扎又热又累,而放倒了掰却因为没有

① 第14条规定:"本法第十二条所列事项,法律可以设定行政许可。尚未制定法律的,行政法规可以设定行政许可。必要时,国务院可以采用发布决定的方式设定行政许可。实施后,除临时性行政许可事项外,国务院应当及时提请全国人民代表大会及其常务委员会制定法律,或者自行制定行政法规。"第15条规定:"本法第十二条所列事项,尚未制定法律、行政法规的,地方性法规可以设定行政许可;尚未制定法律、行政法规和地方性法规的,因行政管理的需要,确需立即实施行政许可的,省、自治区、直辖市人民政府规章可以设定临时性的行政许可。临时性的行政许可实施满一年需要继续实施的,应当提请本级人民代表大会及其常务委员会制定地方性法规。地方性法规和省、自治区、直辖市人民政府规章,不得设定应当由国家统一确定的公民、法人或者其他组织的资格、资质的行政许可;不得设定企业或者其他组织的设立登记及其前置性行政许可。其设定的行政许可,不得限制其他地区的个人或者企业到本地区从事生产经营和提供服务,不得限制其他地区的商品进入本地区市场。"第12条规定:"可以设定行政许可的事项包括:(一)直接涉及国家安全、公共安全、经济宏观调控、生态环境保护以及直接关系人身健康、生命财产安全等特定活动,需要按照法定条件予以批准的事项;(二)有限自然资源开发利用、公共资源配置以及直接关系公共利益的特定行业的市场准入等,需要赋予特定权利的事项;(三)提供公众服务并且直接关系公共利益的职业、行业,需要确定具备特殊信誉、特殊条件或者特殊技能等资格、资质的事项;(四)直接关系公共安全、人身健康、生命财产安全的重要设备、设施、产品、物品,需要按照技术标准、技术规范,通过检验、检测、检疫等方式进行审定的事项;(五)企业或者其他组织的设立等,需要确定主体资格的事项;(六)法律、行政法规规定可以设定行政许可的其他事项。"

② 王明浩:"秸秆放倒证'放倒'了什么",载《人民日报》2007年11月7日。

“秸秆放倒证”而害怕镇政府“禁烧”人员的责骂甚至是罚款。如果成安县文件的制定者能够拥有基本的法律常识、能够走到田间地头，听听百姓的心声、了解农民的真实需求，相信会制定出更加符合法律、顺民心、合民意的政策措施。

第二，“秸秆放倒证”背后的政绩考核观。在该事件中，一个很值得人们思考的事情便是当地政府部门为何要颁发“秸秆放倒证”，其动力又是什么？综观整个事件不难发现，当地有关部门可能并不关心“农民是站着掰玉米还是割倒秸秆掰玉米”，但他们担心被割倒的秸秆再被农民一把火烧掉。出台“秸秆放倒证”不过是为了“防烧秸秆于未倒”，对当地政府而言，防止农民燃烧秸秆是一项重要任务，直接关系到地方官员的政绩评价①。在政绩考核的压力下，“秸秆放倒证”出台了。应该说，把控制秸秆焚烧在内的环境保护工作纳入地方政府政绩考核范围非常必要，但是政绩考核的目的是督促政府更好地履行职责和服务于民，而像发放“秸秆放倒证”侵害农民合法权益的各种行为，恰恰和政绩考核的目的背道而驰，这不得不令人深思和反思。

第三，秸秆综合利用政策对农民权益的侵犯和完善建议。仔细分析农民不愿意进行秸秆综合利用的原因，则不难发现，尽管秸秆综合利用形式多样，但却容易增加农民成本，甚至导致农民收益受损。在“秸秆放倒证”案件中，张振岭在接受记者采访时指出，他根本不可能焚烧秸秆，因为割下的秸秆还要留着喂牛。他家的玉米地恰恰在示范区内，依照规定，玉米秸秆不能运走自用，只能直接还田。和张老汉相同想法的人在当地不在少数。据了解，由于当地附近有大型养牛场，农民收割完玉米后，拉一车秸秆能卖上十几块钱。因此，当地很多农民都选择把玉米秸秆放倒，拉走直接卖掉。② 秸秆综合利用政策的制定和推行要以

---

① 舒圣祥：“‘秸秆放倒证’：不仅是对法律的无知”，载《江西日报》2007年11月6日。

② 王明浩：“秸秆放倒证‘放倒’了什么”，载《人民日报》2007年11月7日第10版。

维护和实现农民的权益为出发点,这一方面要加强地方政府责任规定,完善政府权力监督机制,防止侵犯农民权益行为的发生;另一方面要采取措施增加农民收益。例如,政府弥补农民机械化秸秆还田的成本,政府直接回收秸秆用于饲料开发、燃料开发并给予农民相应补贴等。通过加强政府责任、维护农民收益推动和落实秸秆综合利用政策。

第四,增强秸秆综合利用的鼓励措施和激励机制。农民焚烧秸秆难以得到有效遏制的一个根本原因是缺乏有效的激励措施和激励机制。激励措施必须从人的需求出发,运用资金、补贴等物质利益或名誉、表扬等精神满足来影响人们在经济活动中的行为①。在农村秸秆综合利用中,可以通过对当地农民和企业提供激励机制和政府提供技术促进秸秆综合利用:(1)对农民的激励措施。在现实生活中,政府能够激励农民的方式有很多种,如给予农民一定的现金补贴、提高秸秆的收购价格、对农民购买的秸秆处置器具进行补贴等。(2)对企业的激励措施。秸秆饲料开发、秸秆气化、秸秆工业原料开发等难以通过农民个人的力量实现,往往需要当地企业的参与和支持。当地政府对参与企业实行激励则会降低企业成本,促进企业积极投入到秸秆综合利用中。政府激励企业的方式也应该具有多样性,包括资金补贴、资金支持、政策鼓励、税收优惠和技术支持等各种方式。(3)政府进行技术革新。"不仅制度可以作为规范人们行为的措施,技术在一定条件下也可以达到规范和调整人们行为的目的。"②新技术的推广和应用能够使秸秆综合利用的成本降低,增加农民收益,因此,政府应该成为技术创新的推动者,促进秸秆综合利用技术的推广和应用。

---

① 罗勇:《区域经济可持续发展》,化学工业出版社 2005 年版,第 224 页。

② 李振宇、黄少安:"制度失灵与技术创新——农民焚烧秸秆的经济学分析",载《中国农村观察》2002 年第 5 期,第 14 页。

第二节 农药、化肥污染防治法制的完善

农药、化肥的过量使用不但造成农村地区严重的土壤污染和水污染，还导致我国耕地肥力明显下降，危害农产品质量安全和人体健康。目前，国际上公认的化肥施用安全上限是225千克/公顷。但是，目前我国农用化肥平均施用量已达434.3千克/公顷，是安全上限的1.93倍；农药的平均施用量是13.4千克/公顷，其中有60%～70%残留在土壤中。[①] 在控制农村面源污染中，加强农药、化肥污染防治的法制建设迫在眉睫。

一、农药、化肥污染防治的法律规定及存在的问题

我国防治农药、化肥污染的法律规定主要包括2014年《环境保护法》、《水污染防治法》、《农业法》、《农产品质量安全法》等法律，以及《农药安全使用规定》、《农药登记规定》、《农药登记规定实施细则》、《农药管理条例》、《农药管理条例实施办法》、《肥料登记管理办法》等行政法规和规章，涉及内容主要包括以下几个方面。

（一）对农民和农业生产经营者的管理要求

2014年《环境保护法》对农业生产经营者提出了“施用农药、化肥等农业投入品及进行灌溉，应当采取措施，防止重金属和其他有毒有害物质污染环境”的要求。《农业法》对农民和农业生产经营者提出了“保养耕地，合理使用化肥、农药、农用薄膜，增加使用有机肥料，采用先进技术，保护和提高地力，防止农用地的污染、破坏和地力衰退”的要求。《农产品质量安全法》也对农产品生产者提出了“应当合理使用化肥、农药、兽药、农用薄膜等化工产品，防止对农产品产地造成污染”的要求。

---

① 韩乐悟：“耕地‘死亡’令人忧”，载《法制日报》2011年5月27日。

(二)相关管理部门的职责要求

2014 年《环境保护法》要求“各级人民政府及其农业等有关部门和机构应当指导农业生产经营者科学种植和养殖,科学合理施用农药、化肥等农业投入品……防止农业面源污染。”《农业法》对农业行政主管部门做了一些义务性规定即“各级农业行政主管部门应当引导农民和农业生产经营组织采取生物措施或者使用高效低毒低残留农药、兽药,防治动植物病、虫、杂草、鼠害。”《水污染防治法》对于管理部门职责的要求是:“县级以上地方人民政府农业主管部门和其他有关部门,应当采取措施,指导农业生产者科学、合理地施用化肥和农药,控制化肥和农药的过量使用,防止造成水污染。”

(三)防止污染水资源

2008 年修订通过的《水污染防治法》对于防止农药、化肥污染水资源作出了规定:“运输、存贮农药和处置过期失效农药,应当加强管理,防止造成水污染。”

(四)农药登记、农药安全使用等相关规定

1982 年 6 月,农牧渔业部和卫生部颁布的《农药安全使用规定》对农药的分类、使用范围、购买、运输、保管和使用中的注意事项、施药人员的选择和个人防护作出了详细规定。同年 4 月,农业部等部门发布的《农药登记规定》提出了我国农药使用的三大原则:高效、安全、经济。同年 9 月,农牧渔业部发布的《农药登记规定实施细则》又对农药登记进行了补充和说明。1997 年 5 月,国务院发布了我国对农药进行全面监管的第一部行政法规《农药管理条例》(2001 年 11 月 29 日修订,以下简称《条例》)。《条例》共 8 章 49 个条款,对农药登记、农药生产、农药经营和农药使用进行了规定,在农药使用方面提出了“按照规定的用药量、用药次数、用药方法和安全间隔期施药,防止污染农副产品”的要求。此后的《农药管理条例实施办法》(1999 年 4 月 27 日发布,2007 年 12 月 8 日修订)对《条例》中没有具体规定的内容进行了阐释和说明,对加强农药登记、经营和使用监督管理发挥了重要作用。2007 年,农业部制定了《农药登记资料规定》和《农药名称登记核准管理》，进一步规范了农药登记工作。同年 12 月，农业部又通过了《农药标签和说明书管理办法》，对农药名称、有效成分含量、农药产品的毒性及标识、农药登记证号、产品标准号等进行了规范，为农民了解农药产品信息，选购农药产品提供了重要指导。[①]

(五)化肥管理规定

农业部发布的《肥料登记管理办法》(2000 年)、《加强肥料登记管理工作的若干规定》对肥料登记的申请、审批和管理进行了规定。

尽管上述法律法规的规范作用不断增强，但我国农药、化肥过量使用污染环境的形势依然非常严峻。从法制建设的角度分析，仍存在以下缺陷。

首先，法律规定不够细致和明确。目前的法律、法规对于农药、化肥的使用只是做出了原则性规定，相关要求还缺乏细化和明确。例如，《环境保护法》、《农业法》和《农产品质量安全法》都要求要“合理使用(施用)”农药、化肥，但对于何为“合理使用(施用)”？上述法律既缺乏量化又缺乏说明，在实践中往往难以操作。

其次，相关立法和环境标准缺失。对于化肥管理，目前的部门规章和规范性文件主要规定了肥料登记的相关要求，对于肥料的生产、销售和使用等环节缺乏规定，而这些环节恰恰容易造成环境污染。

最后，法律监管难度大。在缺乏充分的法律依据的情况下，农药、化肥的监管暴露出很多问题。例如，在广西壮族自治区肥料监管中，便存在着肥料合格率不高、乡镇一级肥料市场质量问题严峻、无肥料登记许可和无证照现象依然存在、肥料管理职能交叉、多头执法等问题。[②]

---

① 张世梅:《我国农药监管法律制度研究》,重庆大学 2011 年硕士学位论文,第 9 ~ 10 页。

② 蒙铁英:《建议尽快出台〈肥料管理条例〉》,载中国化肥网,http://www.fert.cn/news/2010/3/13/20103138123021708.shtml,2010 年 3 月 13 日。

二、环境法制建设中的典型问题剖析——以《肥料管理条例(送审稿)》为例

我国是化肥生产和使用大国,化肥过量使用已经带来严重的环境问题和农产品质量安全问题。但是对于化肥的管理,目前只有农业部发布的《肥料登记管理办法》(2000 年),并且该办法只涉及化肥登记管理,对于化肥的生产、销售和使用等环节缺乏规定。因此,加强化肥管理立法,制定相关法律、法规成为社会现实需要,也受到学者的广泛关注。在此背景下,2009 年 7 月,农业部牵头起草了《肥料管理条例(送审稿)》(以下简称《送审稿》),但是,《送审稿》一经发布便受到业内的广泛质疑,导致最终夭折。究其原因,便是《送审稿》制定过程中部门利益较重,在立法依据、管理权限、部门职能等方面存在很多问题。

《送审稿》共计 8 章 61 条,涉及总则、肥料登记、肥料生产、肥料销售、肥料使用、监督管理、罚则、附则等内容。但是,从具体内容来看,《送审稿》却似乎是《肥料登记管理办法》的“扩充”和“翻版”,肥料登记成为《送审稿》的核心内容(第 6 ~ 17 条),收缴和罚款成为其重点内容。从权责设置上看,《送审稿》赋予农业部门较多行政管理权、执法权和处罚权,对其法律责任则语焉不详[①];对于肥料的生产者、销售者却规定了详尽的处罚措施(第 48 ~ 55 条),具有明显的部门利益化倾向。从立法依据上看,《送审稿》的依据只有一部《农业法》,而肥料管理涉及生产、经营和使用诸多环节,所有监管均依据这一部法,存在立法依据明显不足的问题。

---

① 仅有第 56 条 1 款规定,县级以上农业行政主管部门及其它有关行政主管部门、检验检测机构、试验单位及其工作人员利用职务上的便利收取他人财物或者玩忽职守,泄露不能披露的资料,不履行监督职责;或者发现违法行为不予查处,造成严重后果,构成犯罪的,依法追究刑事责任;尚不构成犯罪的依法给予行政处分。

根据中国磷肥工业协会的总结，该条例存在以下问题：①(1)不符合《行政许可法》减少行政干预、减少管理层次和行政收费的精神，存在多头管理、重复管理和乱收费等问题。(2)化学肥料是安全、有效的肥料，化肥企业生产已取得各种合法、齐备的手续，不需要登记。(3)与现行法律、法规、标准内容重复或抵触。例如，对于部分化肥产品已经有国家强制的生产许可证管理制度，《送审稿》关于化肥等级和管理的要求完全是许可证管理的重复。(4)肥料登记不利于肥料的发展和科学施肥，增加企业负担，影响企业生产经营。根据《送审稿》第 18 条规定，经登记的肥料产品在有效期内改变有效成分、含量或剂型要重新申请登记。按此办法，企业不但要重新登记，还要到各销售地按品种一一备案以及更换包装等，既浪费钱财又浪费资源，增加了企业成本和农民负担。(5)《送审稿》执行起来很难做到公正、公平，容易产生腐败。

上述问题暴露出我国很多法律、法规和部门规章制定过程中的通病，那就是部门利益过重、过于强调行政管理者职权而忽视对行政相对人权益的保护。从社会现实需要来看，农药、化肥和地膜污染控制相关立法缺乏和不完善的情况下，加强法制建设成为必然。但是，相关立法的制定应该结合我国社会现实和基本国情，具有必要性和科学性；同时做到公开、公平、公正和民主，否则相关立法难以得到人们的认可，也难以在实践中顺利实施。

三、农药监管法制的完善

(一)转变立法观念，增强农药安全管理理念

从世界各国农药监管立法趋势来看，重视农药使用对人体健康和环境的安全成为各国进行农药监管的重要目的。例如，1972 年，美国制

---

① 吴江："不能让'条例'成为《肥料登记管理办法》的翻版——《肥料管理条例(送审稿)》引起业界轩然大波"，载《中华合作时报》2009 年 7 月 9 日。

定的《联邦环境农药控制法》便将农药监管的重心从重视农药标签和效用转移到了对人体健康和环境安全上。日本在20世纪70年代,对农药登记的标准也进一步提高,原来只有质量、药效、药害标准,后来增加了对人畜毒性、环境(水、土、作物)等方面的要求。[①] 我国目前的《农药管理条例》体现的是重视农药质量和使用效益,轻视农药安全管理的倾向。尽管该条例确立了“保证农药质量,保护农业、林业生产和生态环境,维护人畜安全”的立法目的,但其内容主要集中在农药登记、农药生产和经营管理上,对于农药安全使用规定较少并且不够细致,尤其是对农药使用后是否造成环境污染,是否给人体健康带来危害,如何防治农药污染等内容基本没有涉及。因此,需要在立法目的上改变传统观念,将“农药污染防治、安全用药”作为农药监管的重要目的,同时在立法内容上,增加农药安全使用和监管的法律规定。

(二)完善农药监管法律制度

根据《农药管理条例》、《农药管理条例实施办法》的规定,我国在农药登记、生产、经营、使用等方面都设置了相关法律制度,例如,农药登记制度、农药生产许可制度、农药标签和说明制度等。但是,总体而言,这些制度多是搭建了监管的大体框架,在具体内容和实施途径等方面还不够细致,影响了制度实施的法律效果。因此,笔者建议从以下几个方面加以完善。

1. 农药登记制度的完善

农药登记制度是我国《农药管理条例》的核心内容。该条例规定了登记农药的种类、程序等内容。此外,《农药登记资料规定》、《农药名称登记核准管理》也进一步规范了农药登记工作。但是,目前农药登记的门槛依然偏低,不利于从源头上控制农药污染。我国对农药登记提交的资料主要涉及毒性评价,对环境安全、食品安全、使用者安

---

① 张纯娟:“国外农药管理法规简介”,载《农药科学与管理》1987年第1期,第40页。

全等相关方面的要求较少，甚至没有要求。例如，《农药登记资料规定》关于农药环境影响的要求，仅包括环境行为试验和环境毒性试验，而这两种试验多是对大气、水体、土壤、鱼类等环境要素的试验，并没有涉及对人体健康，特别是对儿童、胎儿影响的要求。[①] 因此，在农药给农产品安全、生态安全带来巨大危害的情况下，有必要提高农药登记门槛，在农药登记材料中增加农药对环境安全、农产品质量安全和人体健康的要求。

2. 生产管理制度的完善

《农药管理条例》关于我国农药生产管理的规定主要包括开办农药生产企业的条件、农药生产许可制度、农药产品包装必须贴有标签或者附具说明书以及出厂前进行质量检验。对于企业生产过程、生产场所的监管缺乏规定，对标签管理的规定也不够完善。对此，可以借鉴美国的做法，设置生产企业年度报告制度和农药生产场所检查制度。根据美国相关法律的规定，农药生产者必须每年向美国国家环保局(以下简称 EPA)提交年度报告，内容包括：过去一年该企业所生产、销售或者分销的农药产品的品种、数量，以及下一年度预计要生产的农药产品的品种和数量；此外，为确保农药生产的规范性，当 EPA 接到有关生产场所的负面报告和有现象表明其有可能在进行违法生产时，EPA 相关负责人或其授权人有权在合适的时间、以不采取预先通知的方式进入生产场所进行检查，检查的内容除了农药的标签、标识、其是否满足对儿童安全标签的要求以外，还包括生产场所的相关活动记录。[②]

3. 经营许可制度的建立

2004 年，我国降低了农药经营门槛，取消了农药经营许可制度。尽

---

① 张世梅：《我国农药监管法律制度研究》，重庆大学 2011 年硕士学位论文，第 23 页。

② 参见宋俊华、叶贵标、吴厚斌等："美国农药的生产管理"，载《农药科学与管理》2009 年第 12 期，第 19 页。

管《农药管理条例》对农药经营单位①、经营条件②和销售人员③都做了一些义务性规定，但实施效果并不理想。从社会现实来看，我国大部分农药经营单位分布在农村集市，分散的个体经营户、私营企业主成为农药经营的主力，而他们多数法律意识和农药知识缺乏。一方面导致售卖假药、高剧毒农药、价格欺诈等行为经常发生；另一方面也难以对农药使用者提供正确和全面的指导，增加了监管难度。从国外农药监管经验来看，多数发达国家都实行农药经营许可证制度，对农药经销商、分销商、零售商的销售行为和销售人员资质进行管理。针对我国农药经营中存在的各种问题，建议取消《农药管理条例》中对经营主体的限制性规定，采用农药经营许可制度，农药经营者获得所在县级人民政府农业行政主管部门发放的农药经营许可证之后，才能够办理工商登记手续。

第三节　畜禽养殖污染防治法制的完善

随着畜牧业的发展，畜禽养殖成为农村污染的主要来源。2002 年，根据国家环保总局对我国规模化畜禽养殖业污染情况的调查显示，规模化

---

① 第 18 条规定："下列单位可以经营农药：供销合作社的农业生产资料经营单位、植物保护站、土壤肥料站、农业、林业技术推广机构、森林病虫害防治机构、农药生产企业、国务院规定的其他经营单位。"

② 第 19 条规定："农药经营单位应当具备下列条件和有关法律、行政法规规定的条件，并依法向工商行政管理机关申请领取营业执照后，方可经营农药：(一)有与其经营的农药相适应的技术人员；(二)有与其经营的农药相适应的营业场所、设备、仓储设施、安全防护措施和环境污染防治设施、措施；(三)有与其经营的农药相适应的规章制度；(四)有与其经营的农药相适应的质量管理制度和管理手段。"

③ 第 20 条规定："农药经营单位购进农药，应当将农药产品与产品标签或者说明书、产品质量合格证核对无误，并进行质量检验。禁止收购、销售无农药登记证或者农药临时登记证、无农药生产许可证或者农药生产批准文件、无产品质量标准和产品质量合格证和检验不合格的农药。"第 22 条规定："农药经营单位销售农药，必须保证质量，农药产品与产品标签或者说明书、产品质量合格证应当核对无误。农药经营单位应当向使用农药的单位和个人正确说明农药的用途、使用方法、用量、中毒急救措施和注意事项。"

畜禽养殖造成的有机污染已相当于全国工业污染的总量,成为我国最为严重的污染问题之一[①]。根据调查结果,我国规模化畜禽场宏观环境管理水平普遍较低,全国90%的规模化养殖场未经过环境影响评价,60%的养殖场缺乏干湿分离这一最为必要的污染防治措施。在此情况下,我国对环境污染投资的力度也明显不足,80%左右的规模化养殖场缺少必要的污染治理投资。[②] 因此,加强畜禽养殖污染防治成为改善农村环境的重要内容。

一、畜禽养殖污染防治法律规定

目前畜禽养殖污染防治的法律依据主要包括:《环境保护法》(2014年)、《水污染防治法》、《农业法》、《畜牧法》、《动物防疫法》、《固体废物污染环境防治法》、《清洁生产促进法》、《循环经济促进法》、《大气污染防治法》(2015年)等环境保护法律,相关内容详见表10-1。

表10-1:我国畜禽养殖业环境管理的法律规定

(截止于2015年12月)[③]

法律及颁布年份	关键条款	政策手段
《环境保护法》(2014年)	政策:畜禽养殖场、养殖小区、定点屠宰企业等的选址、建设和管理应当符合有关法律法规规定。从事畜禽养殖和屠宰的单位和个人应当采取措施,对畜禽粪便、尸体和污水等废弃物进行科学处置,防止污染环境。各级人民政府应当在财政预算中安排资金,支持农村饮用水水源地保护、生活污水和其他废弃物处理、畜禽养殖和屠宰污染防治、土壤污染防治和农村工矿污染治理等环境保护工作。 适用对象:畜禽养殖场、养殖小区、定点屠宰企业。	财政资金支持、排污费、污染者赔偿

① 卢新宇:"国家环保总局:农业污染在加剧　畜禽养殖污染相当工业污染总和",载《人民日报》2003年3月26日第11版。

② 郄建荣:"调查显示我国规模化畜禽养殖污染防治亟待加强",载《法制日报》2002年2月21日。

③ 参见彭新宇、张陆彪:"农村环保有法才能有治——从立法角度看我国畜禽养殖污染防治",载《环境经济》2009年第1期,第86页。笔者在其基础上作了修改和补充。

续表

法律及颁布年份	关键条款	政策手段
《水污染防治法》(2008年)	政策:国家支持畜禽养殖场、养殖小区建设畜禽粪便、废水的综合利用或者无害化处理设施;畜禽养殖场、养殖小区应当保证其畜禽粪便、废水的综合利用或者无害化处理设施正常运转,保证污水达标排放,防止污染水环境;排放含病原体的污水应当经过消毒处理并符合国家有关标准;禁止向水体排放、倾倒工业废渣、城镇垃圾和其他废弃物;三同时制度、环境影响评价制度、排污申报制度。 适用对象:向地表水体(除海洋)和地下水体排污的单位和个人;从事畜禽养殖的单位和组织。	排污费、污染者赔偿、罚款、环境影响评价、三同时、排污申报
《动物防疫法》(1997年)	政策:染疾动物及其排泄物、病死或者死因不明的动物尸体,需净化处理。 适用对象:从事动物养殖防疫的单位和个人。	罚款、技术规范
《大气污染防治法》(2015年)	政策:畜禽养殖场、养殖小区应当及时对污水、畜禽粪便和尸体等进行收集、贮存、清运和无害化处理,防止排放恶臭气体。 适用对象:畜禽养殖场、养殖小区。	罚款、责令停止整治或停业整治
《清洁生产促进法》(2000年)	政策:农业生产者要科学使用饲料添加剂、改进养殖技术、实行废弃物资源化利用。 适用对象:从事畜禽养殖的单位和组织。	技术进步专项资金扶持、中小企业发展基金、废物回收利用增值税优惠、清洁生产培训费列入生产成本、罚款、健康养殖
《农业法》(2002年)	政策:从事畜禽等动物规模养殖的单位和个人应当对粪便、废水及其他废弃物进行无害化处理或者综合利用。 适用对象:畜禽规模养殖的单位和个人。	污染者赔偿、罚款、综合利用

续表

法律及颁布年份	关键条款	政策手段
《固体废物污染环境防治法》(2004年)	政策:从事畜禽规模养殖者应该按照国家有关规定收集、储存、利用或者处置养殖过程中产生的畜禽粪便,防治污染环境。 适用对象:畜禽规模养殖的农户、企业。	污染者赔偿、罚款、生产者责任
《畜牧法》(2005年)	政策:畜牧业生产经营者有环境保护的义务及其侵权责任;境外引进畜禽遗传资源应考虑其生态环境影响。 适用对象:畜禽养殖场、养殖小区。	污染者赔偿、罚款、禁养、达标排污、综合利用
《循环经济促进法》(2009年)	政策:鼓励和支持农业生产者采用节水、节肥、节约的先进养殖技术,优先发展生态农业;鼓励和支持农业生产者和相关企业采用先进或者适用技术,对畜禽粪便进行综合利用,开发利用沼气等生物质能源。 适用对象:农业生产者和相关企业。	财政专项资金支持、税收优惠、绿色信贷、价格杠杆、绿色政府采购、罚款、工商行政措施

《畜牧法》对畜禽养殖污染防治的规定比较详细,该法专设一章对“畜禽养殖”进行了规定,涉及畜禽养殖场地选择、设立条件、建立养殖档案等诸多内容。其中第 39 条规定,畜禽养殖场、养殖小区应当具备的条件之一是“有对畜禽粪便、废水和其他固体废弃物进行综合利用的沼气池等设施或者其他无害化处理设施”;第 46 条规定了防止畜禽养殖污染环境的要求、环境侵权的法律责任以及国家对畜禽养殖场地综合利用的支持,具体内容包括:(1)畜禽养殖场、养殖小区应当保证畜禽粪便、废水及其他固体废弃物综合利用或者无害化处理设施的正常运转,保证污染物达标排放,防止污染环境。(2)畜禽养殖场、养殖小区违法排放畜禽粪便、废水及其他固体废弃物,造成环境污染危害的,应当排除危害,依法赔偿损失。(3)国家支持畜禽养殖场、养殖小区建设畜

禽粪便、废水及其他固体废弃物的综合利用设施。

2013 年 11 月，国务院发布了国内首部针对畜禽养殖污染防治方面的法规《畜禽规模养殖污染防治条例》（以下简称《条例》），自 2014 年 1 月 1 日开始实施。该《条例》共 6 章 44 条，确立了“统筹考虑保护环境与促进畜牧业发展需要”的双重目标，强化了综合利用在污染治理中的重要作用，规定了对不同规模的养殖者实现分类管理、确定不同的污染防治责任对象。《条例》按照“预防为主、防治结合”的污染治理基本原则，提出了“统筹规划、合理布局、综合利用、激励引导”的基本要求，并重点规定了预防、综合利用与治理、激励措施三方面的内容。对于预防，采取的措施和要求主要包括畜禽养殖污染防治规划、禁养区和限养区的规定、养殖场建设和配套环保设施要求、废弃物减排要求。对于综合利用与治理，主要包括粪肥还田、制取沼气、制造有机肥等方法和措施。此外，还规定了资金支持、税收优惠、补助、补贴等奖励措施和政策。

此外，《饲料及饲料添加剂管理条例》、《畜禽养殖污染防治管理办法》、《畜禽养殖业污染防治技术规范》和《畜禽养殖业污染物排放标准》等法规、规章对于畜禽养殖污染防治也作出了一系列规定，相关内容详见表 10 – 2。

表 10 – 2：我国畜禽养殖环境管理的有关规章和条例（截至 2014 年 12 月）①

规章及颁布年份	制定部门	关键条款	政策手段
《粪便无害化卫生标准》(1998)	卫生部	政策：制定高温堆肥、沼气发酵的卫生标准。	技术标准

① 参见彭新宇、张陆彪：“农村环保有法才能有治——从立法角度看我国畜禽养殖污染防治”，载《环境经济》2009 年第 1 期，第 87 页。笔者在其基础上作了修改和补充。

续表

规章及颁布年份	制定部门	关键条款	政策手段
《畜禽养殖污染防治管理办法》(2001年)	原国家环境保护总局	政策:综合利用优先,资源化、无害化和减量化的原则;禁止设立畜禽养殖场的区域,例如,生活饮用水水源保护区、风景名胜区、自然保护区的核心区及缓冲区;畜禽养殖场设立的基本制度:三同时、环境影响评价、排污申报登记制度等;畜禽养殖场的环境保护措施:采取将畜禽废渣还田、生产沼气、制造有机肥料、制造再生饲料等方法进行综合利用等。 适用对象:畜禽养殖场(对养殖场规模标准作了界定)。	排污费、超标排污费、罚款、环评、三同时、排污登记
《畜禽养殖业污染防治技术规范》(2001年)	原国家环境保护总局	政策:污染防治技术原则、选址要求、场区布局及清粪工艺、畜禽粪便储存、污水处理、固体粪便的处理利用、饲料管理、病死畜禽体的处理、污染物排放检测。 适用对象:畜禽养殖场。	
《畜禽养殖业污染物排放标准》(2001年)	原国家环境保护总局和国家质检总局	政策:对畜禽养殖场和养殖区做规模分级、畜禽养殖业水污染物排放标准、废渣无害化环境标准、恶臭污染物排放标准、污染物排放检测方法。 适用对象:集约化、规模化的畜禽养殖场和养殖区,不适于畜禽散养户。	排污标准
《畜禽标识和养殖档案管理办法》(2006年)	农业部	政策:应当建立养殖档案、载明畜禽发病、诊疗、死亡和无害处处理情况。 适用对象:畜禽养殖场。	档案登记
《畜禽规模养殖污染防治条例》(2013年)	国务院	政策:畜禽养殖污染防治规划,禁止建设畜禽养殖场、养殖小区的区域,环境影响评价制度,畜禽养殖污染物综合利用和无害化处理设施,资金支持、税收优惠、补助、补贴、能源优惠等优惠政策。 适用对象:畜禽养殖场、养殖小区,不适用于牧区放牧养殖。	规划、环评制度,资金、税收、补助、补贴等激励政策

二、畜禽养殖污染防治法律规定的完善

随着畜禽养殖污染形势的严峻,畜禽养殖污染立法逐渐增多,但是总体而言,现行立法仍然滞后于畜禽养殖污染防治的现实需要,需要在以下几个方面加以完善和增强。

(一)完善畜禽养殖污染防治立法

在法律层面,畜禽养殖污染防治的主要法律依据是《环境保护法》、《大气污染防治法》、《水污染防治法》和《畜牧法》,但是,这些法律规定也存在诸多缺陷。2014 年《环境保护法》增加了关于畜禽养殖污染防治的法律内容,规定"畜禽养殖场、养殖小区、定点屠宰企业等的选址、建设和管理应当符合有关法律法规规定",但相关法律法规却对于定点屠宰企业缺乏细致规定。《畜牧法》对畜禽养殖污染防治作了比较详细的规定,但是从立法宗旨上来看,该法主要是促进畜牧业的发展①。其他法律也主要是进行局部性或原则性规定,例如《动物防疫法》中与畜禽养殖污染相关的内容只是病死畜体的无害化处理。

在行政法规层面,《饲料及饲料添加剂管理条例》主要是针对饲料及饲料添加剂的生产者、研制者和经营商,而对作为使用者的养殖企业的法律约束很小。

在部门规章层面,《畜禽养殖污染防治管理办法》的法律效力很低,威慑性有限,畜禽养殖场自觉遵守的比较少②。此外,原国家环保总局制定部门规章的时间较早(2001 年),法律效力级别也较低,对于控制畜禽养殖污染的作用有限。

---

① 该法确立的立法目的是:"规范畜牧业生产经营行为,保障畜禽产品质量安全,保护和合理利用畜禽遗传资源,维护畜牧业生产经营者的合法权益,促进畜牧业持续健康发展。"

② 彭新宇、张陆彪:"农村环保有法才能有治——从立法角度看我国畜禽养殖污染防治",载《环境经济》2009 年第 1 期,第 87 页。

(二)细化和补充畜禽养殖污染防治的法律内容

畜禽养殖污染防治法律规定较为原则,需要进一步细化和补充。从立法内容来看,相关法律规定存在交叉和笼统之处,影响实施效果。例如,上述法律、法规规章中采用了“畜禽养殖场”、“养殖小区”、“养殖区”等概念,但缺乏对这些概念的明确界定,存在交叉混乱使用的问题。又如,《农业法》规定“从事畜禽等动物规模养殖的单位和个人应当对粪便、废水及其他废弃物进行无害化处理或者综合利用”,但具体如何落实则缺乏明确要求,导致法律实施过程中缺少指标化和可操作性。此外,目前立法技术上还存在不够科学等问题。例如,关于养殖排污的规定,国内普遍采用污染物质排放浓度标准的规定方法,而国外通常是直接规定一定面积土地上最大允许饲养量①。我国存在大量的养殖专业户和散养农户,对其进行排污量监测存在重重困难,因此执法成本比较高;国外的做法在实践中农户容易掌握,监测成本也较低。法律规定的细致化和立法技术的提高是我国大多数环境法制建设面临的共同问题,针对此问题,可以通过加强地方立法进行法律细致化的探索。在畜禽养殖污染防治地方立法上,除了做到“结构严谨、条理清楚;内容完整、要求明确;合乎逻辑、前后一致;用语准确、简明扼要”②等规范性技术要求外,还要结合本地区畜禽养殖发展情况、资源和环境状况,制定地方性法规和政府规章,细化法律条款,提高其可操作性。

(三)坚持“分类指导”原则,对不同规模、不同类型养殖者进行法律规制

目前立法主要关注规模较大的畜禽养殖场污染,对较小规模养殖场、养殖专业户和散养农户污染重视不够。国家环境保护总局发布的

---

① 彭新宇、张陆彪:“农村环保有法才能有治——从立法角度看我国畜禽养殖污染防治”,载《环境经济》2009 年第 1 期,第 87 页。

② 王灿发:“谈谈地方环境立法的技术要求”,载《环境保护》1990 年第 7 期,第 7 ~ 8 页。

《畜禽养殖污染防治管理办法》(以下简称《办法》)只适用于规模较大的畜禽养殖场[①]。对于其他类型的畜禽养殖场的规模标准,《办法》规定“由省级环境保护行政主管部门根据本地区实际,参照上述标准作出规定”,但目前很多省市都缺乏相关规定。农村地区很多小规模畜禽养殖场养殖中产生的臭气、粪便、污水及其他流行病原体对周围环境和居民健康造成很大影响,但因其远远小于规定规模,从而逃离在法律规制之外。此外,养殖专业户和散养农户的污染排放已经成为我国农村面源污染的重要来源,但《办法》并未对其进行规制。针对此问题,应该坚持“分类指导”的原则,对不同规模的养殖场,尤其是逃离在法律之外的小型养殖场和养殖专业户、散养农户的行为进行法律规定,控制其养殖污染行为。

(四)增强经济激励类法律手段的应用

目前畜禽养殖污染防治立法在调控手段上较为单一,以政府行政命令和控制为主,经济激励类法律手段较少。以《畜禽养殖污染防治管理办法》为例,涉及对行政相对人管理的条款都以命令控制为基调,缺少灵活性的经济刺激手段[②]。虽然《清洁生产促进法》和《循环经济促进法》规定了资金扶持、税收优惠等鼓励政策,但这两部法律主要面向工业企业,对畜禽养殖企业适用较少。从环境管理的现实情况来看,目前以行政管制为主的法律调整机制已经难以满足社会发展的需要,亟须增强经济激励类法律手段的应用。在畜禽养殖污染领域,针对养殖专业户和散养农户,通过对选购绿色饲料、畜禽粪便沼气利用等行为进行价格补贴,增强农户对生态环境的保护;针对规模化饲养企业,可以通过税收优惠、价格补贴以及“循环利用”等方式进行激励。例如,畜禽

① 据该办法适用的畜禽养殖场,是指常年存栏量为500头以上的猪、3万羽以上的鸡和100头以上的牛的畜禽养殖场,以及达到规定规模标准的其他类型的畜禽养殖场。

② 王艳玲:“关于畜禽养殖污染防治立法的思考”,载《公民与法》2011年第11期,第16页。

养殖产生的粪便是农村环境污染的重要来源，但是从另一个角度来讲，适当处理后的粪便又是发展生态农业的重要肥料。因此，在相关政策的支持下，通过畜禽养殖企业和生态农业企业的联合，实现粪便这一“废物”的资源化利用，促进环境保护和经济发展的协调发展是十分必要的。

第四节　乡镇企业环境责任的增强与完善

一、乡镇企业发展中的环境问题

乡镇企业是我国农村经济发展中的一朵奇葩。尤其是改革开放以后，乡镇企业异军突起，为农村繁荣注入新的活力，在促进农村经济发展、吸纳农村剩余劳动力、实现农村城镇化、增加农民收入等方面做出了重要贡献。但是，乡镇企业本质上是以经济利益最大化为行为导向的主体，其具有无偿享用环境公共资源、把环境成本转嫁给社会的天然动机，因此，乡镇企业的发展常常带来严重的负外部性。(1)大气污染。乡镇企业消烟除尘率、工艺废气净化处理率较低，大量工业废气随意排放，造成农村地区大气污染严重。(2)水污染。乡镇企业工业废水排放量大，严重污染了农村环境。据统计，“我国农村水污染最大的来源就是乡镇企业”。[①] 同时，乡镇企业的大量用水也导致农业可用水资源减少，影响农业生产。(3)噪声污染。在交通运输、建筑施工、纺织企业和机械加工等企业容易产生各种噪声，致使许多乡镇居民饱受噪声侵扰。乡镇企业不但污染严重，还具有以下特点，使污染治理更加困难。

(一)污染型企业比重大，布局不合理

大多数乡镇企业设备简陋、工艺落后、三废处理率和资源利用率都比较低，给农村生态环境带来毁灭性创伤。目前的乡镇企业中大约有

① 李松涛：“建设部官员称乡镇企业是农村水污染最大来源”，载《中国青年报》2006年9月14日。

20%属于污染型企业,有6%属于造纸、印染、电镀、化工、炼油等重污染行业。这些企业的污染物造成很多地区浓烟滚滚、污水遍地、恶臭难忍。乡镇企业一般规模较小、分布分散,呈现出“村村点火,户户冒烟”状态,增加了监管难度。由于缺乏统筹规划和管理,很多乡镇企业建在乡镇周围、村庄内部或河流附近,有的甚至建在农村取水点附近,企业排放的污水直接流入河流、排放的废气被大量人群吸收,给当地生态环境和人体健康带来巨大危害。

(二)污染物排放量大、治理水平低

多数乡镇企业仍然是粗放型生产方式,技术力量薄弱、能耗高、工业废弃物排放量大,严重污染农村环境。据统计,“目前我国乡镇企业废水COD①和固体废物等主要污染物排放量已占工业污染物排放总量的50%以上。”②与大量排污形成对比的是,乡镇企业的治污水平却比较低下,很多企业没有安装环境保护设施;有的企业即使安装环保设施,但由于运行成本高而不使用,多数“三废”没有经过处理就直接排放到环境中。

(三)点源污染演变成面源污染,污染范围扩大

乡镇企业的排污本属于点源污染,但由于农村地域广大、许多点源容易连接形成面源污染,使乡镇企业污染范围不断扩大。例如,在很多农村地域,乡镇企业排放的污水直接流入河流,而河流又用于农业灌溉、造成大面积的作物污染。目前,我国很多流域治理困难重重,其中原因之一就是流域具有大量的造纸厂、酿造厂、化工厂,这些企业多是排污大户。由于河流具有流动性、跨区域的特征,污水排入河流后影响到很多区域,造成面源污染。

---

① COD是化学需氧量(chemical oxygen demand)的简称,其值越高,表明污染越严重。

② 李玮玮、朱晓东:“新农村建设背景下农村环境问题浅析”,载《农村经济》2008年第4期,第59页。

二、乡镇企业环境责任的法律规制及其评析

企业环境责任是企业社会责任的一种，是指企业在谋求自身及股东经济利益最大化的同时，还应当履行保护环境的社会义务，应当对政府代表的环境公共利益负一定的责任。①

根据责任性质的不同，企业环境责任分为企业环境道德责任和企业环境法律责任两种。早期的企业环境责任主要是一种道德责任。随着企业发展带来的环境问题日益严重，道德责任的局限性日益明显，增强企业环境法律责任的立法逐渐增多。因此，企业环境责任以法律责任和道德责任的形式存在。

目前乡镇企业环境责任的法律依据主要是《乡镇企业法》。该法规定了乡镇企业合理开发和使用自然资源、防治环境污染和生态破坏的义务，第28条②、第29条③、第35条④、第36条⑤对乡镇企业土地利用

---

① 赵惊涛："企业环境责任确立的价值定位"，载《当代法学》2007年第9期，第46页。

② 第28条第1款规定："举办乡镇企业，其建设用地应当符合土地利用总体规划，严格控制、合理利用和节约使用土地，凡有荒地、劣地可以利用的，不得占用耕地、好地。"

③ 第29条规定："乡镇企业应当依法合理开发和使用自然资源。乡镇企业从事矿产资源开采，必须依照有关法律规定，经有关部门批准，取得采矿许可证、生产许可证，实行正规作业，防止资源浪费，严禁破坏资源。"

④ 第35条规定："乡镇企业必须遵守有关环境保护的法律、法规，按照国家产业政策，在当地人民政府的统一指导下，采取措施，积极发展无污染、少污染和低资源消耗的企业，切实防治环境污染和生态破坏，保护和改善环境。地方人民政府应当制定和实施乡镇企业环境保护规划，提高乡镇企业防治污染的能力。"

⑤ 第36条规定："乡镇企业建设对环境有影响的项目，必须严格执行环境影响评价制度。乡镇企业建设项目中防治污染的设施，必须与主体工程同时设计、同时施工、同时投产使用。防治污染的设施必须经环境保护行政主管部门验收合格后，该建设项目方可投入生产或者使用。乡镇企业不得采用或者使用国家明令禁止的严重污染环境的生产工艺和设备；不得生产和经营国家明令禁止的严重污染环境的产品。排放污染物超过国家或者地方规定标准，严重污染环境的，必须限期治理，逾期未完成治理任务的，依法关闭、停产或者转产。"

规划、合理开发利用自然资源、进行环境污染防治、严格执行环境影响评价制度等问题做出了具体要求。此外,《环境保护法》、自然资源保护单行法律法规、污染防治单行法律法规以及《国务院关于加强乡镇、街道企业环境管理的规定》、《关于加强乡镇企业环境保护工作的规定》、《关于加强乡镇企业污染防治和保证贷款安全的通知》、《关于“九五”期间加强污染控制工作的若干意见》、《国务院关于加快发展中西部地区乡镇企业的决定》等多项行政法规、部门规章及规范性文件[①]也对乡镇企业的环境保护义务做了大量规定。但是,与乡镇企业带来的环境问题相比,目前法律规定的缺陷也非常明显。

1. 乡镇企业环境责任立法滞后于现实需要

由于对乡镇企业带来的环境问题关注不够和受到当时立法背景的限制,制定于1996年的《乡镇企业法》立法目的主要是“扶持和引导乡镇企业持续健康发展,保护乡镇企业的合法权益,规范乡镇企业的行为,繁荣农村经济”,而对乡镇企业的环境责任关注不够,仅仅对乡镇企业污染控制和资源开发做出了原则性规定,缺乏具体的规范措施和制度。此后的十余年,是我国乡镇企业高速发展时期,也是环境污染和资源破坏日益严重的时期,但除了上述部分行政法规、部门规章外,对乡镇企业环境责任予以规制的法律并不多见,有规定也是重复性的笼统概括。

2. 企业环境责任的法律内容不够完善

主要包括:(1)责任主体单一。我国现行立法主要规制生产者的环境责任,但从社会现实来看,产品设计者、加工者、运输者、销售者也会带来负面环境影响,应该把其纳入责任主体范围内。(2)缺乏环境责任的全过程控制。受末端治理思想的影响,企业的环境责任主要集中在生产环节,承担责任多是污染的事后治理,对于产品的设计、使用直至产品废弃物的回收利用关注不够,缺乏产品的全过程控制。(3)责任规

① 参见陈晓宇:《乡镇企业环境污染的法律对策研究》,东北林业大学2009年硕士学位论文,第11页。

定不细致。例如,《乡镇企业法》第35条规定:“乡镇企业必须遵守有关环境保护的法律、法规,按照国家产业政策,在当地人民政府的统一指导下,采取措施,积极发展无污染、少污染和低资源消耗的企业,切实防治环境污染和生态破坏,保护和改善环境。”但是,对于什么是“无污染、少污染和低资源消耗的企业”,该法律并没有进行界定;如果违反了该条款,政府和企业又该承担何种法律责任,该法也没有涉及。(4)责任追究机制不完善。对企业环境责任的追究主要适用侵权责任法的相关规定,但是,目前《民法通则》和《侵权责任法》都只是规定了环境污染侵权责任,对于环境破坏侵权责任没有涉及,使得破坏资源和生态环境的企业成为漏网之鱼。此外,在污染侵权责任法律规定中也存在很多缺陷。例如,对于环境共同污染责任,《侵权责任法》摒弃了传统民法中的连带责任原则,代之以分割责任制[①]。这对于厘清企业之间的责任分配具有重要意义,但却容易导致侵权企业相互推诿,不利于被侵权人权益的维护。

3. 缺乏针对乡镇企业环境责任的专门性法律规定

目前,乡镇企业与城市企业环境责任的法律依据基本一致,共同适用《环境保护法》、《水污染防治法》、《固体废物污染防治法》、《清洁生产促进法》、《循环经济促进法》等法律规定和相关法律制度。但是,乡镇企业和城市企业在环境保护设施建设、结构布局、污染物排放等方面存在诸多差异,因此具有不同的法律需求。例如,城市企业布局相对集中,而乡镇企业却布局分散;城市企业环境保护设施相对健全,而乡镇企业却多数缺乏;城市企业清洁生产和循环经济能力较强,而乡镇企业相对薄弱。在适用相同的环境管制法下,法律制度的实施效果在城乡企业之间也存在很大差距。例如,“环境影响评价”、“三同时”、“排污收费”等制度虽然已经在乡镇企业中推行,但实施效果远不及城市企

---

① 该法第67条明确规定:“两个以上污染者污染环境,污染者承担责任的大小,根据污染物的种类、排放量等因素确定。”

业;城市环境质量考核及综合整治和污染物集中控制制度难以适用于乡镇企业;清洁生产和循环经济在乡镇企业推行中困难重重。

4. 现行立法侧重于控制乡镇企业的环境污染问题,对乡镇企业资源破坏问题关注不够

《国务院关于加强乡镇、街道企业环境管理的规定》是第一部控制乡镇企业环境问题的行政法规,从"控制新的污染源"、"制止污染转嫁"、"合理安排企业布局"等方面规定了乡镇企业的污染控制;但对于乡镇企业的资源破坏问题,仅仅用"对破坏矿藏、文物、水土、森林、草原、生物物种和风景资源的活动,要严加制止"一句话加以概括。

三、ISO14000 环境管理认证的实施和乡镇企业环境责任的完善

ISO14000 系列标准是由国际标准化组织(International Organization for Standardization,ISO)制定的一系列国际标准,包括环境管理体系、环境审核、环境绩效评估、环境标志、产品生命周期评估等各项内容,其旨在规范各国企业和社会团体等各种类型组织的环境行为,达到减少污染、节约资源、消除国际贸易壁垒的目的。目前,ISO14000 系列标准已经被许多国家采取,我国也于 1997 年开始实施该标准。

在我国,获得 ISO14000 系列标准认证的企业逐年增加。ISO14000 系列标准主要被高科技企业、三资企业、经济发达地区大型企业认可并实施;占企业总数 98% 左右的中小企业的认证工作几乎处于空白阶段,乡镇企业的认证更是寥寥无几。从社会现实需要来看,逐渐促进乡镇企业开展 ISO14000 系列标准认证具有必要性。首先,ISO14000 系列标准具有普遍适用性。ISO14000 系列标准并非专门适用于大型企业,该标准的引言中指出该体系适用于"任何类型与规模的组织并适用于各种地理文化和社会条件"。[①] 其次,ISO14000 系列标准认证旨在规范对

---

① 周珂主编:《环境与资源保护法》(第二版),中国人民大学出版社 2009 年版,第 60 页。

环境产生不良影响的各种企业和组织，而乡镇企业带来的环境问题已经成为农村环境问题的重要来源，规制乡镇企业环境污染和资源破坏对于农村环境保护具有重要意义。目前在环境管理中，对重点企业重点污染源的控制措施较为科学，对污染严重的“十五小”、“新五小”等企业①主要进行关停并转。这一措施的严厉性体现出国家进行环境治理的决心。然而，关停并转这一堵截式的管理方式并非唯一良策，从经济发展和环境保护协调发展的角度来看，在乡镇企业中逐渐推行ISO14000系列标准认证工作不失为一个有效的方法。最后，从乡镇企业长远需求来看，其也有必要参与到ISO14000系列标准认证中。ISO14000系列标准认证不但有利于提高企业社会形象，从长远来看，也有利于企业实施清洁生产、减少生产成本、突破发达国家贸易壁垒、促进企业持续发展，实现经济效益、环境效益、社会效益的统一。

当然，与大型企业相比，乡镇企业参与ISO14000系列标准认证存在诸多障碍和困难，需要从以下几个方面加以支持。首先，加强认证积极效果宣传。我国推行ISO14000系列标准认证工作较晚，很多乡镇企业对于认证的积极效果认识不够明确，在思想上对此问题不够重视。通过开展宣传，使乡镇企业认识到认证在减少生产成本、增加企业社会形象、保护生态环境、增加出口贸易等方面的积极效果，将会调动企业参与认证的积极性。其次，加强政府部门的引导和支持。我国大型企业ISO14000系列标准认证的迅速发展离不开政府的大力支持。乡镇企业多为中小型企业，其生产工艺相对落后，管理能力和环保意识也有待提高，开展ISO14000系列标准认证存在重重困难，因此，需要政府部门在起步阶段的积极引导和大力支持。政府部门可以组织一批具备条件的中小企业开展认证试点工作，并提供相关支持政策，通过发挥试点

---

① “十五小”、“新五小”企业是指1996年《国务院关于加强环境保护若干问题的决定》中明令取缔关停的十五种重污染小企业，以及原国家经贸委、国家发改委限期淘汰和关闭的破坏资源、污染环境、产品质量低劣、技术装备落后、不符合安全生产条件企业。

企业的示范效应，带动更多企业参与到ISO14000系列标准认证中。最后，积极培育认证中介机构。随着中小型企业逐渐实施ISO14000认证工作，认证中介机构的需求量也会日益增多，因此，需要从数量和质量上积极培育认证中介机构，为乡镇企业开展认证工作提供帮助和支持。

四、乡镇企业环境责任的制度化

一般而言，增强乡镇企业环境责任往往和乡镇企业追求经济利益的目的相冲突，多数乡镇企业也存在逃避环境责任的倾向。因此，需要一系列的制度予以规制和激励，通过国家强制力和激励机制的双重作用，促进乡镇企业环境责任的实现。

（一）生产者责任延伸制度的完善

生产者责任延伸制度源于瑞典环境经济学家托马斯·林赫斯特教授提出的"Extended Producer Responsibility"（生产者责任延伸，简称EPR）概念，它是从"末端治理"走向"全程控制"的重要制度，意味着生产者承担的责任不再局限于生产过程，而是要延伸到产品的整个生命周期，包括产品的设计、生产以及消费后的废物回收和处置阶段。我国的《循环经济促进法》、《清洁生产促进法》等法律已经在立法中确认了该制度，但是，无论从立法还是从具体实施情况来看，生产者责任延伸制度都需要在以下几个方面加以完善。

1. 完善和细化相关配套立法

根据《循环经济促进法》规定，生产列入强制回收名录的产品或者包装物的企业，必须对废弃的产品或者包装物负责回收。但是国家强制回收名录的产品或者包装物名录至今仍然没有出台，影响到该制度的实施，需要完善相关配套立法。

2. 扩大责任主体

目前我国生产者责任延伸的主体主要是产品制造者，但是从该制度的发展趋势来看，已经呈现出主体扩大的趋势。例如，根据OECD组织的《EPR框架报告》（1998年），生产者责任延伸概念中的"生产者"已经从产品的制造商扩大到产品的进口商。我国生产者责任延伸制度的完善需要生产者承担主要责任，与此同时，销售者、消费者及生产者也应承担相应的辅助责任。

3. 构建多层次的责任形式

传统意义上生产者的责任主要限于产品质量和性能，但根据托马斯教授的阐释，生产者应当承担的延伸责任包括产品（环境损害）责任、经济责任（或称财物责任）、亲自参与责任（或称物质责任、有形责任、具体责任）、物主责任（或称所有权责任）和信息责任五种类型①。根据我国现行法律规定，生产者延伸的责任主要是指对废弃产品或者包装物回收、利用的责任。从国外立法趋势和社会发展的需要来看，我国确立的生产者延伸责任外延应该予以扩大。既包括源头预防责任，例如，实施产品环境化设计的责任、选用清洁原料的责任、采用清洁工艺的责任以及生产清洁产品的责任等内容；也包括产品环境信息披露的责任，例如，产品环境危害警示责任与废弃产品回收、处置与循环利用信息标注责任等内容；还包括废弃产品回收、处置与循环利用责任。②

4. 规定相关配套制度

例如，建立严格的市场准入制度，要求生产者或销售者必须对产品使用后有关废物和包装物的回收利用、返还方式等做出切实可行的规定，并做出明显标志后，才能进入市场流通。

（二）完善农村地区环境监测制度

随着乡镇企业环境问题的凸显，县、区级环境监测站的工作更加繁

---

① 参见 OECD. Extended Producer Responsibility: A guidance manual for governments [M]. Paris: OECD, 2001; LindhqvistT: Extended Producer Responsibility in cleaner production [D]. Lund University Sweden Ph. D. dissertation, 2000; OECD: Economic Aspects of Extended Producer Responsibility[M]. Paris: OECD. 2004；转引自唐绍均："论生产者责任延伸制度概念的淆乱与矫正"，载《重庆大学学报》（社会科学版）2009 年第 4 期，第 117 页。

② 参见唐绍均："论生产者责任延伸制度概念的淆乱与矫正"，载《重庆大学学报》（社会科学版）2009 年第 4 期，第 119 页。

重。但是目前农村环境监测体系还不够完善，县、区级环境监测机构在人力、财力等方面都比较薄弱，多数乡镇企业也没有设置环境监测部门或者虽然设置但多数形同虚设。据统计，全国有近40%的县没有环境保护监测站，绝大多数县尚没有形成县、乡（镇）、企业三级环境监测网络，难以准确掌握乡镇企业的污染信息并进行科学管理和严格控制。[①]在农村环境监测，尤其是乡镇企业环境监测中，应该从以下几个方面加以完善：

1. 通过规范化的制度建设，建立环境监测的长效管理机制

在此方面，很多地方积累了很好的实践经验，值得进一步推广和借鉴。例如，山西省制定了《山西省环境污染源监督性监测数据管理季度考核评分制度》，对各市上报的污染源数据从上报的及时性、完整性、临时工作的完成情况三个方面对各市进行考核；此外，还建立了污染源监测工作站长季度通报工作机制，每季度都要对各市国控污染源监测工作完成情况和数据录入情况进行检查。[②]

2. 增强地方监测人员技能培训和责任意识

很多地方的环境监测人员素质参差不齐、监测水平不高，影响了监测数据的代表性和影响力。地方政府应该增强对环境监测工作重要性的认识，逐渐增加地方环境监测机构投入，加强监测人员技能培训。同时，还要建立完善的年度工作目标责任制度，把各项工作落实到部门和个人，并建立相关考核和评价机制，调动监测人员工作的积极性。

3. 优化监测流程、实施全过程控制

环境监测由一系列环节构成，包括确定监测任务和目标、现场采样、样品流转、实验室分析和数据审核与报出等。对各个环节，都应该

---

① 陈晓宇：《乡镇企业环境污染的法律对策研究》，东北林业大学2009年硕士学位论文，第17页。

② “山西：以污染源监督性监测为抓手推进监测事业迈上新台阶”，载《环境保护》2010年第5期，第23页。

提出详尽的质量管理要求并采取措施，促进各业务部门之间相互衔接、相互配合、相互监督。

4. 加强对监测结果的整理、分析和研究

随着乡镇企业的发展，各种新的污染物和污染源不断产生，在加强监测、获得污染源排放数据的基础上，监测机构还要注重对信息的加工、研究、整理和分析，为环境管理部门提供决策依据，提高监测成果的针对性、科学性和系统性。

（三）逐渐推行企业环境监督员制度

该制度已在国外实施并取得了成功的经验。根据日本《在特定工场设置公害防治组织法》(1971 年)的规定，日本在企业中设置公害防治管理员岗位，该岗位人员需经过国家考试取得资格，聘任后由公司领导直接管理；其职责是测定企业排放的污染物，管理污染处理设施，将测定的数据记录上报有关部门，凡未经公害防治管理员签字的数据均不能被认定为正式数据。[①] 该制度的设置对于促进企业加强环境管理具有重要的督促作用。我国《关于开展企业环保监督员制度试点工作的通知》、《国务院关于落实科学发展观加强环境保护的决定》等相关政策法规也提出要实施企业环境监督员制度。

在该制度实施过程中，需要注意以下几个问题：[②](1)坚持“国家监察、地方监管、单位负责”的环境监管体制发展方向，企业设置环境监督管理机构，具体关系见图 10－1。(2)合理确定该制度的实施对象。该制度的实施难以一步到位，建议以占工业排放总量 65% 以上的企业和所有排放有毒有害污染物质的企业作为本制度的实施对象，并从电力和造纸行业企业开始试点，再逐渐推广到其他行业企业。(3)明确企业

---

① 王政、曹晓凡：“试论企业环境责任之实现——以企业环境监督员制度为视角”，载《科技情报开发与经济》2010 年第 13 期，第 172 页。

② 参见王政、曹晓凡：“试论企业环境责任之实现——以企业环境监督员制度为视角”，载《科技情报开发与经济》2010 年第 13 期，第 173 页。

环境监督员的任职资格。环境监督员的培训工作可以先由环境保护部统一组织实施,培训考试合格者,获得培训合格证书。待条件成熟时,由国家组织实施统一的资格考试制度。

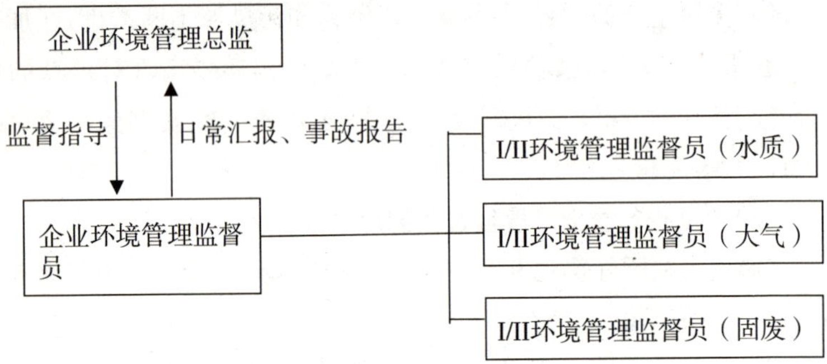

图 10－1:企业环境监督员组织结构①

(四)推行环境责任保险制度

环境责任保险(environmental liability insurance)是以被保险人发生环境污染事故应对第三人承担环境赔偿或治理责任为标的的保险。环境污染损害赔偿数额的巨大性往往给企业带来严重的经济负担,环境责任保险制度在分散企业风险、弥补受害人权益、保障社会安定方面发挥了重要作用,这对于经济实力和环境设施相对薄弱的乡镇企业更加具有意义。因此,环境责任保险制度在很多国家得以实施。

2013 年,环境保护部和保险监督管理委员会联合发布了《关于开展环境污染强制责任保险试点工作的指导意见》,明确规定在涉重金属企业、按地方有关规定已被纳入投保范围的企业和其他高环境风险企业开展环境污染强制责任保险试点工作。2014 年《环境保护法》也规定,国家鼓励投保环境污染责任保险。但是,该制度还缺乏相关标准和配套设施的支持,企业尤其是乡镇企业的投保意识还比较淡薄,保险公司

① 王政、曹晓凡:"试论企业环境责任之实现——以企业环境监督员制度为视角",载《科技情报开发与经济》2010 年第 13 期,第 173 页。

积极性也不高，在实施中还面临很多障碍。该制度的建立需要政府的积极推动和扶持，力争实现投保人、保险人与受害人三方利益的平衡。在保险模式方面，宜采取强制保险与自愿保险相结合的模式：对于污染严重的行业，例如，化工、印染、石油、水泥、造纸、皮革、采矿、有毒危险废弃物处理等，宜实行环境责任强制保险制度；对于污染较轻的行业，可以在政府鼓励下，由企业自愿投保。同时，需要完善环境责任保险的相关配套机制：完善企业的事前污染事故预防机制、完善保险公司的风险防范机制、建立环境损害责任赔偿基金制度等。[①]

① 张丽娟："论我国环境责任保险制度的完善"，载《山西高等学校社会科学学报》2012 年第 1 期，第 27 页。

第十一章　农村地区外源性环境问题的法律控制

2009年12月，广东连州国际摄影家年展上，自由摄影师王久良曾经以一组《垃圾围城》的作品获得了年度杰出艺术家金奖。他镜头下被垃圾围困的城市，既不是张艺谋电影里的穷乡僻壤，也不是贾樟柯关注的边远小县，而是被鳞次栉比的高楼大厦装点得靓丽光鲜的北京城。

在一张卫星地图上，长年拍摄“垃圾围城”的摄影师王久良用黄色标签将自己拍摄过的非法垃圾填埋场标注出来：在北京中心城区外，密密麻麻的标签已形成了一个黄色的“七环”。

——摘自《北京纪事》2011年第4期
和《今日早报》2011年6月27日

所有社会价值——自由和机会、收入和财富、自尊的基础——都要平等的分配，除非对其中的一种价值或所有价值的一种不平等分配合乎每个人的利益。①

——约翰·罗尔斯

---

① ［美］约翰·罗尔斯著：《正义论》，何怀宏、何包钢、廖申白译，中国社会科学出版社1988年版，第62页。

农村地区外源性环境问题主要是指城市环境污染向农村转移。2006年的《中国环境状况公报》在论及农村地区面临的环境问题时指出,“工业及城市污染向农村转移,土壤污染日趋严重,已成为中国农村经济社会可持续发展的制约因素。”此后,每年的环境状况公报都会论及这一问题①。环境污染向农村转移已经成为农村地区环境问题产生的重要原因,是城乡环境不公平的典型表现,也进一步加剧了城乡环境二元化趋势。环境污染向农村转移产生严重的负外部性,不但给当地村民带来了严重的人身伤害和财产损失,而且给当地的生态环境造成极大破坏,威胁着农村地区的生态安全。但是,目前我国控制污染向农村转移的环境立法还非常缺乏,难以有效规制污染者的转移行为。我们将从我国环境污染向农村转移的现状出发,分析其本质并提出控制环境污染向农村转移的法律对策,从制度设计上保障农民环境权益的实现,促进城乡环境一体化的实现。

第一节　环境污染向农村转移现象剖析

一、环境污染转移概述

(一)环境污染转移的概念

污染转移有广义和狭义之分。广义的污染转移包括自然转移和人

---

① 2007年《中国环境状况公报》指出:“工业及城市污染向农村转移,危及农村饮水安全和农产品安全,农村面临环境污染和生态破坏的双重威胁。”2008年《中国环境状况公报》指出:“呈现出污染从城市向农村转移的态势。”2009年《中国环境状况公报》指出:“农村工矿污染凸显,城市污染向农村转移有加速趋势,农村生态退化尚未有效遏制。”2010年《中国环境状况公报》指出:“农村工矿污染凸显,城市污染向农村转移有加速趋势。”2011年《中国环境状况公报》指出:“农村环境形势严峻,突出表现为部分地区农村生活污染加剧,畜禽养殖污染严重,工业和城市污染向农村转移。”2012年《中国环境状况公报》指出:“农村环境形势依然严峻。突出表现为工矿污染压力加大,生活污染局部加剧,畜禽养殖污染严重。”2013年《中国环境状况公报》指出:“农村环境形势依然严峻。”

为转移两种。自然转移又称为污染迁移①,是指在风、流水等自然因素的作用下发生的污染物的迁移和扩散;人为转移又称为污染转嫁,也称为社会转移,是指在人的行为直接或间接作用下发生的污染物的迁移和扩散。

对于环境污染转移的界定,学界并没有形成一致的意见。有的学者认为:“环境污染转移是指经济发展过程中经济发达国家或地区通过技术贸易、生产或其他方式将可能造成严重环境污染或其他危害的技术、生产设备或产品等移转到其他国家或地区的行为。”②而有的认为,“环境污染转嫁是指环境主体为了规避其应负担的高标准环境治污责任,有意识地向低标准环境主体转移治污责任的行为。”③也有的认为,“环境污染转移实质上指一个国家、地区或行业、企业将环境污染所带来的负担、损失、危害转移到其他国家、地区或行业、企业,以损害它人的权益为代价换取自身的经济利益的一种社会行为。”④

环境污染转移是一定区域的单位或个人通过转移污染企业、技术、设备以及污染物等途径,把环境污染转移到另一区域的行为。环境污染转移具有以下几个要素:(1)环境污染转移是污染源的转移。环境污染转移的方式多种多样,常见的有污染企业、污染设备、污染技术、污染工艺、污染产品以及污染物质的转移。要进行污染转移,必须有将上述污染源转移的行为。(2)环境污染转移具有可控性。环境污染转移的发生基于行为主体的转移行为,这种转移行为能够实现技术上的管理,也即能够为人所控制,因此有了法律规制的必要性。(3)环境污染转移

---

① 高得耀:“我国环境污染转嫁的法律思考”,载《山西高等学校社会科学学报》2004 年第 5 期,第 79 页。

② 马燕:“论西部发展中环境污染转嫁的法律控制”,载《中央政法管理干部学院学报》2001 年第 1 期,第 38 页。

③ 曹树青:“环境污染转嫁的几个基本问题——污染转嫁的概念、途径、本质及法律控制”,载《皖西学院学报》2003 年第 1 期,第 59 页。

④ 李明慧等:“环境污染转移对中国农村可持续发展的影响”,载《中国农学通报》2012 年第 11 期,第 244 页。

发生在环境标准存在差异的不同区域。环境污染必须发生在两个区域之间,并且这两个区域的环境标准存在差异,转移地的环境标准往往较高,被转移地的环境标准往往较低。因此,环境污染转移在表面上往往是一种"合法"行为,很多企业为了逃避治理污染的法律责任,纷纷把企业迁入环境标准较低的区域。

(二)环境污染转移的类型

根据不同的标准,可以对环境污染转移做出多种分类,常见的几种分类主要包括:①(1)按照污染转移的区域,可以分为国际污染转移和国内污染转移。国际污染转移是指不同国家之间污染转移或将本国污染转移到公海、南北极以及外层空间的行为,其中最为典型的是发达国家向发展中国家的污染转移。国内污染转移是指一国内不同行政区域间的污染转移或企业向社会转移污染治理责任的情况。(2)按照环境污染转移的过程及对被污染者的影响来分,可以分为污染的直接转移和污染的间接转移。污染的直接转移是污染者直接将有毒有害物质或其他污染物运输、排放到本区域之外的地区及其他环境体,引起当地环境与人们生命、健康损害的污染转移。环境污染的间接转移是指利用污染直接转移之外的手段,在本区域之外造成的环境污染或污染威胁的一种污染转移。(3)按照环境污染转移标的的不同,可以分为污染物质(包括危险废物和一般有害物质等)的转移、污染源的转移、治污责任的转移和污染威胁的转移。(4)按照环境污染在不同主体间转移的情况,可以分为发达国家向发展中国家的污染转移、发达地区向不发达地区的污染转移、城市区域向农村区域的污染转移、生产者向消费者的污染转移、人类向其他生物体的污染转移以及当代人向后代人的污染转移。此外,根据污染转移隐秘程度的不同、污染转移行为方式的不同、污染转移物质对象载体的不同,还可以对环境污染转移作出不同的划分。

① 包晴:《中国经济发展中环境污染转移问题法律透视》,法律出版社2010年版,第28~32页。

二、环境污染向农村转移的表现

环境污染向农村转移主要是指城市的污染企业、污染设备、污染技术以及各种生活垃圾、工业垃圾等不断转移至农村,加剧农村生态破坏和环境污染的现象。环境污染向农村转移主要包括两种类型:污染产业的转移和污染物的转移。

(一)污染产业的转移

随着城市环境标准和环保要求的提高,化工、电子、电镀、机械、印染、纺织等高污染、高消耗行业在城市已经难有立足之地,于是,它们纷纷逃离城市到农村地区"安家落户"。目前,这些行业主要分布在城市周围的城乡过渡地带,伴随着这些行业进入农村的是被城市淘汰的落后技术和设备,以及严重的环境污染危害。而很多地方政府也在"发展经济"的旗帜下,直接引进城市企业已经淘汰的落后工艺设备和产业,把城市的工业污染直接转移到广大农村,使农村成为高污染企业的"收容所"。中国环境科学院研究员曹东主持的一项调查研究表明,全国各大城市基本都实行了工业污染搬迁的做法。以北京为例,北京市发改委曾经承诺,2008年之前,污染企业将全部迁出五环路,落户到五环以外的农村。[①]

污染产业的转移主要发生在近20多年里。例如,20世纪80年代,上海的一些污染较大的企业纷纷转移到苏南;而近年来苏南经济发展了,环境门槛提高了,污染企业又相继在经济相对落后的苏北和皖南地区落脚。[②] 这些高污染、高排放、高消耗企业给农村环境带来巨大创伤,使很多地区成为环境污染的重灾区,致使各种"癌症村"纷纷出现。据

---

① 李杨:"污染迁徙的中国路径:要'温饱'还是要'环保'",载《中国新闻周刊》2006年第4期。

② 李杨:"污染迁徙的中国路径:要'温饱'还是要'环保'",载《中国新闻周刊》2006年第4期。

统计,“全国因高污染企业排放废水、废弃物而占用和毁损的农田面积已经超过400万亩,农村饮用水符合农村饮用水卫生标准的比例为66%”。①

（二）污染物的转移

2009年12月,广东连州国际摄影家年展上的获奖作品《垃圾围城》展示了掩藏在鳞次栉比的北京城后鲜为人知的一面:漫天飘飞的塑料袋、烟火弥漫的垃圾堆、污水流淌的河流……北京城已经成了垃圾环绕的城市。在北京周边农村地区,存在很多非法垃圾处理场,这些处理场的经营者大多来自四川、河南、安徽等地。他们将城区的垃圾回收,运至农村地区租来的土地上,将可以卖钱的废品分拣出来后,剩余的大部分垃圾都留在原地填埋,久而久之,北京变成为一座“垃圾围城”。在一张卫星地图上,长年拍摄“垃圾围城”的摄影师王久良用黄色标签将自己拍摄过的非法垃圾填埋场标注出来:在北京中心城区外,密密麻麻的标签已形成了一个黄色的“七环”。②

“垃圾围城”并非北京一个,这已经成为很多城市的通病,而这种现象的出现正是我国长期以来把城市垃圾运往农村地区进行处理的结果。随着人们生活水平的提高,城市生活垃圾的种类日益丰富、数量日益增多。据统计,在过去20年,中国的废纸、塑料以及其他垃圾增长了3倍,达到每年3亿吨。③ 这么多的生活垃圾难以得到及时处理,很多城市垃圾便运往农村进行填埋,使农村成为城市的垃圾填埋场。据香港贸易发展委员会数据显示,从2000年到2008年间,中国包装食品消费增长了10.8%,而亚洲地区平均上涨率为4.2%。中国70亿吨垃圾中,至少85%被掩埋在乡村。大多数只在上面加盖了塑料和玻璃,而重金

---

① 包晴:《中国经济法中的环境污染转移问题法律透视》,法律出版社2010年版,第73页。

② 参见“北京,垃圾围城”,载《今日早报》2011年6月27日。

③ 杨柳:《中国农村成城市垃圾填埋场》,载中国网,http://www.china.com.cn/international/txt/2009-10/13/content_18694306_2.htm,2009年10月13日。

属、氨水以及细菌则渗入地下水和土壤中。①

除了垃圾在农村填埋,城市淘汰的废旧产品还会运往农村进行销售或者拆解,尤其是废弃的电子产品,其含有大量的有毒物质,存在严重的安全隐患,无论再使用还是拆解,都会给农村带来环境危害。例如,在广东贵屿等南方小镇,处理进口的和国内的电子垃圾以提取贵重金属成为当地的支柱产业,带来良好的经济收益。但由于这些电子垃圾含有大量重金属,其危害也是显而易见的。据调查发现,在2003年到2007年,贵屿的早产率、死胎率和出生体重不足均显著地高于没有从事过电子垃圾处理业的人群;其中,贵屿的死胎率是其他人群的6倍,而早产率高达62%。②

三、环境污染向农村转移的深层剖析

从环境法学的角度分析,环境污染向农村转移是一种严重的环境不公平现象,也是城乡环境不正义的典型表现。各种污染设备、污染技术、污染企业在发展经济、招商引资等"合法"外衣的掩盖下,不断侵蚀着广大农村区域,农村地区以长远的环境利益换取了暂时的经济利益。这背后,却是环境利益的不公平分配和环境风险的不合理分担,原本应该由城市地区承担的环境风险伴随着污染物和污染产业的转移转嫁到农村地区。农村地区为城市经济发展提供各种环境资源的同时,却出现地力衰竭、面源污染、水土流失等生态恶化和破坏现象。而生态恶化和破坏具有不可逆性,一旦发生将难以挽回,即使付出巨大的经济投入也难以改变,这将严重影响农村地区的可持续发展。

从经济学的角度来看,环境污染向农村转移是城市发展对农村地区造成的严重负外部性。环境污染向农村转移带来的负外部性是多方

① 杨柳:《中国农村成城市垃圾填埋场》,载中国网,http://www.china.com.cn/international/txt/2009-10/13/content_18694306_2.htm,2009年10月13日。

② 参见网易探索:《别让农村成了垃圾场——电子类》,载http://review.jinnong.cc/hot-agri/2009/content_193264.shtml,2009年4月13日。

面的，既包括对农村生态环境本身的污染和危害，例如很多迁往农村的化工、纺织、造纸企业排放大量含有重金属的废水导致土壤污染，垃圾运往农村堆放不但占用土地，更造成土壤和河流的污染等；又包括对农村地区生活村民生命健康和财产的危害，例如村民环境污染致患某种疾病、因噪声振动导致精神紊乱、种植庄稼减产绝收、养殖水产减产死亡等；此外，还会对自然界的各种生物产生危害，例如生物多样性减少等。

从生态学的角度来看，环境污染向农村转移是城市对农村环境容量的掠夺。从主观方面来看，环境容量取决于该环境体所属地区环境标准的高低，环境标准高，环境容量就小，环境标准低，环境容量就大。就特定环境体（即被转移国家或地区的环境）的环境容量而言，环境污染转移行为在客观上占用了被转移国家或地区的环境容量。① 与城市环境标准相比，农村环境标准普遍偏低，很多高污染高排放企业难以达到城市环境标准，但却符合农村地区环境标准，因此，它们通过这种表面上的合法方式把污染转移到农村，掠夺农村地区的环境容量。

第二节　控制环境污染向农村转移的国内外立法

一、控制环境污染转移的国际立法

国际社会对环境污染转移问题的控制开始于20世纪80年代。1988年，绿色和平组织发表《废物国际贸易》绿色和平组织清单的第三版，揭露了发达国家向非洲国家等发展中国家“倾倒”废物的情况；1989年，联合国秘书长在第44届联合国大会上发表了《有毒和危险产品和废物的流动：秘书长对联合国大会的报告》，指出控制有毒和危险产品

---

① 包晴：《中国经济法中的环境污染转移问题法律透视》，法律出版社2010年版，第19页。

和废物流通的必要性。[①] 此后,污染转移成为国际社会关注的重大问题之一。

目前,关于控制污染转移的国际立法主要是《控制危险废物越境转移及其处置的巴塞尔公约》(以下简称《巴塞尔公约》)。1989 年 3 月,关于危险和有害废物越境转移的全球性公约全权代表会议在瑞士巴塞尔举行,与会的 116 个国家缔结了《巴塞尔公约》[②]。该公约主要是控制发达国家向发展中国家转移危险废物和其他废物,为缔约国施加了确保危险废物环境无害管理和处置的种种义务。但是,该公约并未完全禁止危险废物的越境转移,而是通过事前知情同意程序加以严格限制。“事前知情同意(PIC)是指在有协定的情况下,未经进口国指定的国家主管机关的同意或违反其决定时,不得进行为保护人类健康和环境而被禁止或严格限制的危险废物的国际运输。”[③]该程序的最大优点是可以使危险废物的贸易持续地受到接受国的控制。但是总体而言,《巴塞尔公约》是发达国家和发展中国家妥协的产物,作为目前唯一控制危险废物越境转移的全球性国际法律文件,其作用是明显的。但是,像大多数环境条约一样,其很多规定都是原则性的号召,影响了其效力的进一步发挥。

非洲、欧洲等地区也有相关控制污染转移的国际立法。例如,1991 年 1 月 30 日,非洲国家在马里首都巴马科召开的关于环境和可持续发展的泛非洲会议上通过了《禁止向非洲进口危险废物并在非洲内管理和控制危险废物越境转移的巴马科公约》(以下简称《巴马科公约》)。这是区域性的控制危险废物越境转移的国际公约,其目标是保护非洲,避免非洲成为发达国家危险废物的倾倒场所。

---

① 潘抱存:《国际环境法新论》,苏州大学出版社 2008 年版,第 197 页。

② 该公约在 20 个国家批准后于 1992 年 5 月 5 日生效,我国是最早批准《巴塞尔公约》的缔约国之一。

③ 包晴:《中国经济发展中环境污染转移问题法律透视》,法律出版社 2010 年版,第 148 页。

二、我国控制环境污染转移立法及其评析

(一)我国控制环境污染转移立法概述

早期对污染转移问题的关注主要集中在控制国外污染向国内转移。1986 年,国家环保局制定的《对外经济开放地区环境管理暂行规定》第 6 条指出:"对外经济开放地区从国外引进技术和设备,必须符合无污染或少污染的要求,对产生污染,国内又不能配套解决的,应当同时引进相应的环境保护设施。一切新建、改建和扩建项目,必须做到防治环境污染的配套设施与主体工程同时投入使用。"1994 年,《中国 21 世纪议程》在"固体废物的无害化管理"一章中也明确指出:"对进口有害废物征收越境转移环境损失金:为了防止因转移而可能造成的损失或发生污染事故后的应急,需建立一定的基金储备。"

明确提出控制污染向农村转移的是 1984 年国务院发布的《国务院关于加强乡镇、街道企业环境管理的规定》(现已失效)。该规定明确提出:"坚决制止污染转嫁,严禁将有毒、有害的产品委托或转移给没有污染防治能力的乡镇、街道企业生产,对于转嫁污染危害的单位有关人员以及接受转嫁的有关人员,要追究责任,严加处理。"2014 年《环境保护法》对控制国际转移及国内转移都作出了原则性规定,即"国家对严重污染环境的工艺、设备和产品实行淘汰制度。任何单位和个人不得生产、销售或者转移、使用严重污染环境的工艺、设备和产品。禁止引进不符合我国环境保护规定的技术、设备、材料和产品。"

2004 年修订的《固体废物污染环境防治法》有很多条款涉及对固体废物和危险废物的转移控制,主要体现在落后设备、工艺的进口、生产、销售,固体废物进口,固体废物与危险废物的越境倾倒、堆放与处置等方面。其中,第 24 条、第 66 条对于控制国外环境污染向境内转移作出了规定①,第 23

---

① 第 24 条规定:"禁止中华人民共和国境外的固体废物进境倾倒、堆放、处置。"第 66 条规定:"禁止经中华人民共和国过境转移危险废物。"

条规定了限制固体废物越省转移的严格审批制度[①],第59条规定了限制危险废物转移的联单制度和审批制度[②],这对于防治污染转移具有重要意义。

此外,2015年《大气污染防治法》、《水污染防治法》、《环境影响评级法》、《清洁生产促进法》、《循环经济促进法》等法律中也有条款和制度涉及控制污染转移。例如,2015年《大气污染防治法》规定了严重污染大气环境的落后生产工艺和严重污染大气环境的落后设备的淘汰制度[③];《水污染防治法》第41条、第42条、第43条也有类似的规定[④];《环境影响

---

① 第23条规定:“转移固体废物出省、自治区、直辖市行政区域贮存、处置的,应当向固体废物移出地的省、自治区、直辖市人民政府环境保护行政主管部门提出申请。移出地的省、自治区、直辖市人民政府环境保护行政主管部门应当商经接受地的省、自治区、直辖市人民政府环境保护行政主管部门同意后,方可批准转移该固体废物出省、自治区、直辖市行政区域。未经批准的,不得转移。”

② 第59条规定:“转移危险废物的,必须按照国家有关规定填写危险废物转移联单,并向危险废物移出地设区的市级以上地方人民政府环境保护行政主管部门提出申请。移出地设区的市级以上地方人民政府环境保护行政主管部门应当商经接受地设区的市级以上地方人民政府环境保护行政主管部门同意后,方可批准转移该危险废物。未经批准的,不得转移。转移危险废物途经移出地、接受地以外行政区域的,危险废物移出地设区的市级以上地方民政府环境保护行政主管部门应当及时通知沿途经过的设区的市级以上地方人民政府环境保护行政主管部门。”

③ 第27条规定:“国家对严重污染大气环境的工艺、设备和产品实行淘汰制度。国务院经济综合主管部门会同国务院有关部门确定严重污染大气环境的工艺、设备和产品淘汰期限,并纳入国家综合性产业政策目录。生产者、进口者、销售者或者使用者应当在规定期限内停止生产、进口、销售或者使用列入前款规定目录中的设备和产品。工艺的采用者应当在规定期限内停止采用列入前款规定目录中的工艺。被淘汰的设备和产品,不得转让给他人使用。”此外,该法第101条还规定了违反上述行为的法律责任。

④ 第41条规定:“国家对严重污染水环境的落后工艺和设备实行淘汰制度。国务院经济综合宏观调控部门会同国务院有关部门,公布限期禁止采用的严重污染水环境的工艺名录和限期禁止生产、销售、进口、使用的严重污染水环境的设备名录。生产者、销售者、进口者或者使用者应当在规定的期限内停止生产、销售、进口或者使用列入前款规定的设备名录中的设备。工艺的采用者应当在规定的期限内停止采用列入前款规定的工艺名录中的工艺。依照本条第二款、第三款规定被淘汰的设备,不得转让给他人使用。”第42条规定:“国家禁止新建不符合国家产业政策的小型造纸、制革、印染、染料、炼焦、炼硫、炼砷、炼汞、炼油、电镀、农药、石棉、水泥、玻璃、钢铁、火电以及其他严重污染水环境的生产项目。”第43条规定:“企业应当采用原材料利用效率高、污染物排放量少的清洁工艺,并加强管理,减少水污染物的产生。”

评价法》从源头防治污染转移;《清洁生产促进法》规定的浪费资源和严重污染环境的落后生产技术、工艺、设备和产品的限期淘汰制度,①《循环经济促进法》规定了废弃产品或者包装物的强制回收制度。②

(二)我国立法评析

1. 控制环境污染向农村转移的立法严重缺失

总体而言,我国现行立法关于污染转移的规定主要集中在控制国外污染向国内转移,对于国内污染转移,法律规定的比较原则。2014 年《环境保护法》只是规定"任何单位和个人不得生产、销售或者转移、使用严重污染环境的工艺、设备和产品"。对于污染转移的主体、客体、途径都缺乏细化。从转移主体来看,对于东部向西部转移、城市向农村转移缺乏明确具体的规定;从转移客体来看,只是禁止严重污染的工艺、设备和产品的转移,对于其他,例如,严重污染的技术、工程项目以及污染物都缺乏规定。

2. 法律责任规定不够完善,缺乏应有的威慑力,也缺乏对被转移者行为的规制

目前,环境立法关于环境污染向农村转移的法律责任规定非常少,相关处罚措施也比较单一。2014 年《环境保护法》缺乏污染转移相关人员法律责任的规定。

环境污染向农村转移是转移者和被转移者的共同行为,很多情况下,被转移者明知会造成污染,但为了追求经济利益故意为之或者放任自流。对于这样的污染转移,仅惩罚转移者是不够的,应该规范污染双方的行为。但是,从我国目前关于法律责任的规定来看,法律只是规定

---

① 第 12 条规定:"国家对浪费资源和严重污染环境的落后生产技术、工艺、设备和产品实行限期淘汰制度。国务院有关部门按照职责分工,制定并发布限期淘汰的生产技术、工艺、设备以及产品的名录。"

② 第 15 条第 1 款规定:"生产列入强制回收名录的产品或者包装物的企业,必须对废弃的产品或者包装物负责回收;对其中可以利用的,由各该生产企业负责利用;对因不具备技术经济条件而不适合利用的,由各该生产企业负责无害化处置。"

了对转移者的处罚措施,而没有对被转移者的行为进行规制。

第三节 控制环境污染向农村转移的法律对策

一、增加有关控制环境污染向农村转移的法律规定

环境污染向农村转移已经成为一个严重的社会问题,其具有危害范围广、受害人数多等特征。因环境污染导致的群体性事件近年来频繁发生,给农民环境权益和社会安定带来很大危害。目前,我国控制国内污染转移的法律规定非常笼统,也缺乏控制城市污染向农村转移的明确规定,不利于规制现实中的各种污染转移行为。因此,有必要通过补充和完善立法,对此问题加以明确和具体。(1)加强农村环境保护立法。目前的环境立法偏重于城市环境保护,农村环境立法比较缺乏,通过加强农村环境保护立法,为控制环境污染向农村转移提供最基本的法律保障。(2)作为环境保护领域基本法的《环境保护法》应该对控制环境污染向农村转移作出进一步回应,解决目前国内不同地区间环境污染转移的问题。(3)在环境污染单行法中增加专门控制环境污染转移的法律规定。目前,城市污染向农村转移造成的污染领域主要是固体废弃物污染、水污染和大气污染。对于固体废弃物污染的控制,现行《固体废物污染环境防治法》已经有了比较详细的规定;相比之下,《大气污染防治法》、《水污染防治法》则比较笼统,需要进一步细化和具体化。

二、完善环境污染向农村转移的法律责任

首先,明确环境污染向农村转移的法律责任。目前的环境立法对于环境污染向农村转移缺乏直接的法律规定,法律责任更是不明。需要在增加有关防止环境污染向农村转移法律规定的基础上,明确相应的法律责任。

其次,完善不同类型法律责任的具体规定。环境污染向农村转移

产生的法律责任涵盖民事责任、行政责任和刑事责任。2014年《环境保护法》针对污染企业增加了限制生产、停产整治、停业、关闭甚至行政拘留等行政处罚措施。对于民事责任，目前立法缺乏直接明确的规定，建议在民法和环境保护立法中加以明确，即任何单位和个人把环境污染设备、污染工艺、污染产品、污染企业或者污染物质转移到没有污染处理能力的农村地区，造成环境污染危害的，应当承担相应的民事责任。对于刑事责任，我国《刑法》只是规定了将境外的固体废物进境倾倒、堆放、处置的刑事责任以及排放、倾倒或者处置废物的刑事责任①；建议规定“环境污染向农村转移，造成农村环境重大事故，大范围内损害农民生活和身体健康的，应当认定为犯罪，视情节处理管制、拘役、有期徒刑、无期徒刑甚至死刑，并处或单处罚金。”②

三、强化地方政府环境责任

在很多农村地区，许多污染设备和技术的引进、污染企业的搬迁是在地方政府的鼓励或默认下，打着“发展经济”、“脱贫致富”的旗号进行的。可以说，在污染转移的背后，地方政府具有不可推卸的责任。作为环境安全保障者和环境公共利益维护者的政府，理应担当起应对环境

---

① 《刑法》第338条规定：“违反国家规定，排放、倾倒或者处置有放射性的废物、含传染病病原体的废物、有毒物质或者其他有害物质，严重污染环境的，处三年以下有期徒刑或者拘役，并处或者单处罚金；后果特别严重的，处三年以上七年以下有期徒刑，并处罚金。”第339条规定：“违反国家规定，将境外的固体废物进境倾倒、堆放、处置的，处五年以下有期徒刑或者拘役，并处罚金；造成重大环境污染事故，致使公私财产遭受重大损失或者严重危害人体健康的，处五年以上十年以下有期徒刑，并处罚金；后果特别严重的，处十年以上有期徒刑，并处罚金。未经国务院有关主管部门许可，擅自进口固体废物用作原料，造成重大环境污染事故，致使公私财产遭受重大损失或者严重危害人体健康的，处五年以下有期徒刑或者拘役，并处罚金；后果特别严重的，处五年以上十年以下有期徒刑，并处罚金。以原料利用为名，进口不能用作原料的固体废物、液态废物和气态废物的，依照本法第一百五十二条第二款、第三款的规定定罪处罚。”

② 李挚萍、陈春生等著：《农村环境管制与农民环境权保护》，北京大学出版社2009年版，第86页。

风险、解决环境问题的重担。

（一）强化地方政府环境责任意识

与保护环境相比，地方政府发展经济的愿望往往更加强烈，农村地区经济发展和环境保护的矛盾也更加突出。因此，需要通过扩大宣传教育、加强环境立法、完善责任追究机制等方式，不断增强地方政府的环境责任意识。

（二）加强地方政府环境责任相关法律规定

需要进一步完善关于政府职责、义务和法律责任的法律规定。2014 年《环境保护法》第 28 条规定，“地方各级人民政府应当根据环境保护目标和治理任务，采取有效措施，改善环境质量。未达到国家环境质量标准的重点区域、流域的有关地方人民政府，应当制订限期达标规划，并采取措施按期达标。”但是，对于没有按期达标的政府，该法却没有规定任何法律责任。

（三）合理配置地方政府环境责任

从社会发展需要来看，政府的环境责任主要包括环境管理职责、环境公共服务职责、环境协调职责、维护环境公平正义职责、促进公众环境参与职责、防范环境风险职责等。但是基于各级政府的行政能力存在差异，各级政府的环境责任也应该有所差别。

我国地方政府包括省、市、县、乡四级，按照行政级别不同，各地分别设有省、市、区（县）级环境保护机构，但多数乡级政府、街道办事处没有环境保护机构。基于地方各级政府行政能力存在的差距，其环境责任的设置也应该有所区别。由于省、市级地方政府的行政能力普遍较高，其应当成为环境责任的主要承担者。省、市级政府承担的环境责任主要包括：一定的协调职责，维护本行政区域的环境公平责任，环境监管和监督责任，提供较充分的环境公共产品和公共服务的责任，局部的风险预防责任等。绝大多数农村地区的县乡级政府行政能力比较薄弱，多数县级环保机构面临人员缺少、经费不足等问题，很多乡级政府更没有设立环境保护机构。因此，县、乡级政府环境责任的承担应主要限于政府的基本环境责任，包括环境监管、必要的环境公共产品和环境公共服务提供等。①

(四)完善地方政府环境责任追究机制

农村的环境污染可谓是“遍地开花”，陕西凤翔重金属污染导致了儿童血铅超标，河南平西出现大片的“癌症村”，以北京为代表的许多大城市成为“垃圾围城”。可是，在这些农村环境污染现象的背后，却鲜见有地方政府因此承担相应的法律责任。只有在发生严重的环境污染事故后，才有地方领导因造成人员伤亡或重大财产损失而承担相应的领导责任。因此，有学者说，“在中国当官是最少风险的”②。完善地方政府环境责任追究机制需要做到以下几点。

1. 合理定位环境法律责任

目前，在环境行政主体责任的性质上，存在若干非正当化的情形，例如责任空洞化，法律责任政治化、法律责任道德化，国家责任、机关责任和个人责任不分等。这种混淆影响了环境法律责任的实现。应当合理定位环境法律责任，避免环境法责任的政治色彩和道德色彩，避免责任追究的转移和偏差，实现地方政府环境责任追究的正当化。③

2. 认真贯彻落实政府环境保护目标责任制度等相关法律制度

环境保护目标责任制度是指通过签订责任书的形式，将环境质量责任具体落实到地方各级人民政府和有污染单位的行政管理制度。该制度不但明确了地方行政一把手对该区域环境质量负总责，还逐级把环境保护任务分配给各级政府，有利于调动各级政府部门和社会公众保护环境的积极性。目前，全国很多省市已经确立了政府任期内的环境目标，并通过逐级签订责任书的方式把环境保护任务下达。但是，由于地方保护主义和“经济至上”思想的影响，该制度在贯彻中仍然面临

① 张建伟：《政府环境责任论》，中国环境科学出版社2008年版，第80～81页。

② 郭道晖：《法的时代精神》，湖南出版社1997年版，第467页。

③ 范俊荣：《政府环境质量责任研究》，武汉大学2009年博士学位论文，第145页。

重重障碍,实施效果差强人意。因此,需要细化目标责任制度的责任范围、责任内容,防止问题出现后相关责任人相互推诿。此外,还要健全政府问责制和企业问责制,追究没有履行环境保护责任的相关人员的责任,把环境保护目标责任制度落实到实处。

3. 地方政府环境责任追究机制需要建立在信息公开的基础上

政府环境责任的追究离不开公众和社会的监督,只有实现信息公开,保障公众和社会的知情权,才能把政府打造为"透明政府",随时接受公众和社会的监督。

4. 建立环境责任跟踪制度

严重的环境污染事故,尤其是突发环境事件危害巨大。很多突发环境事件的蔓延,往往是地方政府的刻意隐瞒和回避造成的。例如,2005 年发生的松花江重大水污染事故中,直至事故发生 9 天后,当地政府才传出消息称,大量污染物已经进入松花江。2011 年发生的渤海湾溢油事件中,政府作为信息公开的主体及监督方,也没有及时向公众公开事故的发生、影响、处理结果。在发生严重的环境污染事故后,有些地方领导被降职后不久便会复出甚至是升职。因此,有必要建立环境责任追究机制,因环境污染事故承担相应责任的政府人员,无论其以后的升降调任,其在任时造成的环境责任都应该受到跟踪追究。

四、完善控制环境污染转移的法律制度

(一)健全农村环境资源规划制度

环境资源规划是根据国家或地区环境资源状况以及社会经济发展的需要,对一定时期和一定范围环境资源的开发、利用和保护的目标和行动进行的总体安排。[①] 从范围和层次上看,环境资源规划可以分为国家环境资源规划、区域环境资源规划和部门环境资源规划。区域环境保护规划又包括城市环境资源规划、乡镇环境资源规划、风景名胜区环

① 蔡守秋:《新编环境资源法学》,北京师范大学出版社 2009 年版,第 155 ~ 156 页。

境主要规划等。从内容上看,环境资源规划包括环境保护规划、自然资源规划、生态保护和建设规划以及其他规划。环境资源规划的制定和实施是从宏观上调控环境资源工作的重要措施,有利于增强环境资源工作的计划性,也有利于推动环境资源工作的健康、全面和协调发展。环境资源规划制度是环境资源规划工作的制度化和法定化,我国《环境保护法》确立了该制度。但是,从该制度的立法规定和实施情况来看,其多是围绕城市环境问题展开,很难从整体上对农村环境保护和资源开发进行规划。

2008 年 1 月 1 日正式施行的《城乡规划法》打破了城市规划"一统天下"的僵局,国家把"城乡统筹"纳入立法中,旨在打破城乡分割,促进城乡经济社会全面协调可持续发展。该法提出了城乡规划制定中的环境保护要求,即制定和实施城乡规划,应当遵循城乡统筹、合理布局、节约土地、集约发展和先规划后建设的原则,改善生态环境,促进资源、能源节约和综合利用,保护耕地等自然资源和历史文化遗产,保持地方特色、民族特色和传统风貌,防止污染和其他公害,并符合区域人口发展、国防建设、防灾减灾和公共卫生、公共安全的需要。但是,农村环境问题和城市环境问题存在诸多差异,城市环境问题得到较多关注、城市环境立法较多的情况下,一方面有必要针对农村环境问题制定专门性的环境资源规划,对农村特有的环境问题,例如水源污染、土壤污染防治和生态保护和建设进行统一规划;另一方面在城乡规划制定中,明确控制环境污染向农村转移等内容,促进城市和农村在环境保护上的公平、协调与统一,防止整体环境规划出现只重视城市环境而忽视农村环境的失衡现象。

(二)完善环境影响评价制度

环境影响评价制度是我国环境保护中贯彻预防原则的基本法律制度之一,它旨在采取措施减轻或避免各种不良环境影响,从源头上控制环境问题,这对于控制环境污染向农村转移具有重要的意义。但是,目前的环境影响评价制度还存在诸多不足之处,需要在以下几个方面加以完善。

1. 扩大环境影响评价范围,建立战略环境影响评价制度

我国《环境影响评价法》规定了规划的环境影响评价,但是并非涵盖所有规划,也不包括政府立法和政策。在环境污染向农村转移过程中,很多污染企业和污染物是在地方政府政策的扶持下转移到农村。与单个污染项目、污染企业相比,默认甚至是支持污染转移的政策和相关法律、法规的危害性更加严重。因此,为了防止这些政策和法律、法规继续助长对农村环境的危害,有必要把在立法中扩大环境影响评价的范围,有选择地把国家、地方的政策和法律、法规纳入环境影响评价的范围,从法律、法规以及政策层面上保障农村环境资源和农民环境权益。

2. 完善建设项目环境影响评价的审批程序

根据《环境影响评价法》的规定,建设项目的环境影响评价由"有审批权的环境保护行政主管部门审批"。对于不同级别环保部门的审批权限,2009 年环境保护部颁布的《建设项目环境影响评价文件分级审批规定》作出了细化,例如,化工、造纸、电镀、印染、酿造、味精、柠檬酸、酶制剂、酵母等污染较重的建设项目环境影响评价文件由省级或地级市环境保护部门负责审批。从现实情况来看,这些行业是环境污染向农村转移的主要行业。在我国现有的环境管理体制下,环保部门处于弱势地位,尤其是地市级环保部门更容易受到地方政府意志的影响或上级部门的压力,在实践中往往难以独立行使环评审批权,从而使环评程序流于形式。因此,需要通过立法完善环境影响评价审批的程序性规定,针对上述向农村转移的重点污染行业制定严格的审批规程;同时对于突出、严重的污染行业,环境审批权上收一级,即由省级环保部门审批。

3. 完善环境影响评价中的公众参与

根据《环境影响评价法》的规定,国家鼓励有关单位、专家和公众以适当方式参与环境影响评价。该法律要求,在环评程序中,对可能造成不良环境影响并直接涉及公众环境权益的规划(对环境可能造成重大

影响、应当编制环境影响报告书的建设项目),应当在该规划草案报送审批前(在报批建设项目环境影响报告书前),举行论证会、听证会或者采取其他形式,征求有关单位、专家和公众的意见。但是,在现实生活中,很多规划和项目环评中的公众参与环节流于形式,公众的真实意见难以表达。例如,“我国一些环评项目在征询公众意见时,往往存在将风险表述避实就虚,或者选择征询对象不够客观公正的做法。不仅如此,由于提供环评服务的第三方受聘于建设项目方,往往也会从项目建设方角度出具有利报告。”①避免上述问题的发生,不但需要从立法上完善环境影响评价中公众参与的具体途径和程序,扩大公众参与的具体方式;还要完善环境信息公开制度,保障公众的环境知情权以及完善公众参与的法律救济机制,为公众参与环境影响评价程序提供有效的法律保障。

(三)借鉴发达国家经验,建立污染物排放与转移登记制度

污染物排放与转移登记制度(Pollutant Release and Transfer Register,PRTR)是将企、事业及家庭等排放的作为废弃物的“化学物质”每年进行计算、登记、进而进行公布的制度。② 该制度是在发达国家频繁发生重大有害化学品事故的背景下产生的。最早在荷兰实行,此后被欧盟、美国、日本等很多国家和地区采用。该制度的实施对于控制有毒污染物、防范重大化学事故发挥了重要作用。面对环境污染不断向农村转移的社会现实,我国有必要借鉴这一制度。

在欧盟,这一制度主要规定在1998年的《奥胡斯公约》与2003年颁布的《欧洲污染物排放与转移登记议定书》(European Pollutant Release and Transfer Register,E-PRTR)两个法律文件之中③,是欧盟国

① 屈丽丽:“质疑环境审批流程”,载《中国经营报》2011年8月20日。

② 李何:“污染物质排放转移登记制度与环境影响评价制度的比较”,载《环境保护科学》2002年第5期,第34页。

③ 参见李爱年:“中欧企业环境信息强制公开制度比较研究”,载《法学杂志》2009年第12期,第77页。

家企业强制信息公开制度的一部分。《欧洲污染物排放与转移登记议定书》(E - PRTR)是《欧洲污染物排放登记》(European Polluting Emissions Register,EPER)的升级版,也是第一部具有法律约束力的多边协议,它力求在国际社会内建立起统一的PRTR制度。2000年7月17日,欧盟委员会通过了第2000/479/EC指令,决定实施EPER制度。根据此项决议,欧盟各成员国必须向欧盟委员会通报任何单个工厂设施向空气和水中进行的任何污染物排放,具体通报的程序见图11-1。

在我国,该制度的实施程序和主要内容包括:①

(1)由环境保护部门将我国产生废弃物的单位进行分类,分别掌握、收集其污染源及排放量和转移量,然后将收集、整理的信息制成目录、数据库等形式。

(2)将各类单位的污染排放量和转移量备案登记,将完成的污染物质的排放转移目录及数据库予以公布。如图11-2所示。

(3)实行污染物质的限额排放和转移制度,及时监测区域内的污染排放量和区域间的污染转移量,对不同额度的排放量与转移量规定不同的审批程序,严禁超过国家或地区规定的最大限额排放量或转移污染物。

(4)在环境保护立法中详细规定排污许可证制度,根据不同区域(城市和农村)的环境容量,制定相应的污染物排放总量,然后按照当地环境、企业、经济效益、污染程度、治理方案等综合因素,以及以前的情况核算出该区域的污染物总量削减指标,并将削减的总量分配到各企事业单位,禁止超越农村环境容量排放和转移污染物,达到全面、有计划、有目的的改善和控制环境质量之目的。

---

① 李挚萍、陈春生等著:《农村环境管制与农民环境权保护》,北京大学出版社2009年版,第80~81页。

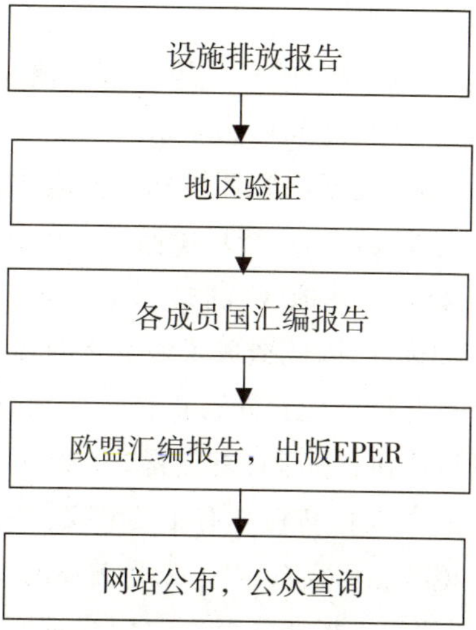

图 11 -1:EPER 申报程序①

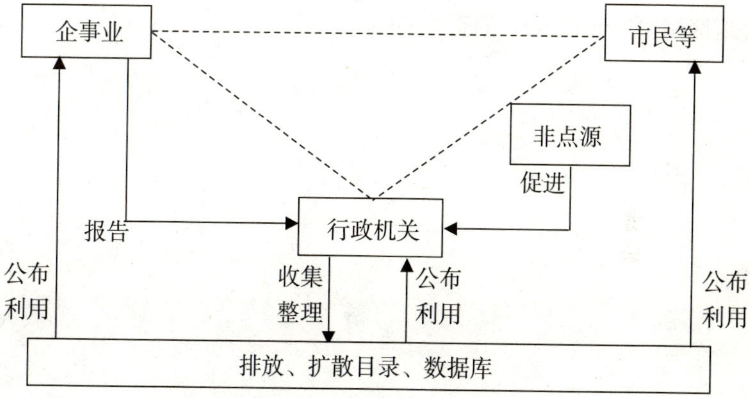

图 11 -2:排放、转移目录及数据库②

---

① 葛海虹:"欧洲污染物排放与转移登记制度简介",载《环境科学与管理》2010 年第 1 期,第 19~20 页。

② 李挚萍、陈春生等著:《农村环境管制与农民环境权保护》,北京大学出版社 2009 年版,第 80 页。

(四)完善环境标准制度

环境标准是我国环境政策的具体体现,是国家进行环境管理和环境执法的重要依据,也是我国环境法体系的重要组成部分。根据法律规定,地方政府可以制定高于国家环境标准的地方环境标准。在现实中,经济发达地区(例如,城市)由于环境保护压力的增大逐渐实施较高的环境保护标准,经济不发达地区(例如,农村)却在发展经济的压力下实施较低的环境保护标准,因此造成了城乡之间环境标准的差距。这在制度层面上为环境污染向农村转移提供了便利,在城市受到环境标准限制难以立足的行业在农村地区却变得"合法"。环境标准制度的完善对于控制环境污染向农村转移具有重要意义。第一,环境标准的制定应该和地区的环境状况相联系,对于未受破坏的环境区域,尤其需要保护,而不能成为新的污染场所。第二,"应当对地方环境标准进行审查和限制,防止通过提高地方环境标准转移污染产业,鼓励环境状况较好地区制定更严格的环境标准。"①

① 刘长兴:"国内环境污染转移的法律控制",载《环境保护》2008 年第 22 期,第 13 页。

第十二章　农村环境污染法律救济机制的完善

如果说存在着回应型法的一种典型功能的话，那么它就是调整而非裁判。①

——［美］P. 诺内特、P. 塞尔兹尼克

近年来，农村地区环境污染事故频繁发生，给农民带来严重的财产损失和人身伤害，也造成农村生态环境的持续恶化。环境污染事故发生后，为受害者提供及时、有效的法律救济是填补环境污染造成的负外部性的重要方式之一。在本章中，笔者将结合陕西凤翔"血铅事件"这一个案，从救济范围和救济途径两个方面分析农村环境污染法律救济的完善。这是农村环境法制建设中"负向构建"的重要内容。

第一节　问题的提出："血铅事件"的个案分析

美国著名政治学家塞缪尔·P. 亨廷顿曾经说过："现代性孕育着稳

① ［美］P. 诺内特、P. 塞尔兹尼克著：《转变中的法律与社会：迈向回应型法》，张志铭译，中国政法大学出版社 2004 年版，第 122 页。

定,而现代化过程却滋生着动乱。”①用这句话描述我国现代化进程中农村环境污染导致的环境群体性事件一点也不为过。随着城市化、工业化带来的环境问题、环境风险不断向农村转移,农村地区成为我国环境污染事故的频发地带,各种环境侵权事件不断发生,给当地群众带来严重的身体危害和财产损失,也严重影响社会和谐。但是,受到法律意识、法律制度等各种因素的影响,农村地区受害居民的法律救济范围和救济途径非常狭窄。如何保障农民环境权益、扩展其救济范围、完善其救济途径,成为环境法学研究中难以回避的问题。本章以陕西凤翔“血铅事件”为例加以探讨。

2009 年 8 月,陕西省凤翔县长青镇发生令人震惊的“血铅事件”,并引发群体性环境事件。据报道,通过对陕西省宝鸡市凤翔县长青镇孙家南头村、马道口村、高咀头村 1016 名 14 岁以下儿童进行权威检测,发现有 851 人血铅超标,其中 174 名中、重度铅中毒儿童需要住院进行排铅治疗。造成数百名儿童血铅超标的主要污染源来自陕西东岭集团冶炼公司。该公司是事发地唯一的铅锌冶炼企业,年铅排放总量为 1.11 吨,并且与马道口村、孙家南头村紧邻,部分群众住房与厂房相隔只有百米左右。“血铅事件”的发生,造成群众恐慌和不安。8 月 11 日上午,凤翔县长青镇高咀头村一些村民围堵了途经村口的冶炼厂车辆。8 月 16 日上午,东岭公司附近数百村民冲击东岭厂区,东岭厂区铁路专用线近三百米围墙掀翻,村民还砸烂了前来送煤的货车挡风玻璃和停在厂区的工程车。此后,凤翔县政府拨出首批 100 万元人民币,用于支付血铅普查和患儿治疗。此外,政府拟投资 2000 万元,启动搬迁方案,计划在两年内对环评标准范围内需要搬迁的民众全部搬迁。②

---

① [美]塞缪尔·P. 亨廷顿著:《变化社会中的政治秩序》,王冠华译,生活·读书·新知三联书店 1989 年版,第 12 页。

② 冽玮:《陕西凤翔血铅超标儿童增至 851 人》,载中国新闻网,2009 年 8 月 19 日;《全国 10 大环境污染导致的群体性事件案例解析》,载榆树新闻网,2009 年 10 月 30 日。

上述事件的发生在我国并非偶然。有学者统计了我国近年来发生了10起典型的环境污染导致的群体性事件，[①]这些事件都具有危害范围广、社会影响恶劣等特征，并且暴露出我国环境污染受害者法律救济中的种种困境。

第一，赔偿范围如何认定？在“血铅事件”中，东岭冶炼公司曾经以“排放的废水、废气、固水淬渣排放符合国家相关标准”为由，提出不承担民事赔偿责任的抗辩。尽管这一事实得到当地环境保护部门的认定，[②]但是根据《环境保护法》的规定，排污企业是否承担环境侵权责任并不以存在错过和违法性作为构成要件。污染环境致人损害的民事赔偿责任是一种无过错责任，只要存在侵害行为、损害后果，并且侵害行为与损害后果之间具有因果关系，排污者就应承担赔偿责任。因此，尽管东岭冶炼公司是达标排污，其仍然要承担损害赔偿等环境民事责任。但是，对于损害赔偿的范围如何认定呢？我们先来分析事件中发生的实际损害。该事件不但给当地农民的健康带来巨大损害，给他们的精神带来重大创伤，也给农民的生产生活、给当地的生态环境带来了巨大灾难。由于铅污染，很多农民的农作物遭受破坏，损失严重；“血铅事件”的发生给当地人们造成了身体上的痛苦和精神上的恐慌，许多儿童注意力不集中，记忆力和理解力下降。此外，据监测结果显示，交通干

① 分别是：四川沱江特大水污染案，3人被判环境监管失职罪（2004年）；浙江东阳画水镇化工污染，引发恶性群体性事件（2005年）；松花江特别重大水污染责任事件，12人受到党纪、政纪处理（2005年）；湖北省竹山垃圾场14年污染，环卫局遭索赔266万元（2006年）；四川泸州电厂燃油泄漏事故污染长江水体，被定为重大环境污染事件（2006年）；江苏盐城市水污染事件被告被判“投放危险物质罪”（2009年）；陕西凤翔“血铅”案，引发恶性群体事件（2009年）；江苏东海倾倒有毒物质，造成重大环境污染事故（2009年）；湖南浏阳镇头镇镉污染事件，企业法人被刑拘、市环保局局长和分管副局长被停职（2009年）；山东沂南涑河砷化物水污染事件，企业负责人被判15年、3被告共同赔偿国家经济损失3714万元（2009年）。参见：《全国10大环境污染导致的群体性事件案例解析》，载榆树新闻网，2009年10月30日。

② 根据宝鸡市环境监测站的环境监测结果显示，监测区域的地下水、地表水、周边土壤、企业排污均符合国家规定的相关环境质量标准。

线监测点铅浓度是远离道路主干道350米处监测点铅浓度的6.3倍,这对当地生态环境造成了严重危害。但是,在该事件中,凤翔县委、环保部门等单位和部门的11名领导干部受到党政纪处分,而受害人的损害赔偿问题(包括精神损害赔偿),以及生态环境损害的弥补问题却一直得不到解决。

第二,救济途径如何实现?陕西凤翔"血铅事件"经媒体报道后引起了社会的广泛关注,当地政府对受害儿童进行了积极的救助,涉案企业也承诺积极配合政府。这样的结果似乎是好的,但是,通往最终结果的救济之路却并不顺畅,甚至可以说是异常坎坷。案件发生后,当地居民采取了一种极端的但又无奈的救济方式——围堵车辆、攻击厂房。这种方式的背后尽管有居民的愤慨和不理智;但是,在环境污染事故频繁发生的农村地区,由于受到法律意识、法律制度等各种因素的影响,农村地区受害居民的法律救济途径非常狭窄;由于申诉无效、诉讼无力,受害者往往选择下跪、抗议、抵制、堵厂、破坏等各种自救行为,而这些破坏性的救济行为只会给他们带来更大的伤害。例如,2009年发生的湖南武冈血铅超标事件①中,曾有受害者家属因维权而被判刑②。还有的通过移民、搬迁来逃避污染,但更多农民由于搬迁能力的限制而只能继续生活在受污染地区,成为"弱势群体中的弱势群体"。

---

① 2009年的湖南武冈是继陕西凤翔之后又一次严重的血铅事件的发生地,当地政府组织1958名儿童初检,1354人血铅疑似超标,比率达70%。

② 湖南武冈血铅超标事件中,肖体彪不满一岁的女儿,疑似受铅污染后夭折,而他的罪状,除了将一车煤矸石运到路边,还有书写了4幅标语:"救命","还我青山,还我绿水","强烈呼吁领导重视儿童血铅事件","杜绝铅源,还我健康"。武冈事件后半年,肖体彪得到法院一纸判决:因聚众扰乱交通秩序罪,被判处有期徒刑一年,缓刑一年。他是获刑的4人之一。而对于女儿的死去,他一直没有得到一个说法。参见占才强:《血铅中毒事件:一个血铅家庭的艰辛维权路》,载南方报业网,2010年9月9日。

第二节　农村环境污染救济范围的扩展

一、现行立法关于环境污染损害赔偿范围的规定

我国关于环境污染侵权民事责任的法律规定主要集中在《民法通则》、《环境保护法》和《侵权责任法》。《民法通则》第124条规定:"违反国家保护环境防止污染的规定,污染环境造成他人损害的,应当依法承担民事责任。"该规定以"违法性"作为环境侵权的构成要件,已经与社会现实严重相悖。根据大多数学者的观点,"达标排污"和"合法排污"并不能成为环境侵权的免责事由。1989年《环境保护法》放弃了"违法性"这一构成要件,规定"造成环境污染危害的,有责任排除危害,并对直接受到损害的单位或者个人赔偿损失。"2009年,作为侵权领域基本法的《侵权责任法》扭转了上述两部法律规定的不一致之处,明确指出:"因污染环境造成损害的,污染者应当承担侵权责任"。2014年《环境保护法》进一步规定,"因污染环境和破坏生态造成损害的,应当依照《中华人民共和国侵权责任法》的有关规定承担侵权责任。"因此,承担环境侵权民事责任的构成要件包括三个:污染环境的危害行为、受害人的人身或财产损害事实、危害行为和损害事实之间具有因果关系。

二、环境污染法律救济范围分析——以陕西凤翔"血铅事件"为例

根据上述法律规定,我们以陕西凤翔"血铅事件"为例,来分析环境污染案件中受害者损害赔偿的范围应该包括哪些。

(一)财产损失的范围

财产损失(loss in property)是指受害人因其财产或人身受到侵害而造成的经济损失。我国《民法通则》和《侵权责任法》都明确规定了受害人要求加害人承担财产损失赔偿责任。例如,《民法通则》规定:"损

坏国家的、集体的财产或者他人财产的，应当恢复原状或者折价赔偿。”《侵权责任法》第19条规定：“侵害他人财产的，财产损失按照损失发生时的市场价格或者其他方式计算。”第20条规定：“侵害他人人身权益造成财产损失的，按照被侵权人因此受到的损失赔偿；被侵权人的损失难以确定，侵权人因此获得利益的，按照其获得的利益赔偿；侵权人因此获得的利益难以确定，被侵权人和侵权人就赔偿数额协商不一致，向人民法院提起诉讼的，由人民法院根据实际情况确定赔偿数额。”

在实际案件中，受害者的财产损失一般包括直接损失和间接损失两种。直接财产损失，又称为积极损失，指受害人现有财产的减少，也就是由于加害人的不法行为而使受害人财产权利受到侵害，致使受害人现有财产遭受直接的损失，如财物被毁损、被侵占而使受害人财富减少；间接财产损失，又称为消极损失，指受害人可得利益的丧失即应当得到的利益因受不法行为的侵害而没有得到。[①] 在陕西凤翔“血铅事件”中，受害者的损失既包括直接损失又包括间接损失。由于铅污染，很多农民的农作物遭受破坏，损失严重，这属于直接的财产损失；此外，受害者住院期间产生的各种费用也属于直接财产损失。对于间接财产损失，主要涉及当地的种植业和养殖业。例如，有的村民养了奶牛，以前牛奶都卖给周围的群众。污染事件发生后，周围的村民不再购买牛奶，只能倒掉。还有村民种植的庄稼、蔬菜，养殖的家禽及鸡蛋等产品，都卖不出去。对于这些间接损失，也应该在损害赔偿的范围内。

（二）受害者能否要求精神损害赔偿

精神损害赔偿是权利主体因其人身权益受到不法侵害而使其遭受精神痛苦或精神受到损害而要求侵害人给予赔偿的一种民事责任。我国《侵权责任法》明确规定：“侵害他人人身权益，造成他人严重精神损害的，被侵权人可以请求精神损害赔偿。”2001年，最高人民法院发布的

---

① 竺效：“大连油污案受损渔民能否获赔？——拷问环境侵权赔偿法律的救济范围”，载《环境保护》2010年第23期，第37～38页。

《关于确定民事侵权精神损害赔偿责任若干问题的解释》(以下简称《解释》)规定侵害身体权应承担民事责任,其中包括精神损害赔偿责任。该《解释》指出,自然人因生命权、健康权、身体权等人格权利遭受非法侵害,向人民法院起诉请求赔偿精神损害的,人民法院应当依法予以受理。该《解释》还规定了精神损害赔偿数额确立的依据。

陕西凤翔"血铅事件"给当地居民造成的损害是严重并且持久的,除了血铅超标带来身体上的痛苦外,还造成了当地居民精神上的恐慌,导致许多儿童注意力不集中,记忆力和理解力下降。尤其是对于稚嫩的中毒儿童而言,这种精神上的恐慌和伤害也许会持续很久甚至终其一生。因此,笔者认为,这样的损害已经符合《侵权责任法》规定的"严重精神损害"标准,受害者理应要求获得精神损害赔偿。

(三)生态损害能否获得赔偿

生态损害是对生态环境本身的损害,其不同于通过环境介质对人身、财产造成损害的传统环境侵权损害。在传统法理中,这种损害不在赔偿范围内,但其影响更为深远,对某一地区生态环境的损害甚至影响到几代人。但是,根据我国目前的法律、法规,只能针对人身损害和财产损害要求赔偿,对于生态环境本身的损害还不能提供直接的赔偿救济,因此,难以有效预防污染者对生态环境的损害。

在陕西凤翔"血铅事件"中,对生态环境的损害非常明显。据监测结果显示,交通干线监测点铅浓度是远离道路主干道350米处监测点铅浓度的6.3倍。这些铅长期存在于土壤、水流中,导致良田土壤板结、河流污染、农作物逐年减产,同时蓄积在农作物中,严重影响人们身体健康。近年来,我国农村一些地区出现"癌症村",其主要原因便是土壤中铅等重金属严重超标。由于我国现行法律对生态环境本身的损害赔偿问题缺乏规定,人们难以把生态损害列入损害赔偿的范围。但是,无论从发达国家立法趋势,还是从我国环境保护的现实需要看,我国都有必要建立针对生态环境的损害赔偿制度。

三、环境污染法律救济范围的扩展——生态环境损害赔偿制度的构建

(一)生态环境损害的责任主体和受害主体

根据一般侵权理论,法律责任主体应该是加害方。国际社会和发达国家的普遍做法也是把造成环境污染事故的经营者作为生态环境损害的责任主体。例如,“1994 年欧洲共同体部长会议通过的《有关环境危险活动造成损害民事责任的卢加诺公约》规定,造成生态环境损害的责任主体是从事环境危险活动的经营者即在污染事故发生时负责从事环境危险活动的经营者,而环境危险活动是指涉及危险物质(包括转基因有机物或微生物)的职业性活动,以及废物处置设施或贮藏场所的职业性营运;2004 年,欧盟通过的《关于预防和补救环境损害的环境责任的第 2004/35/EC 号指令》将生态环境损害责任主体规定为较为广泛的‘职业性活动的经营者’,并明确地划定了经营者的范围,具体包括控制或者操作职业性活动的自然人或法人、私人或公共机构,以及依法对职业性活动具有经济决策权的主体、职业性活动许可证或授权书持有人和职业性活动的登记者等。该指令涵盖的责任主体范围非常广泛,不仅包括从事具体职业性活动的经营者,还涉及相关经济决策主体。”①因此,在一般的突发性环境污染事故中,生态损害的责任主体往往较容易确定,一般是污染者。但是,由于环境污染具有隐蔽性、滞后性等特征,在一些非突发的环境污染事故中,责任主体常难以确定。例如,某块土地“几易其主”之后非突发的土壤污染问题,就可能是前几任土地使用者共同造成的,由于责任主体难以确定,往往需要各种社会化的救济

---

① European Commission. Environmental Liability [EB]. 2011 - 9 - 12. http://ec.europa.eu/environment/legal/liability/index.htm. 转引自柯坚:“建立我国生态环境损害多元化法律救济机制——以康菲溢油污染事件为背景”,载《甘肃政法学院学报》2012 年第 1 期,第 103 页。

机制。

生态环境损害的受害主体较为广泛。由于生态环境利益具有公共性,其渗透到社会生活的各方面,对人们的生存和发展产生深远的影响。因此,一般而言,受损生态环境区域内的生态环境利益相关者都可能成为受害主体。从横向角度来看,受害主体不但包括特定区域内的多数人,还包括该区域外的人以及一国的全体人民甚至整个人类;从纵向角度来看,受害主体不但包括当代人,还包括后代人。

(二)生态环境损害的范围

由于生态环境本身具有非排他性和不可分割性,其生态价值往往难以衡量,因此,生态环境损害的范围不易确定,也难以衡量和具体化,这常常成为学者反对建立生态环境损害赔偿制度的重要理由。目前国外发达国家立法对生态损害赔偿范围进行了明确界定。例如,美国1990年颁布的《石油污染法》规定了可获赔偿的生态环境损害包括:(1)自然资源价值的损失;(2)造成的个人财产的损失;(3)自然资源持续使用功能丧失的损失;(4)政府税收的损失;(5)因财产或自然资源损害而导致的利润和收入的损失;(6)政府部门清除油污等公共服务的成本。同时,该法规定的生态环境损害赔偿数额计算的范围包括:(1)受到损害的自然资源重新恢复或替换的费用;(2)待恢复的自然资源价值减少的损失;(3)评估损害的合理费用。①

我国目前环境法律虽然没有明确规定生态环境损害的范围及其量化方法,但这一问题已经引起学界的普遍关注,环境部门、海洋部门也进行了相关立法尝试。

针对近年来频繁发生的海洋溢油事故,2007年,国家海洋局发布了

---

① Lousie Fayette. The Concept of Environmental Damage in International Liability Regimes [A]. Michael Bowman, Alan Boyle. Environmental Damage in International and Comparative Law: Problem of Definition and Valuation [C]. New York: Oxford University Press,2002:151－152. 转引自柯坚:"建立我国生态环境损害多元化法律救济机制——以康菲溢油污染事件为背景",载《甘肃政法学院学报》2012年第1期,第103页。

《海洋溢油生态损害评估技术导则》(HY/T 095－2007)行业标准,确定了损害范围及其量化方法。2010年5月,国家环境保护部颁布了《关于开展环境污染损害鉴定评估工作的若干意见》及其附件《环境污染损害数额计算推荐方法(第I版)》,规定了环境污染损害评估的范围和具体方法。根据规定,环境污染损害评估的涵盖范围包括人身损害、财产损害、生态环境资源损害、应急处置费用、调查评估费用、污染修复费用、事故影响损害等。这为实践中环境污染损害赔偿范围的确定提供了依据。

在地方立法中,山东省于2010年在国内率先颁行《海洋生态损害赔偿费和损失补偿费管理暂行办法》(以下简称《办法》)。该《办法》将海洋生态损害赔偿和损失补偿合并制定相关标准。根据相关评估方法,凡违规建设项目用海所造成的海洋生态破坏为损害赔偿,凡合法建设项目用海所造成的海洋生态破坏为损失补偿。评估方法对损害赔偿和损失补偿年限和倍数按不同海洋工程、海岸工程对占用海域影响的轻重而有不同规定;据此评估方法测算,每50公顷用海,按照用海期限20年计算,应当缴纳1000万元海洋生态损失补偿费。[①]《办法》还规定,征缴的海洋生态损害赔偿费和海洋生态损失补偿费,将专项用于海洋与渔业生态环境修复、保护、整治和管理。

第三节　农村环境污染救济途径的完善

一、现行农村环境污染救济方式剖析

在现行环境法律制度下,环境侵权的救济途径可以说是非常广泛的,包括当事人的自行和解、调解(包括民间调解和行政调解)、民事诉讼、行政裁决、行政复议等。但是在农村环境污染案件中,受害者常常

---

① 滕韶华:"解读我省《海洋生态损害赔偿费和损失补偿费管理暂行办法》",载《大众日报》2010年8月11日。

采用以下几种救济方式。

(一)私力救济

按照方式不同,救济途径可以分为公力救济和私力救济两种。私力救济是当事人通过协商、谈判等自行解决纠纷的方式。我国农村地区具有相对封闭性,发生纠纷时,人们往往求助于自己的权威体系,因此,私力救济是目前农村环境污染案件中较为常用的一种救济途径。

1. 协商和调解

协商是指争议发生之后,双方当事人进行磋商,自行解决纠纷的方式。这种方式具有便捷、成本低等优势。农村环境污染事故发生后,受害主体往往人数众多,不可能每个人都参与事件协商,常常是由村委会或者是村里较有威望的人士代表广大受害者进行协商,从这种意义上说,协商具有一定的组织性;同时,这种方式也具有分散性,一般都是以村为单位与污染者开展"较量",各村之间难以形成救济合力。总体而言,这种方式虽然在农村环境污染事故中较多采用,但效果并不理想。一方面是由协商的特点决定的,这种方式过程一般不公开、缺乏透明度,双方达成的协议不具有法律强制力;另一方面是由协商双方力量悬殊造成的,排污企业往往在当地具有较强的经济实力和社会影响力,相比之下,受害者不但经济力量薄弱,相关法律知识也比较缺乏,在协商中容易妥协。

调解是指在第三方的主持或参与下,以合意的方式解决纠纷的方式。在我国,调解包括民间调解、行政调解和司法调解三种类型。民间调解主要是由人民调解委员会进行调解,"人民调解委员会是村民委员会或者居民委员会下设的调解民间纠纷的群众性组织"。[①] 这种调解主要解决其辖区内街道企业、个体作坊和摊点在生产经营过程中或居民

---

① 王灿发:《环境纠纷处理的理论和实践》,中国政法大学出版社 2002 年版,第 12 页。

之间在生产过程中产生的环境纠纷，而农村环境污染往往具有外来性。[①] 因此，在实践中，民间调解的作用并不大，发挥作用的往往是环境行政调解。环境行政调解是指环境保护行政主管部门和其他依法行使环境监督管理权的部门对环境污染赔偿责任和赔偿金额的纠纷进行调解处理的制度。环境行政调解的主体较容易被双方当事人认可，促成双方达成协议。但这种调解性质上是行政调解，也不具有法律强制力；在实践中，常常出现调解协议达成后不履行的情况。

因此，尽管在农村环境污染案件中，协商和调解是经常采用的救济方式，但两者都有其难以克服的弊端，影响其效力的发挥。但是，这两种方式都具有一定的乡土性，符合农村已有的文化惯性，有利于维护乡土社会的秩序，容易被农民采用。对此，在保持两种救济方式的同时，可以考虑从以下方面加以改进："引入弱势一方的适当利益代表主体或提高农村精英的认识水平，促成公平对话环境的形成；修改法律，对环境行政处理性质作重新界定，赋予其适当法律强制力，并规范相关部门纠纷处理行为，也可确保调解公平结果的达成。"[②]

2. 上访

上访是信访的一种。根据我国《信访条例》的规定，信访是指公民、法人或者其他组织采用书信、电子邮件、传真、电话、走访等形式，向各级人民政府、县级以上人民政府工作部门反映情况，提出建议、意见或者投诉请求，依法由有关行政机关处理的活动。在社会实践中，环境污染受害者常常采用上访的方式。之所以选择上访，也有其原因：一方面是因为受害者对于法律救济缺乏信心。受害者大多数法律知识比较缺乏，对诉讼的认识往往是费用高、程序烦琐、耗时长等，这导致受害者怠

---

① 李挚萍、陈春生等著：《农村环境管制与农民环境权保护》，北京大学出版社 2009 年版，第 214～215 页。

② 李挚萍、陈春生等著：《农村环境管制与农民环境权保护》，北京大学出版社 2009 年版，第 217 页。

于诉讼。另一方面则受到我国“找青天”、“告御状”等传统文化的影响。我国是传统的农业社会，村民最崇拜的官员就是为民请命的青天大老爷，在遇到纠纷时，也愿意通过上访来解决，其反映的是传统人治观念对我国普通公众的深远影响。但是，从纠纷解决的结果来看，上访的效果并不理想。由于上访与地方政绩考核相关，上访会间接暴露地方政府的不作为，因此上访造成了村民与地方政府之间的关系紧张；而多数上访会批转到地方解决，这一令地方不快之举无疑又会影响地方政府对批转回来的问题的解决。[①] 因此，在实践中，有很多上访者被截访、拘留、关押等。

3. 抵制、堵厂等非常规救济方式

这是一种极端但又经常被村民采取的方式，也是一种容易超越法律界限的救济方式。在环境污染事故造成的损害集中爆发后，受害者往往容易失去理性，并且受到“法不责众”等观念的影响，常常会采用抵制、破坏、堵厂等群体性行为。其实，这种救济方式在国内外环境污染受害者身上都有体现。1982 年，发生在美国中部的“沃伦抗议”运动中，当地群众就采取了抵制、破坏等行为。这种非理性的救济方式往往给环境污染受害者带来更大的创伤，许多村民的过激行为超越了法律的界限，在实践中常常有村民因为“维权”而被拘留的实例。因此，对于村民的这种自救行为，需要加以引导和规范。例如，环保 NGO 组织的参与将会进一步提高民众的环境权利意识，公众的环境污染自救行为也会更加规范和有成效。

（二）行政救济

这里的行政救济是一种狭义的概念，主要是指行政机关对行政相对人的救济。在农村环境污染案件中，受害者向环境行政机关提起控告是一种常用的救济方式。这是一种成本低廉、最为直接的救济方式，

---

① 李挚萍、陈春生等著：《农村环境管制与农民环境权保护》，北京大学出版社 2009 年版，第 220 页。

但从实际情况来看,效果并不理想。首先,很多地方政府仍然以经济发展为工作重心,在环境污染事故发生后,很容易包庇、偏袒污染企业。其次,我国履行环境保护职能的机关较为分散,容易造成管理权力的交叉和冲突。最后,我国农村地区环境执法力量薄弱,成为受害者行政救济的重大障碍。

(三)司法救济

司法救济主要是指诉讼。由于目前环境公益诉讼制度在我国尚未完全建立,现行农村环境污染受害者的司法救济主要是指私人诉讼,也即环境污染受害者为维护自己的私益而向法院提起的诉讼。私人诉讼的提起对于保护农民合法权益、遏制企业污染行为具有重要意义,但是从社会现实来看,农村环境污染受害者却较少采用这种救济方式。根据学者研究,环境纠纷能够进入行政救济的不足10%,最后能以司法救济方式解决的不足1%。①

受害者之所以不愿选择诉讼途径,其原因是多方面的:(1)传统文化中"无讼"观念的影响导致我国农民长期存在"厌讼"的倾向。在纠纷发生后,多数人会选择各种私力救济途径。(2)诉讼知识、诉讼费用、诉讼程序的限制。农民大多缺乏一定的诉讼知识,只能求助于律师等专门人士,但高昂的诉讼代理费、案件受理费以及其他开支加重了农民负担,甚至使他们认为"得不偿失";此外,烦琐的诉讼程序需要耗费当事人大量时间和精力,造成农民怠于诉讼。(3)对司法和法官的不信任。很多农民认为打官司就是打关系,而农民本身的社会关系比较简单,导致他们丧失诉讼的信心。我国长期存在的司法腐败现象,也进一步扼杀了农民诉讼的积极性。此外,"环境损害之民事救济须以危害后果发生或可能发生危险之行为的发生为前提,其性质属于事后填补损害,为

① 傅剑清:"论环境侵害救济的立法困境及其突破",载《法律适用》2010年第2期,第44页。

万不得已之选择方式，且在诉讼过程中困难重重。”[①]因此，尽管从理论上分析，诉讼较其他救济方式有更多优势，但受制于传统观念和现实障碍，农村环境污染受害者很少采用诉讼来寻求救济。

即使少数的环境污染案件最终进入司法程序，也面临着重重障碍。第一，法院面临着法律适用的困难。例如，在损害赔偿评价标准、何种程度举证责任倒置、因果关系认定等问题上，司法机关对于法律的运用还存在诸多分歧，常常出现同案不同判的现象。第二，某些重大环境侵权案件容易受到地方保护主义的干扰，司法裁决的履行很大程度上依赖于地方政府的支持。[②]

当各种私力救济手段、行政救济和私人诉讼都无法有效、充分地给农村环境污染受害者提供法律救济时，我们可以考虑引入以环境公共利益为保护目标的环境公益诉讼制度，通过赋予更多的社会主体以监督权，让农村环境污染得到应有的关注和遏制。

二、农村环境污染法律救济路径的健全——环境公益诉讼制度的完善

环境公益诉讼是在传统诉讼制度无法应对严重的环境生态危机的情况下产生的一种新的诉讼形式，自20世纪70年代在美国建立以来，已经被许多国家纷纷效仿。环境公益诉讼是指环境遭到侵害或者有被侵害的危险时，法律允许公民或团体、组织为维护环境公共利益而向法院提起诉讼的制度。根据起诉主体的不同，可以将环境公益诉讼分为公民之诉、国家之诉、后代人之诉和自然物之诉；根据被诉主体的不同，可以分为对环境损害者的公益诉讼和对环境行政机关的公益诉讼，[③]也即环境民事公益诉讼和环境行政公益诉讼。在此，我们主要分析环境

---

① 汪劲：《环境法律的理念与价值追求》，法律出版社2000年版，第142页。

② 傅剑清：“论环境侵害救济的立法困境及其突破”，载《法律适用》2010年第2期，第45页。

③ 别涛主编：《环境公益诉讼》，法律出版社2007年版，第26页。

民事公益诉讼制度的完善。

(一)适时扩大诉讼主体范围

在环境利益维护的迫切需要和社会公众的强烈需求下,我们立法开始确立环境公益诉讼制度。2012年修改的《民事诉讼法》明确规定了公益诉讼制度即“法律规定的机关和有关组织”可提起公益诉讼。在此基础上,2014年修订的《环境保护法》明确了公益诉讼主体资格即“依法在设区的市级以上人民政府民政部门登记;专门从事环境保护公益活动连续五年以上且无违法记录”的社会组织可以“对污染环境、破坏生态,损害社会公共利益的行为”向人民法院提起诉讼。

无论是《民事诉讼法》还是《环境保护法》仍然把公民个人排除在公益诉讼范围外,不能不说是一大遗憾。环境是一种公共资源,属于全体人民共有,每个人的生存和发展都离不开环境资源,每个人都是环境资源的享有者,“任何对环境利益的损害都会波及整个社会,任何人在当今社会都不会脱离环境条件独善其身,也不可能以任何方式独占环境利益。”[①]为了更好地维护环境公共利益,国外很多国家都赋予公民个人提起环境公益诉讼的权利。例如,1973年,美国颁布的《濒危物种法》规定任何人都可以以自己的利益受到侵害为由提起保护濒危物种的诉讼;《瑞典环境保护法》也规定,任何依据法律对损害环境的活动提出诉讼请求者,有权向该活动已发生或即将发生地的不动产法院提出诉讼。[②] 笔者认为,在适当的时候,我国也有必要赋予公民个人环境公益诉讼的主体资格。当然,这并不意味着任何人在任何条件下都可以提起环境公益诉讼。为了防止公民滥用司法资源,有必要对公民进行限制,具体而言,便是有资格提起公益诉讼的公民必须是利害关系人。利益关系人,是指其自身的合法权益受到环境侵权行为的侵害即只要具

---

① 吕忠梅:《环境法新视野》,中国政法大学出版社2000年版,第117页。

② 肖剑鸣:《比较环境法》,中国检察出版社2002年版,第367页。

有“事实上的损害”就可以认定原告具有起诉资格。[①] 这里的合法权益不限于财产权、人身权,还应该包括环境权益。

(二)采取举证责任倒置原则

对于一般的民事案件,民事诉讼中采用的是“谁主张,谁举证”的举证原则。但环境案件不同于一般的民事案件,其在因果关系的认定上存在重重困难,原被告双方在举证能力上也存在很大差距,因此对于环境案件,我国采取了举证责任倒置原则。《侵权责任法》第66条规定:“因污染环境发生纠纷,污染者应当就法律规定的不承担责任或者减轻责任的情形及其行为与损害之间不存在因果关系承担举证责任。”《最高人民法院关于〈中华人民共和国民事诉讼法〉若干问题的意见》第74条规定:“因环境污染引起的损害赔偿诉讼,被告对原告提出的侵权事实予以否认的,由被告负责举证。”对于环境公益诉讼案件,也应该按照环境法的基本原理,采取举证责任倒置原则。

当然,举证责任倒置原则并非意味着原告不承担任何举证责任。《最高人民法院关于审理环境侵权责任纠纷案件适用法律若干问题的解释》(2015年6月3日实施)第6条规定,被侵权人根据侵权责任法第65条规定[②]请求赔偿的,应当提供证明以下事实的证据材料:(1)污染者排放了污染物;(2)被侵权人的损害;(3)污染者排放的污染物或者其次生污染物与损害之间具有关联性。此外,针对环境公益诉讼的公益性和环境问题的专业性,可以实行诉讼参加制度,要求环保部门派人参加诉讼,对专业性问题进行说明。[③]

---

① 李劲:“论环境公益诉讼原告资格”,载《行政与法》2008年第6期,第102~103页。

② 《侵权责任法》第65条规定:“因污染环境造成损害的,污染者应当承担侵权责任。”

③ 吕忠梅、吴勇:“环境公益实现之诉讼制度构想”,载别涛主编:《环境公益诉讼》,法律出版社2007年版,第32页。

(三)实行诉讼利益激励机制

环境公益诉讼是以维护环境公共利益为目的的诉讼制度,诉讼受益人是包括原告在内的广大社会公众,但是在诉讼中,原告会耗费大量时间和精力,还有可能承担一定的诉讼费用。为了鼓励更多的人参与环境公益诉讼,有必要对原告采取利益激励机制。这在国外已经展开尝试。例如,美国《反欺骗政府法》规定,败诉的被告将被处以一定数额的罚金,原告有权从被告的罚金中提取 15% ~30% 的金额作为奖励。[①]我国可以在环境公益诉讼领域予以借鉴,国家通过相应的制度设计,将诉讼利益适当向原告人倾斜,建立环境公益诉讼中对原告的补偿机制或激励机制。[②]

(四)实现公益诉讼法律规定的协调性

《民事诉讼法》和《环境保护法》的修改被称为环境公益诉讼的破冰之举,其为环境公益诉讼的实施提供了程序保障。与此同时,还需要对环境保护领域相关实体法律进行修订。例如,在环境保护单行法《大气污染防治法》、《水污染防治法》等法律中增加环境公益诉讼的条款,实现环境公益诉讼法律规定的协调性和制度化。

---

① 何国萍:“环境公益诉讼的理论解读与制度创新”,载《甘肃政法学院学报》2008年第3期,第130页。

② 张锋、陈晓阳:“论我国环境公益诉讼制度的构建”,载《山东社会科学》2012年第8期,第89页。

参考文献

一、外文著作

1.［美］罗伯特·艾尔斯著:《转折点——增长范式的终结》,戴星翼、黄文芳译,上海译文出版社 2001 年版。

2.［美］保罗·萨缪尔森、威廉·诺德豪斯著:《经济学》(第十六版),萧琛等译,华夏出版社 1999 年版。

3.［美］阿兰·兰德尔著:《资源经济学——从经济角度对自然资源和环境政策的探讨》,施以正译,商务印书馆 1989 年版。

4.［美］罗斯科·庞德著:《通过法律的社会控制》,沈宗灵译,商务印书馆 1984 年版。

5.［德］乌尔里希·贝克著:《风险社会》,何博闻译,译林出版社 2004 年版。

6.［美］P. 诺内特、P. 塞尔兹尼克著:《转变中的法律与社会:迈向回应型法》,张志铭译,中国政法大学出版社 2004 年版。

二、中文著作

1. 包晴:《中国经济发展中环境污染转移问题法律透视》,法律出版社 2010 年版。

2. 蔡守秋:《调整论:对主流法理学的反思与补充》,高等教育出版社2003年版。

3. 蔡运龙编著:《自然资源学原理》(第二版),科学出版社2007年版。

4. 程发良、孙成访主编:《环境保护与可持续发展》,清华大学出版社2009年版。

5. 杜群:《环境法融合论:环境·资源·生态法律保护一体化》,科学出版社2005年版。

6. 胡静:《环境法的正当性与制度选择》,知识产权出版社2008年版。

7. 金海统:《资源权论》,法律出版社2009年版。

8. 晋海:《城乡环境正义的追求与实现》,中国方正出版社2008年版。

9. 刘国涛:《和谐社会之环境立法——生物自然力法制构建与农业实践》,知识产权出版社2012年版。

10. 李挚萍、陈春生等著:《农村环境管制与农民环境权保护》,北京大学出版社2009年版。

11. 李郁芳、李项峰、蔡彤:《政府行为外部性的经济学分析》,经济科学出版社2009年版。

12. 厉以宁:《西方经济学》(第二版),高等教育出版社2005年版。

13. 张怡、王慧等著:《农业水土养护法律制度创新研究》,厦门大学出版社2009年版。

14. 张建伟:《政府环境责任论》,中国环境科学出版社2008年版。

15. 赵绘宇:《生态系统管理法律研究》,上海交通大学出版社2006年版。

16. 曾建平:《环境正义——发展中国家环境伦理问题研究》,山东人民出版社2007年版。

三、期刊文章

1. 包玉华、胡夷光:“关于完善《大气污染防治法》的探讨”,载《环境科学与管理》2011 年第 2 期。

2. 蔡守秋:“论农村环境保护法规制的主要领域”,载《中国地质大学学报》(社会科学版)2008 年第 6 期。

3. 蔡守秋、张百灵:“防治石漠化法制建设问题与对策研究”,载《时代法学》2010 年第 1 期。

4. 蔡守秋、张百灵 :“论我国滨海湿地综合性法律调整机制的构建”,载《长江流域资源与环境》2011 年第 5 期。

5. 陈懿:“对完善中国环境法制的建议”,载《世界环境》2008 年第 5 期。

6. 巩固:“守法激励视角中的《环境保护法》修订与适用”,载《华东政法大学学报》2014 年第 3 期。

7. 侯广斌、王晓成、周琉:“新农村体育建设背景下农民、农村概念的界定及农民群体划分的探讨”,载《湘南学院学报》2008 年第 5 期,第 110 页。

8. 李可:“类型思维及其法学方法论意义——以传统抽象思维作为参照”,载《金陵法律评论》2003 年第 2 期。

9. 柯坚:“我国农村饮用水安全的法律保障——以环境正义价值及其制度构建为进路的分析”,载《江西社会科学》2011 年第 8 期。

10. 柯坚:“建立我国生态环境损害多元化法律救济机制——以康菲溢油污染事件为背景”,载《甘肃政法学院学报》2012 年第 1 期。

11. 胡华:“资源诅咒命题在中国各区域成立吗? ——基于省际面板数据的实证研究”,载《云南财经大学学报》2012 年第 3 期。

12. 李德升:“‘资源诅咒’存在性考察及相关财政政策选择探析”,载《云南社会科学》2012 年第 3 期。

13. 施祖麟、黄治华:“‘资源诅咒’与资源型地区可持续发展”,载《中国人口 · 资源与环境》2009 年第 5 期。

14. 杨皓然:“‘资源诅咒’的生态经济学解析”,载《内蒙古社会科学》(汉文版)2011 年第 6 期。

15. 王树义:“环境法律体系和环境立法体系辨析”,载《城市环境》2002 年第 2 期。

16. 张锋、陈晓阳:“论我国环境公益诉讼制度的构建”,载《山东社会科学》2012 年第 8 期。

四、学位论文

1. 张百灵:《外部性理论与我国环境法新发展》,武汉大学 2011 年博士学位论文。

2. 朱文玉:《我国生态农业政策和法律研究》,东北林业大学 2009 年博士学位论文。

3. 曹飞:《我国农村环境管理体制法律问题研究》,重庆大学 2009 年硕士学位论文。

4. 石云:《论我国生物质能源开发利用的法律规制》,山东师范大学 2008 年硕士学位论文。

5. 王庆国:《美国的农业环境问题及其治理》,苏州大学 2010 年硕士学位论文。

6. 吴莉:《农业文化遗产的法律保护》,华中科技大学 2011 年硕士学位论文。

7. 闫献伟:《我国生物质能源立法研究》,浙江农林大学 2010 年硕士学位论文。

图书在版编目(CIP)数据

农村资源开发与环境保护法制保障研究/刘国涛,张百灵著. —北京:法律出版社,2016.4
ISBN 978-7-5118-9481-6

Ⅰ.①农… Ⅱ.①刘… ②张… Ⅲ.①农业资源开发—法规—研究—中国 ②农业环境保护—环境保护法—研究—中国 Ⅳ.①D922.604

中国版本图书馆CIP数据核字(2016)第094306号

农村资源开发与环境保护法制保障研究	刘国涛 张百灵 著	责任编辑 刘秀丽 装帧设计 汪奇峰

开本 A5　　**印张** 10.75　　**字数** 240千
版本 2016年5月第1版　　**印次** 2016年5月第1次印刷
出版 法律出版社　　**编辑统筹** 独立项目策划部
总发行 中国法律图书有限公司　　**经销** 新华书店
印刷 三河市龙大印装有限公司　　**责任印制** 张建伟

法律出版社/北京市丰台区莲花池西里7号(100073)
电子邮件/info@lawpress.com.cn　　销售热线/010-63939792/9779
网址/www.lawpress.com.cn　　咨询电话/010-63939796/9632

中国法律图书有限公司/北京市丰台区莲花池西里7号(100073)
全国各地中法图分、子公司电话:
第一法律书店/010-63939781/9782　　西安分公司/029-85388843
重庆公司/023-65382816/2908　　上海公司/021-62071010/1636
北京分公司/010-62534456　　深圳公司/0755-83072995

书号:ISBN 978-7-5118-9481-6　　**定价**:45.00元
(如有缺页或倒装,中国法律图书有限公司负责退换)